别把小镇造坏了

打造完美小镇的思考与实践

◎ 鲍将军 著

悦读书·悦旅行·悦享人生

中国·广州

图书在版编目（CIP）数据

别把小镇造坏了：打造完美小镇的思考与实践 / 鲍将军著. — 广州 : 广东旅游出版社, 2017.12
ISBN 978-7-5570-1148-2

Ⅰ. ①别… Ⅱ. ①鲍… Ⅲ. ①小城镇－旅游业发展－研究－中国 Ⅳ. ①F592.3

中国版本图书馆CIP数据核字(2017)第254860号

出 版 人：刘志松
策划编辑：吴　娟
责任编辑：吴　娟
装帧设计：梁盈莹
责任技编：刘振华
责任校对：李瑞苑

别把小镇造坏了
BIE BA XIAOZHEN ZAOHUAI LE

出版发行：广东旅游出版社
社　　址：广州市越秀区环市东路338号银政大厦西楼12楼
邮　　编：510060
邮购电话：020-87348243
网　　址：广东旅游出版社图书网：www.tourpress.cn
印　　刷：广州家联印刷有限公司
　　　　　（广州天河吉山村坑尾路自编3-2号）
开　　本：787毫米×1092毫米　　1/16
印　　张：17.5
字　　数：260千字
版　　次：2017年12月第1版
印　　次：2017年12月第1次印刷
定　　价：48.00元

版权所有　侵权必究

本书如有错页倒装等质量问题，请直接与印刷厂联系换书。

序一

特色小镇无疑是近年来的"高频词",2016年7月1日,住建部、国家发改委、财政部联合发布通知,决定在全国范围开展特色小镇培育工作,提出到2020年培育1000个左右各具特色、富有活力的特色小镇。我们今天谈的旅游小镇,就是特色小镇中独具代表性的一种。旅游小镇是拥有较为丰富的自然与人文景观,能提供相应的旅游服务,旅游产业占有一定比例的小城镇,是在旅游产业集群化发展与城镇化进程双重因素推动下的产物。旅游产业的"消费搬运"和"产业集聚"是旅游小镇形成的前提;"特色化"是旅游小镇建设的要点;"泛旅游产业整合"是旅游小镇发展的核心。伴随新型城镇化及旅游的转型升级,横跨城、景、村,并能够有效对接度假市场群体、城镇化顶层设计、旅游地产升值、城市品牌形象的旅游小城镇,将成为中国旅游业发展的重点方向。

《别把小镇造坏了——打造完美小镇的思考和实践》的问世,可谓是顺势而为,应时而生。全书七章,观点鲜明、论证严谨、逻辑清晰、案例典型、见解独到、干货十足,体现出作者对于旅游小镇开发潜心的探究和缜密的思考。

结合二十多年来在旅游小镇开发和运营的实践探索,作者认真梳理了旅游小镇建设的方方面面,讲述了小镇的历史、文化产生背景及小镇与大城市的关系,小镇如何再次成为人们生活、体验的栖息地,小镇尤其是旅游小镇以什么样的内容吸引游客,一个出色的小镇如何设计规划,以及对未来小镇的发展畅想。

全书雅俗共赏,通俗而不乏专业,有趣、有感、有独特视角的描述该如何打造一个能受游客欢迎且具备文化底蕴的旅游小镇。如小镇内容的打造,作者关注体验经济时代下传统旅游的六要素的变迁,认为人们对旅游基础服务和各项配套服务的需求更加个性化、情感化、参与化和求知化,务必要求建设规划者在旅游主题设计、氛围营造、体验项目服务、目的地服务、产品价格因素等多方面都需要进行全面升级,需要围绕小镇本身已有的优势资源展开,并对旅游资源要素进行主题规划,"有理念、有线索、有格局、有层次"地将旅游资源淋漓尽致的展现出来,成为旅游者容易辨认的特质和游玩线索。将旅游小镇里的吃、住、行、游、购、娱一体化产业与当地文化、风俗相结合,既传承过去,亦引入时尚未来,摒弃大城市里喧嚣与压抑,却引进城市的艺术、生活理念和优质服务,造出离尘不离城的意境,开创旅行体验消费的全新纪元。又如小镇的规划设计,作者广泛引用材料,综合分析大量数据,细致的从小镇的道路、风格、空间、组团、色彩、美陈、绿化、灯光等方面对小镇的建设提出了众多实操性的意见和方案,具有巨大的现实指导意义。诸如此类,书本观点的提出和论述,不仅给读者以启迪,有助于引发思考和进一步研究,而且为未来旅游小镇的发展奠定了一定的基础。

  从某种意义上来说,这本书里的很多内容既可以归属于历史,也可以归属于文学,还可以归属于设计规划学科,以及旅游学、演艺学等多种维度,是一本综合性的读物。未来的学科及运用也将更加多维,学以致用确实需要具备实际操作经验的人予以引导、启发,相信此书的问世,能为广大旅游开发管理从业者、小镇发展研究者,以及还在大学的莘莘学子们等等,带来不一样的思考和启发。

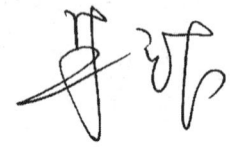

2017 年 11 月

(华南师范大学副校长、人文地理学教授)

自序

一

当今时代，人们还在热烈地讨论着服务经济、知识经济，却不知象征着人与人、人与商业之间更具有温度的体验经济时代来临了。而旅游恰是最契合体验经济的一种产业，体验经济令旅游产业发展出现井喷现象，发展模式亦层出不穷，或许我可以认为，目前国家积极倡导的小镇建设本身就是在应对体验经济时代的到来。

从2016年的11月开始，小镇成为中国最火热的风口产业，造小镇的参与者，有以旅游产业为初衷的传统企业，有跨行业转型的国企，还有各类金融型企业、房地产型企业等，2017的造小镇的运动正在如火如荼地进行中，我猜想三年后我国的大地将会有超过1000个小镇如雨后春笋一般生长出来，可以想象，其中有的十分成功，有的一地鸡毛……

创建一个可体验的小镇所需的创意、创新和创造、所对应的时空条件，团队条件和文化条件，都跟以往的产业迥然不同，它需要产业与文化要素的结合。面临的难度、强度和深度将比常规旅游项目开发和管理更专业、更艰难。一个真正的特色小镇，它从模型设计、选址、策划设计、建设、运营营销，直到实现基本功能的完善，这个过程最起码需要5年时间。要达到各产业的完美融合，文化沉淀的形成，散发出自身独特魅力则需要10年以上甚至更长的时间。

创建一个可体验的小镇所需要的条件，远远超过一个万达商业综合体的概念，超过在新加坡旁创造一个超级房地产的概念，超过了华夏幸福的固安产业新城概念。原因在于，第一，小镇选址至关重要，小镇的选址是成功的第一要素，人口多消费能力强的区域将是首选，但它往往不会出现在大城市的中心区，这也就意味着城市的配套和资源不能作为小镇的支撑。如果在市中心建个综合体房产项目，烂尾了，只要价格合理总有人接盘，但如果建的是一座特色小镇，建设和经营不善就意味着它会成为一座无人体验的"鬼镇"。第二，它的构成更为复杂，需要吃、住、娱、乐、购、商、养、学、闲、情、奇等各种要素综合起来，如此多种的产业要深度融合，且绝不是一个产业链就能解决问题，非常考验建设者和运营者的内容生产和运维能力。第三，它的创意，一个特色小镇如果没自己的主题、文化、内容和对未来的构想，将显得苍白无力。现如今，我国呈现的小镇，大部分是历史建筑的修复、复原和复制，比如，一个小镇开了豆腐坊，全国小镇纷纷效仿，都开一个豆腐坊，同质化严重。

我们造小镇的人应该考虑对各类历史文化、建筑文化等不断进行升级和发展，不断推出更符合当代人需要的小镇，很多国外优秀的特色小镇往往是把非常深厚的地域文化和当代时尚文化巧妙地糅合在一起，做的就是传承和发展升级的概念，而绝非简单的还原，就像希腊的圣托里尼小镇，非常巧妙地把当地文化、爱琴海的景观和当今时尚融合在一起。游客不仅能买到传统的手工艺品还能买到最时尚的LV包；既能吃到地道的美食还能在三星级的米其林餐厅用膳；既能住在超五星级非常现代前卫的悬崖酒店也能住在当地淳朴的民宿……

又比如说，现在有很多投资工业旅游小镇的，他们只关注工业部分，但对游客体验来说是不够厚重和丰富的，美国知名的巧克力镇（Hershey Park）则把当地的文化深深地植入到工业旅游中，它所呈现的形态是浪漫的、温暖的、甜蜜的，更是有灵魂的。我们的特色小镇应该是产业、文化、艺术和景观的结合体。

我对于小镇的认识，还在浅层，小镇如何在中国发扬光大，这是个很大的课题。小镇延续和大城市或企业的延续不一样。它不是一个工厂，一个企业，一个公园，也不是一个园区，就像前两年大家一哄而起的综合体，现在很多已经是一片萧条。但愿我们的小镇越来越好。

二

1996年8月，杭州宋城开业后的三个月，我作为中国美术学院的优秀毕业生进入宋城工作，我的第一份工作是为世界三大名秀之一的宋城千古情秀设计368款舞台服装。至1997年，负责管理杭州宋城景区，接下来的四年我负责主持管理中国渔村项目，还负责过2006年杭州世界休闲博览园的国际招商。在宋城的第一个十年，黄巧灵董事长引领我成功走入旅游产业，他是我终身事业中的第一个导师，给予了我很多的教诲和关爱，让我终身受益，且是我今天写这本《别把小镇造坏了》的动机之一。

另外，2006年到2012年的六年时间里，我和我最好的忘年交，一个名叫项逢保的朋友共同开创了一种"景区+酒店+房地产"的开发模式，直到今天，"中国水城"项目依然还是苏北开发最有特色、最成功的项目之一，这是我的第一个属于自己的项目，项总更是我一生中最真挚的朋友，他教会了我"业精于勤荒于嬉"的敬业精神，教会了我挑战困难的勇气，同时也令我真正懂得了友谊的价值，但可惜的是，当我出版本书时，他已经离开了这个世界，但愿在天国的他依旧帅气和开朗。

我的第三段工作是在首富的公司——万达集团，在牛人大咖如云、全球管理最为标准化的企业里，我学会了什么是管理，很有幸在乘坐王健林董事长专机出差的日子里，听取他很多教诲，让我懂得做大事之人的大思维、大理念和大智慧。在交谈中，我向他提及了旅游小镇的开发理念和模型，可惜在我离开万达之前，未能得到孵化。但我确信中国未来的旅游发展方向肯定是旅游小镇。谨以本书纪念和首富汇报工作的美妙时光。

此刻，我静静地坐在雪松控股广州总部的写字楼，我们在丽江大研古城的旅游小镇已正式对外营业，非常成功，取得了不俗的业绩，更多的旅游小镇正在规划和选址，小镇的模型正在持续完善和迭代，感谢雪松控股董事局主席张劲先生，他是我的伯乐，更是开发旅游小镇坚定的支持者和拥护者，无比信任地把在全国开发旅游小镇的任务交给了我，并让我组建起了自己的团队，他给予了我许多高屋建瓴的建议，弥补了我很多工作思维和管理上的缺陷。他是一个真正的智者，更是一个虚怀若谷的人，是我新事业新人生路上的导师和引领者。

感谢我的妻子王康清，她常常在我通宵达旦地讲述旅游小镇的创意思路中沉沉睡去，我的每一点成功都有她的伟大付出，感谢我的家人和孩子们。

还要感谢我的同事，雪松文旅品牌部的李作龙夜以继日地协助我梳理本书的内容，还有他的助理颜碧雯，正因为他们的努力才得以让本书面世。

鲍将军

2017年5月11日

于广州

001/ 第一章　小镇挖掘
- 002　小镇的概念
- 006　小镇的变迁
- 008　逝去的亚特兰蒂斯古城
- 012　神秘的玛雅古城
- 015　马丘比丘小镇
- 019　楚国城镇的发展与璀璨的艺术
- 023　盛唐文明的辉煌与城镇延续

029/ 第二章　小镇回归
- 030　回到小城镇
- 034　小镇回归文化
- 044　小镇回归仪式感
- 054　小镇回归繁荣
- 063　小镇回归成功
- 071　小镇回归案例——大研古城

085/ 第三章　小镇内容
- 087　小镇的产业
- 089　基于优势选择旅游产业
- 092　其他产业小镇模式
- 095　旅游小镇的生活
- 101　体验经济时代游客消费行为需求
- 106　旅游小镇的六要素打造

129/ 第四章　小镇设计
- 130　旅游小镇的三个世界
- 132　小镇的框架
- 133　小镇道路规划设计
- 139　小镇的风格设计
- 146　小镇的空间尺度
- 149　小镇建筑的组团分析

- 152　小镇的色彩设计
- 157　小镇的美陈设计
- 158　小镇的绿化设计
- 162　小镇的环境设施与小品设计
- 164　小镇的标识系统设计
- 166　小镇的无障碍设计
- 170　小镇的材料
- 171　小镇的灯光
- 173　小镇的信息化设计

181/ 第五章　小镇演艺

- 182　"激活"小镇演艺
- 188　"鲜活"的演艺产品定位
- 190　"灵活"的演艺形式
- 196　"盘活"小镇演艺的五大理念
- 207　"做活"小镇演艺体系
- 213　国内知名的旅游演艺

217/ 第六章　小镇感觉

- 218　马斯洛需求对旅游运营的指导
- 225　"感觉体验"——旅游目的地的美学营造
- 231　旅游小镇的五个"感觉"

243/ 第七章　小镇未来

- 245　城镇的美好
- 247　构建未来城镇的基础
- 247　构建未来城镇，人类需要无机生命体系的支持
- 250　神奇的未来小镇
- 263　未来海洋小镇

267/ 后记

第一章 小镇挖掘

　　新旅游时代的到来推动了人类体验美学的发展及各个产业的进步，体验这种以为消费者创造记忆为核心的活动从诞生之日起就是为了营造与众不同的情感感受，旅游本身就是体验，却也在同步地发展着，体验赋予了旅游更多新的延伸意义。体验式旅游是体验经济时代旅游消费的必然需求，它强调游客对文化的、生活的、历史的体验，强调参与性与融入性，旅游小镇即是在这样的旅游发展环境中诞生，旅游小镇为人们提供一个可栖息、可生活、可游览、可住宿、可娱乐的全方位体验载体，从某种角度说，旅游小镇正是体验经济下的发展产物，小镇打造终极目的是更多、更全方位的可体验性。那么这样的小镇怎么建造？

小镇的概念

试着从搜索引擎上输入：小镇怎样建造？将出现上百条关于造小镇的各类信息，内容之多令人眼花缭乱，其中关于特色小镇的描述内容颇多，无外乎打造文化特色、产业特色、生态特色、地域特色等说法，事实上，自2016年国家出台鼓励政策后，有关特色小镇的建设进入快速发展阶段。发展小镇、建设小镇成为了当今社会发展与投资的一个风口，在这个风口上起舞的人们有的彷徨不已，有的茫然若失。就像有的地方依靠政府部门打造"政绩小镇"，有的"房地产化"明显，还有的重"形"轻"魂"，特色小镇特色不足。事实证明，目前我国的小镇开发与建设热潮并未带来明显、庞大的经济效益，造小镇是一个技术活，更是一个需要文化基底的活。无可否认的是，很多人都将把小镇造坏了。

建造小镇的人首先要明白一个基本的道理，什么是小镇？

这样的问题看似很好回答，尤其很多曾经生活在小镇中的人们，在他们的回忆里，小镇或许就等同于家乡。回答什么是小镇，就是一段回忆的旅程。

"我们家就在小镇上，没有谁比我更清楚什么是小镇了。"一位出生在江南水乡的先生悠然地说道，"小镇上有一条河流，小时候清澈见底，我们总是在河边嬉戏，那是一幅很美的画卷，穿镇而过的狭窄河道，一座座雕刻精致的石桥，傍河而筑的民居，民居楼板底下就是水，石阶的埠头从楼板下一级级伸出来，女人们正在埠头上浣洗，而离她们只有几尺远的乌蓬船上正升起一缕白白的炊烟，炊烟穿过桥洞飘到对岸，对岸河边有又低又宽的石栏，可坐可躺，几位老人满脸宁静地坐在那里看着过往船只……"

这位先生一段生动的描述过后，对于小镇是什么这个概念性的问题，他沉思了一下，轻描淡写地说道，"小镇就是家。"

另外，小镇在我国近现代文学作品中曾也是一种重要的叙事介质，小镇在文学作品中的唯美和柔软直击心灵，在作品优美的文字叙述中遨游，不亚于亲自游历其中，所见所感多了更大的想象的空间。

正如我国现代著名作家沈从文的作品《边城》，以兼具抒情诗和小品文的优美笔触，描绘了湘西地区特有的风土人情小镇——茶峒，这个宁静、质朴的小镇作为一个极其重要的故事环境，烘托了戏剧化人物的心理活动，使人的情感沉浸在富有诗情画意的氛围中，展示了湘西边陲特有的清新秀丽的自然风光。啼声婉转的黄莺、繁密的虫声、美丽的黄昏、如银的月色……奇景如画，美不胜收，茶峒小镇的自然景物和生活风习错综有致地展现在读者面前。那清澈见底的河流，那凭水依山的小城，那河街上的吊脚楼，那攀引缆索的渡船，那关系茶峒"风水"的白塔，那深翠逼人的竹篁中鸟雀的交替鸣叫，……这些富有地方色彩的景物，都自然而又清丽，优美而不加浓涂艳抹。

如此美景之下，小镇的人文与风俗也刻画得入木三分，一幅幅风俗长卷，婚嫁、习俗、服饰、神话、传说、信仰、礼节……无所不有，无所不奇，这些一代一代流传的古风习俗人情世态所包含的人情美和人性美，令人神往，令人惊叹。

正因为《边城》的高艺术价值和对小镇的完美刻画，令后世人心生向往，令沈从文先生的故乡——湖南凤凰古城成为了一座年游客量过千万的旅游小镇。

在作品里，小镇的概念其实是模糊的，却也是清晰的。模糊是因为作者从头到尾没有说到小镇是什么，它只是一个故事发生的背景环境。清晰是因为它也有具体的地理位置信息，如茶峒就被明确的描述为"由四川过湖南去，靠东有一条官路，这官路将近湘西边境，到了一个地方名叫茶峒的小山城……"，而且对于小镇的环境、人文甚至习俗均描绘得清晰明朗，小镇是人们生活其中的一个"城"，这个"城"是如此的安静祥和，没有丝毫城市的浮躁，有的是饱满的人文故事和风土人情。

中国"小镇"还有更多其深刻的历史含义，追根索源可至《南齐书·柳世隆传》"东下之师，久承声闻。郢州小镇，自守而已。"将小镇形容为用于军事驻扎，驻兵镇守的小小州郡；在《旧唐书·柳公权传》中的描述是，"自金吾大将授邠宁小镇，何事议论耶？"将小镇描述为掌握一方军政大权的藩镇中之较小的一类，到了宋代，军事色彩降低，小镇意为经济、人口比较发达的人口集聚区。随着时间的推移，小镇慢慢地与人、商业、民俗和聚居的概念相关，清人王步青《见闻录·松江记事》："中大桥……沿黄浦江北岸一小镇也。市长不过半里。"形容小镇为县以下人口较集中而有商业活动的居民点。

在欧美国家，小镇在英语和荷兰语中用"TOWN"来表述，Town这个词含有篱笆围起来的空间的意义。在英国，小镇就是指一座小的城市，不能或不允许建造城墙或其他较大的防御工事，取而代之是用栅栏或者围桩。在荷兰，这个空间指向是一个花园般的小城，更具体地说是指那些有钱人的庄园，有高高的栅栏和围墙，几间酒馆、几个茶室、几家餐厅、几家书店，这一帧帧生活场景如同星星之火，连在一起便照亮了小镇的整个轮廓。

小镇怎么来的？没有小镇是凭空而来，所有小镇都不是一天建成的，世界上的小镇形成源于人类的聚居，自然村落、军事驻点及商业聚集地等就是小镇的初始形态。除了小镇本身的楼宇形态之外，还有许多其他的元素，集聚人流的广场、做礼拜的教堂、盛大的佛教日需要的庙宇、供给小镇的商业业态、公园、医院、学校等，从某种概念来说小镇是自然村落的概念，是我们现在常说的小镇的前身。

小镇有很明显的定义，它必然与人相关，无论是军事驻扎还是商业聚集，人的活动与聚居成就一个小镇的基本形态；另外，小镇与建筑相关，诸多建筑的聚集为人类提供栖息、生活的场所，建筑形态是小镇观感的直接呈现，也是小镇景观的重要组成部分；小镇与文化相关，人类栖息在小镇里，定然会有商业交换和文明交往、情感的交流，除了人类用于自住的建筑形态，还有许多其他的文化建筑元素，诸如集聚广场、教堂、庙宇、商业业态、公园、医院、学校等等，这些形态承载着小镇的文化底蕴，而诸如节庆庆祝、民俗、手工艺等也是小镇人们生存和发展过程中必须的文化交流；小镇与产业相关，生活在小镇上的人离不开某种产业的生产与运用，就像茶峒小镇的人们靠船坞产业而生存，更多小镇则是依靠农业为基础，许多小镇刚开始时就是农业中心，当今时代，小镇产业内容众多，诸如杭州云栖小镇，它是一个以云生态为主导的产业小镇；意大利圣托尼尼小镇则是一个以旅游及时尚产业为核心依托的小镇。

我们可以说，小镇就是人与自然、建筑、产业、文化、艺术和景观交融形成的一种文明载体，它既承载着人类文明的过去，也承担了人类文明的未来。

中国有很多美丽的小镇，如乌镇、华西村、周庄、同里、绍兴的古建。

乌镇完整地保存着原有晚清和民国时期水乡古镇的风貌和格局，以河为街，街桥相连，依河筑屋，水镇一体，组织起水阁、桥梁、石板巷等独具江南韵味的建筑因素，体现着中国古典民居"以和为美"的人文思想，人与建筑的美在这里淋漓展现。此外，它还传承着千年的历史文化、淳朴秀美的水乡风景、风味独特的美食佳肴、缤纷多彩的民俗节日、深厚的人文积淀和亘古不变的生活方式。古老的乌镇以蚕的养殖及丝绸制作为核心产业，物产富足，非常适合种桑养蚕，居民多以养蚕制作丝绸为生，素有"丝绸之乡"的美称，再加上河流纵横，交通便利，乌镇便成为了辐射周边地区的丝绸业集散中心。

如今的乌镇不再以蚕和丝绸作为核心产业，独特的景观、自然和文化、艺术之美使这里成为了中国乃至全世界知名的旅游小镇。它拥有众多古旧的文化建筑，如染坊、昭明书院、白莲塔、水上戏台、桥里桥、老街长弄等等，也有地道的手工艺品，如蓝印花布、木雕竹刻、乌锦、丝锦、布鞋、湖笔等等，年接待游客量超千万。

而周庄更在某种程度上与乌镇相似，它既有唐风孑遗，也有宋水依依，烟雨江南，碧玉周庄。近千年的历史沧桑和浓郁的吴地文化孕育了周庄，它以其灵秀的水乡风貌、独特的人文景观、质朴的民俗风情，成为了东方文化的瑰宝。周庄因河成街，呈现一派古朴、明洁的幽静，是江南典型的"小桥、流水、人家"，它的环境幽静，建筑古朴，明清建筑尤其多，并拥有很多的深宅大院，屋顶和地面呈黑灰色，周围则是白墙镶着深色的木窗，既素雅又不失大气，自然与人文均有其独到的价值。

乌镇与周庄都完美地诠释着人与自然、建筑、产业、文化、艺术和景观的交融，它承载着中国古老文明的过去，如今，正发展和承担着中国文明的未来。小镇的核心是文化，文化是小镇产业与景观、艺术、人物、风俗的综合体。

小镇的变迁

在浙江舟山市嵊山岛东北部，有一个绝美的乡村小镇，叫后头湾村，国外媒体在盘点全球被遗弃的绝美景点时，中国仅有两处上榜，一处是长城，另一处就是这个海边小村镇。可令人想不到的是，这个小村如今并没有人居住，人都搬走了，只剩小镇的肌理在生长，整个村落爬满了爬山虎，成为藏在山里的一个被遗弃的村庄，面朝大海，却人去楼空。谁也不曾想到，这里也是个曾经有超过3000名渔民居住、生活、以打渔为核心产业的乡间村镇，20世纪50年代，后头湾曾是当地最富裕的渔村，当时的后头湾有完善的村公所、医疗院和学校，20世纪90年代起，渔业发展，不少村民富裕起来，为了生活便利，村民们都陆续搬离后头湾。

而今的后头湾小村，自海遥望，废弃的房屋爬满了绿色植物，曲径通幽，门径荒芜。俯瞰村落，满目都是高高低低的楼群，绵亘着斑斑驳驳的石墙，密布着葱葱郁郁的青藤。年复一年，墙垣上、屋檐下、绿树旁，爬山虎悄然占据了整个村庄，在没有人类打扰的这十多年来，重归自然的小村美得一塌糊涂。

行走在这样的美丽小村镇，看着这些废弃的爬满植物的房子，遥想当年住在这里的村民生活应该是怎样一种幸福而温馨的场景，每天推开门就是大海，面朝大海，春暖花开，生活在大自然当中，与世隔绝，没有纷争。

这么美的一个小村镇怎么会在短短的几十年之间就人去楼空了呢？

"当时村里人百分之百靠捕鱼为生。"如今住在山下嵊山镇中心的后头湾村民说，他12岁就随爷爷出海打渔，直到21岁搬到镇上，是最早的一批。村里人最多的时候有500多户人家，近3000人口，自20世纪90年代前后，村民陆陆续续都搬到了生活更为方便的镇上。

"是一个自发的过程。"嵊山镇的一位副书记对这样的小镇变迁做了一个简单的总结。

一位叫"vanvan猫"的网民对后头湾村生活记忆持续到1995年。在后头湾小学上完幼儿园后，她搬到了镇上，读一年级。一开始并不是所有人都搬到了镇上，一方面是因为出于管理需要政府合并了一些自然村，另一方面是因为村民的陆续外迁，村里的学校等公共服务也逐渐撤离，所以人们才陆续转到了镇上或其他地方。

"vanvan猫"对村子的记忆都在儿时。"海石缝里的脑袋鱼，码头礁石上成群的海蟑螂，还有漫山遍野的红树莓"，概括了一个典型渔村的风貌。她记得："山涧间有很多小溪水，最喜欢夏天游上一下午的泳，然后在我外婆家捧着一碗冷水泡饭狂啃。我家狗在旁边蹲着看我吃饭。"

如此美的画卷，当它失去了人和温度，虽然存留下来的肌理依旧美丽照人，但是文化俨然已经断层，简单地说，这个小镇变迁了，人类的迁徙给小镇带来了天翻地覆的变化，人类的文明是小镇存在的核心基础，小镇的温度必须来源于人类对它造成的影响，如果远离了人类，曾经的繁荣景象将变得清冷，瓦砾、建筑与景观都将还给自然。

由此可见，每个小镇都是有温度的，从小镇讲，它的肌理很重要，但是更重要的是所蕴含的人文，小镇的核心一定是文化。

世界巨著《百年孤独》抛开其作品代表的深刻政治意义，从文字的叙事脉络上可以看到，它生动而具体地描述了马孔多小镇的起源、发展、变迁与凋蔽。布恩迪亚家族的第一代人经过多年的长途跋涉，最终找到并建立起马孔多小镇，小镇开始吸引来自各地的一些村民和使徒，村庄每户人家都有各自的家长里短，小镇每天发生着各种令人不可思议的故事，并不断上演着丰富多样的小镇文化，这些构成了小镇深厚的文明肌理。随着布恩迪亚家族后代成员对外的不断探索和马孔多小镇人员的外迁，马孔多小镇逐步走向没落，最终在一场突如其来的飓风席卷下，马孔多小镇彻底在地球上消失了，也象征着布恩迪业家族文化的消失。

文明的孕育、发展、变迁与消失在故事中均有精彩的呈现，在这些变迁中小镇也走过了一个完整的历程，我们可以看到，文化与小镇有着不可思议的相生相灭的关系。

文明是人类在不断适应并改变自然过程中所创造出来的物质文明、精神文明和制度文明的综合，世界各地的人在历史发展的过程中，以各自不同的方式创造出了璀璨的文明：神秘消失的亚特兰蒂斯文明、光辉灿烂的古巴比伦、博大精深的古代中国、色彩斑斓的古印度、玄妙神秘的古埃及，甚至奇特诡秘的玛雅文明、马丘比丘文明等等，文明是人类创造建筑、景观和城镇的原始动力，伴随这些文明而生的是一个又一个璀璨、神秘的城镇，如柏拉图一直传颂的亚特兰蒂斯古城，古巴比伦空中花园，恢弘的玛雅建筑，以及不知何时起，变成了一片荒地的马丘比丘城镇等，或许是由于自然环境的演变，或许是由于战争的破坏，甚至是由于人类目前无法解释的原因，一些曾经拥有灿烂文明的城镇失落了，消失在历史的阴影之中，它们或变成了荒城古冢，或埋葬于故垒废墟，或是在历史的风尘堆积中变成了一个不解之谜。

逝去的亚特兰蒂斯古城

人类是一种具有强烈群居与沟通交流需求的动物，现代世界的诸多科学家、哲学家不断证明，文明是人类的精神图腾，而人类生存聚居的村落或城镇，往往是文明孕育的温床。

从古至今，从原始到现代，人类的文明从来没有间断过，人类的生存地址一直在变化，但是文化生生不息，继往开来。

公元前350年，古希腊哲学三圣之一——柏拉图的《对话录》在古希腊广泛流传。在《对话录》中，柏拉图以对话的形式第一次描绘了古人类建造的第一个城邦，也是现代人类至今争论不休的古城镇——亚特兰蒂斯，有关亚特兰蒂斯的主流传说，均始

亚特兰蒂斯这个城镇是古人类文明的精髓之作，拥有完善的产业、文化、景观和艺术，是一个真实存在的古代城镇。

于柏拉图最晚年的著作《克里特阿斯》（Critias）和《提迈奥斯》（Timaeus）两本对话录中。

这座人类有记录以来最早的神秘城邦虽然被各种文化反复解读，带有传奇的神话色彩，也曾一度让世人怀疑其存在的真实性。然而现代科学已然发现，在大洪灾来临之前，地球上确实存在过一片大陆，这是一片拥有高度文明的大陆，不幸在全球性的灾难中，在大西洋底永远地沉默着。近一个世纪以来，考古学家在大西洋底找到了那片史前文明的遗迹，印证了柏拉图不仅仅是在传颂一个假说。

这个城镇是古人类文明的精髓之作，拥有完善的产业、文化、景观和艺术，是一个真实存在的古代城镇。那么，这个古城镇是怎样建立起来的呢？

在传说中，创建亚特兰蒂斯王国的是海神波塞顿。在一个小岛上，有位父母双亡的少女，波塞顿娶了这位少女并生了五对双胞胎，于是波塞顿将整座岛划分为十个区，分别让给十个儿子来统治，并以长子为最高统治者。因为这个长子叫做"阿特拉斯"（Ἄτλας），因此称该国为"亚特兰蒂斯"王国。

在这座大陆中央的卫城中，有献给波塞顿和其妻的庙宇及祭祀波塞顿的神殿，这个神殿内部以金、银、黄铜和象牙装饰着。亚特兰蒂斯的海岸设有完善的造船产业，船坞内挤满着三段桨的军舰，码头都是来自世界各地的商船和商人。亚特兰蒂斯十分富强，除了岛屿本身物产丰富外，来自埃及、叙利亚等地中海国家的贡品也不断涌入。

亚特兰蒂斯或许不是人类有史记载以来最早的一个城镇，但或许它是最神秘的一个古城镇，它神秘地来，神秘地消失，只留下了人类无限的遐想和对它无限的向往。这座城有完整的产业链，有独特的建筑风格，有丰富的人文和艺术，是人类史上一颗璀璨的明珠。

柏拉图在书中对亚特兰蒂斯的环境描述近乎完美：它位于副热带，整个城镇的面积大于小亚细亚和利比亚之和，北部有绵延不断的崇山峻岭，是全城的天然屏障。城镇上物产丰富，人们会冶炼、耕作和建筑，这里道路四通八达，运河交错成网，交通发达，贸易兴盛。

甚至对于这座古城镇的建筑风格和城市特点也有精确的描述，亚特兰蒂斯的建筑呈同心圆状，互相用舰只分隔开。随着逐步深入中心，身份限制逐渐严格，圆环内圈是最重要的庙宇和保留地。城市建筑的美妙之处能令人感受音乐韵味，镀金的圆屋顶，由于风力和温度不同，发出和谐的声音。亚特兰蒂斯，三是其重要特征之一——线条重复三次，建筑群由三组类似建筑组成，三个金字塔组成塔群。城市每一层的街道都呈对角线分布，从海滨一角到另一角，地下尚有许多错综复杂的地下长廊。

连接两个同心圆层的海洋通道景观，从城市内部朝外观望，可以见到城市的另一层：亚特兰蒂斯的内海区域。右边有座灯塔，两座金属雕塑支撑着巨大的灯，背景是天空中的三辆飞车及中心城市的一些庄严建筑。阶梯的最高处，雕塑头上的翅膀显而易见，在亚特兰蒂斯艺术中代表生生不息。城市的整体设计极尽可能体现各种艺术的巅峰，阶梯通向一座综合院校。

小故事

　　最早记述亚特兰蒂斯的希腊伟大哲学家柏拉图生活在约公元前四百年，他是先知苏格拉底的学生。柏拉图在公元前 350 年撰写了名著《对话录》，以对话的形式描绘了神秘的亚特兰蒂斯，柏拉图在书中记述了其家族的一位祖先、古希腊七贤之一的著名政治改革家和诗人梭伦（约公元前 638 年至前 559 年）在出国旅行中与一位埃及老祭司的对话。

　　老祭司向梭伦讲，据古埃及历史记载亚特兰蒂斯沉没的时间是大约在那之前 9000 多年前，由于梭伦所在的年代约是公元前 600 多年，如此推算，亚特兰蒂斯最后毁灭于公元前 1 万年左右，距今约 12000 年。祭司说，"亚特兰蒂斯位于海克里斯之柱（今直布罗陀海峡）之外不远处的地方，这座岛屿比利比亚和小亚细亚加在一起还要大，是大西洋通往其他岛屿的必经之处，穿过这片岛屿你可以到达环抱大西洋的另外一片大陆，岛上矿产丰富，特别是他们发掘出一种闪闪发光的金属，被称作山铜，其珍贵程度远超过黄金，在当时被视作世间最珍贵的金属，岛上还拥有大量的森林资源，有足够用于畜牧和饲养家禽的自然条件，岛上还生活着成群的大象，动植物种类繁多，这些得天独厚的条件将亚特兰蒂斯王国推向顶峰"。

　　城市中心的辉煌建筑具有天文学意义。城市的中心地带，镀金的音乐圆顶是天象馆和其他一些公众建筑，并非所有人都有权进入中心城市中。紧贴入口的是金牛座标志，以及男人和公牛。亚特兰蒂斯的圣物祖母绿被精细雕刻成透明的，城市主要法典写在上面，翻译成不同的语言。祖母绿安放在一个地下房间严密看守，那里是亚特兰蒂斯最神圣的地方。离城市不远的山谷中掩埋着亚特兰蒂斯的国王。这是个很深的山谷，专用作墓地，墓碑上记录其人的一生。这里不仅埋葬官员也有艺术家，山谷在山之上，有许多已经绝种的史前动物。

　　这些清晰而详尽的描述绝不仅仅是在说一个故事，随着后来生物学家、科学家和历史学家的探索，从亚速尔群岛到百慕大群岛，人们在海底发现了大片遗迹，昔日曾经的辉煌城镇陆续呈现真颜，古人类文明得以重见天日。

文化与小镇有着不可思议的相生相灭的关系，神秘古老的玛雅古城镇的荒芜，正是因为其文明的停摆。

柏拉图究其一生探索的或许就是人类最完善的城镇，最美好的生活，这就是古老的小镇文化的精髓，它代表的不仅仅是建筑和文明本身，更是一种生活，曾经逝去的亚特兰蒂斯也许是人类明天的小镇，或是人类将在太空建筑的小镇雏形，或许就是未来的月球小镇、火星小镇。

神秘的玛雅古城

城镇的变迁反映着人类文明的变迁，亚特兰蒂斯沉入了大海，但是其文明并没有消失，而当有一天人们重新发掘那座古城的时候，属于它的文明跃然于世，光彩夺目。同理，在三千年历史维度上，人们发现了玛雅文化，中美洲亚马孙流域的古老文化。玛雅文明随着人们对其古城遗址的发现和考察，挖掘出玛雅历法、各种雕刻符号、图腾的石碑等，古代玛雅人独特的宗教和预言文明再现辉煌。玛雅文明城镇的精髓在于其先进的历法和各种各样的祭祀活动，可惜的是，玛雅文明并没有延续下来，先人们创造的奇迹湮没在丛林中，玛雅文明的温床——玛雅城镇也随之消失了。

神秘的玛雅文明温床典型代表科潘谷地，位于美洲洪都拉斯首都特古西加尔巴西北部科潘省，距特古西加尔巴西北约225千米，靠近危地马拉边境。科潘的玛雅遗址是古代玛雅人的宗教和政治中心之一，是玛雅文明中最古老且最大的古城遗址。遗址中有金字塔、广场、庙宇、雕刻、石碑和象形文字石阶等建筑，是现代世界十分重要的考古地区。

正是因为人们对玛雅文明遗址的发现，致使当代学者们意识到，中美洲并不是人们从前想象中等待开化的蛮夷之地，早在几千年之前，它就已经孕育出了一个辉煌的本土文明，19世纪90年代以来的考古发现表明，科潘是玛雅文明时期的重要代表，在拉乌齐·依米克斯王统治时期（公元628~695年），科潘成为中美洲规模最大，势力最强的城市。

城镇是文明的温床，也是文明的寄托。玛雅文明是哥伦布发现美洲大陆之前人类取得的惊人成就，它在科学、农业、文化、艺术等诸多方面，都作出了极为重要的贡献。相比而言，西半球这块大地上诞生的另外两大文明——阿兹台克文明和印加文明，与玛雅文明都不可同日而语。玛雅人笃信宗教，文化生活富于宗教色彩。他们崇拜太阳神、雨神、五谷神、死神、战神、风神、玉米神等。太阳神居于诸神之上，被尊为上帝的化身。此外，流行祖先崇拜，相信灵魂不灭。

玛雅古城镇还诞生了令世人震惊的数字系统，他们使用一点、一横与一个代表零的贝形符号来表示数字。考古学家研究玛雅人的数字系统时，发现他们的数字表达与算盘的算珠有异曲同工之妙，使用三个符号：一点、一横、一个代表零的贝形符号就可以表示任何数字。类似的原理今天被应用在电脑的"二进位制"上。这种计数方法，使用于天文学的数字，在危地马拉的吉里瓜发现称为石标的雕刻石柱中，记载着九千万年、四亿年的数字。玛雅的历法非常复杂，有以260日为周期的卓金历、

6个月为周期的太阴历、29日及30日为周期的太阴月历、365日为周期的太阳历等不同周期的不同历法。

玛雅古城镇甚至诞生了现代社会都无法解释的天文知识，玛雅人的历法和天文知识究竟精确到什么程度？把一年分为18个月，测算的地球年为365.2420天，现代测算为365.2422天，误差仅0.0002天，就是说5000年误差仅一天。玛雅人的历法可以维持到4亿年以后，计算的太阳年与金星年的差数可以精确到小数点以后的4位数字。玛雅人有自己的文字——用800个符号和图形组成的象形文字，词汇量多达3万个，并有精美绝伦的雕刻、绘画和艺术。

显然那种精确的天文历法和数学，那种令全世界景仰的文明、艺术，都远超出当地印第安土著几近原始生活的实际需求。令人疑惑，古代玛雅人是怎样得到如此高深的知识的？灿烂的玛雅文化是如何产生的？后来又是怎样销声匿迹的？1952年6月5日，人们在墨西哥高原的玛雅古城帕伦克一处神殿的废墟，发掘出一块刻有人物和花纹的石板。当时人们仅把这当作是玛雅古代神话的雕刻。到了六十年代人们乘坐宇宙飞船进入太空后，那些参与宇航研究的美国科学家才恍然大悟：帕伦克石板上雕刻的，原来是一幅宇航员驾驶宇宙飞行器的图画！虽然经过图案化的变形，但宇宙飞船的进气口、排气管、操纵杆、脚踏板、方向舵、天线、软管及各种仪表仍清晰可见。这幅图画的照片被送往美国航天中心时，宇航专家们无不惊叹，一致认为它就是古代的宇航器。

玛雅人的文明程度之高甚至令世人猜测，可能来过一批具有高度文明的外星智能生命，他们教授尚在原始时代的玛雅人各种先进知识，然后飘然而去。他们被玛雅人认为是天神。玛雅文化中令人难以理解的高深知识，就是出于外星人的传授。

然而猜测始终归猜测，曾经辉煌到能精准测算天文历法，并能绘出宇航器的玛雅文明最终消失了，作为世界上唯一一个诞生于热带丛林而不是大河流域的古代文明，玛雅文明与奇迹般的崛起和发展一样，其衰亡和消失充满神秘色彩。公元8世纪玛雅人放弃了高度发达的文明，大举迁移。创建的每个中心城市都终止新的建设，城市被完全放弃，繁华的大城市变得荒芜。玛雅文明一夜之间消失于美洲的热带丛林中。

随着城镇的荒芜，文明的延续和发展停摆，一切等待后人的发掘与继承。

马丘比丘小镇

马丘比丘是失落的印加城市，是保存完好的前哥伦布时期的印加遗迹。马丘比丘是南美洲最重要的考古发掘中心之一，也是目前秘鲁最受欢迎的旅游景点之一。在1983年，马丘比丘被联合国教科文组织定为世界遗产，是世界上为数不多的文化与自然双重遗产之一。

神秘的马丘比丘古城遗址位于一座非常美丽的高山上，海拔两千四百三十米，为热带丛林所包围。该古城是印加帝国全盛时期最辉煌的城市建筑，那巨大的城墙、台阶、扶手都好像是在悬崖绝壁自然形成的一样。古城矗立在安第斯山脉东边的斜坡上，环绕着亚马孙河上游的盆地，那里的物产丰富。

出现于15世纪的马丘比丘原为一个崇拜太阳并有着神秘的宗教仪式民族的居住地，在那里，女人大大多于男人。马丘比丘意为"古老的山巅"，位于乌鲁班巴河上方457米的秘鲁境内的安第斯山上，它像个巨人，栖息在两座山峦间的马鞍形的山脊上，那里曾是个宗教活动之地，又因世人无法得知其原始的名字，故借其附近一座山脉之称而得此名。

这样一座古城镇，其文化从何而来？

 **小故事**

　　有一位耶鲁大学的考古学家——海拉姆·宾汉1911年发现这一遥远的，占地2公顷的古迹时，他确信自己已成功地找到了维卡班巴——盛传的印加人最后的避难所。自从西班牙征服者从其首都库斯科赶走了他们的印加帝王之后，他们在这里躲藏了36年。宾汉当时被他眼前见到的一切惊呆了，他立即把自己的最初感觉记录下来，他写道："我这才开始认识到，这里的城墙和它周围合成半圆形的庙宇，是世界上最最美的石方工程。它们简直令我不敢相信自己眼睛！"这些工程很壮观，这一点毫无疑问，但是宾汉当时确认的关于这里的考证，如今被认为是错的。

　　马丘比丘是一个古老的城镇，是一个与宗教活动息息相关的古城镇，它的文化就是古老的印加宗教文化。它建成的年代尚是个未知数，人们猜测很可能是建于15世纪末，印加帝国向外扩张势力的鼎盛时期。有人说这里应该至少居住1500人。从挖掘出的头骨，能推断其女性人数与男性人数的比例为10:1，这一点支持了下述的推测：这里曾是个宗教祭祀活动的场所，这里的人们崇拜太阳，因为女人被视为太阳的贞女。

　　对于马丘比丘的人们崇敬太阳的推测，还出自另一个迹象，就是一座被称之为"拴住太阳的地方"的建筑。这是个奇妙的石头结构，似乎是个复杂的天文装置，当其他东西都残迹全无时，唯独它能幸存至今。据推测这是用来计算一些重要的日期的，如夏至、冬至等。它的名字好像与一种庆典有关，因为据称在冬至那一天太阳会被拴在这里。而且，在太阳塔上，似曾有过对太阳系的观察与研究。那个塔是个马蹄形的建筑，朝东的一扇窗子很特殊，它在冬至那一天，可以被太阳的光线直射。再者，在三窗寺，那三扇排成一直线的窗户，以及屋子中央那一块笔直的长方形的石块，这些显然都有着特殊意义的，每当夏至或冬至日，印加人便在此举行太阳节的庆典活动。

　　马丘比丘处处是花园、通道、宏伟的建筑与宫殿。这里有痕迹显示出沟渠、水池、浴池、以及玉米、土豆和其他蔬菜。高低不一的花园和道路用石阶相连。

小故事

这座古城,从西班牙入侵时期就是一个谜,一直被莫名其妙地忽略了。有的说是因为印加部落间的内战玷污了这里的美丽与圣洁。海拉姆·宾汉评论说马丘比丘的砖石建筑是令人难以置信的奇观。当地人把巨大的花岗岩石块砌在一起,却又不使用砂浆,这简直是个奇迹。各种不同形状的石块,竟被如此巧妙而又精确地相互拼合起来,成为一体,所筑成的石墙,使人难以觉察到石块间的接缝,看上去,它好像本身只是一大块石头,这远古时期如此超凡的技巧,真是太不可思议了!当宾汉来到这里时,这座被遗弃了数百年之久,又被森林蚕食了的古城,已是满目疮痍,唯独其石砖建筑结构遭到毁坏程度之少的,确令人意外。有人断言印加人不可能在没有铁制工具,没有马犬畜,没有车轮的年代里,建造出如此绝妙的砖石建筑。他们确是极具智慧的民族,即使如此,若没有用来进行切割与运输整块巨石的实用工具,决不可能建造出马丘比丘来。

鉴于这一点,便开始传出了外星人光临,上天之灵的创造等等传说。另一个更简洁的说法则把这一切归功于印加帝国的祖先的成果。虽然人们迄今无法断定,马丘比丘是如何建造而成的,但是它的存在,总使人们饶有兴味地想探知更多一些关于创造了这一伟迹的那些神秘而又充满了智慧的先祖的一切。

整座古城气势恢宏,其城镇变迁前的弘大场景令人可以轻易回味,这座古城的建筑、风格皆可以称之为奇观妙景。整座古城层层叠叠,一路向北顺着山势延伸而上,古城的背后,是一座高耸的山峰,就像是古城的靠山似的,使古城看起来更加庄严也更为神秘。

古城的东、西、北三面均为悬崖,南面筑有两道古墙。外墙开一小门,有一条小道从小门通向山下,只有这一个石砌的小门可以进出城市。两道石墙之间为梯田。1982年11月秘鲁的考古学家在这里发现并证实,这是500年前的梯田遗址,在60块梯田上修有灌溉、排水渠道。内墙里面为城池,一排排辉煌的石头建筑,间杂着颓墙残壁,依着山势的建筑,有广场、宫殿、庙宇、民居、作坊、兵营等。建筑物之间有上百条石阶梯和小路相通,坡区掘有多处石质水槽。

古城中的房屋鳞次栉比，坐落在一排排长长的台阶上。屋子都很小，只有一个小房间，窗户一般为3扇窗，紧临狭窄的街道，但建造得十分坚固耐用，朴实无华。相形之下，举行祭典的场所在建筑上就讲究得多，使用了库斯科城中萨克塞华曼城堡（Sacsayhuaman）所看见过的那种大石块。其中一块多边形巨石打磨得十分光滑，长12英尺，宽约5英尺，厚5英尺，重量足有200吨左右。古城中，这种多边形或正方形的巨石随处可见，许多天然的圆石块被融合进整体设计中，显示出很高的建筑技巧。当宾汉来到这里时，这座被遗弃了数百年之久，又被森林蚕食了的古城，已是满目疮痍，唯独其石砖建筑结构几乎没有遭到毁坏。

从某种意义上来说，马丘比丘作为一个印加文化的小镇，它悠久而神奇的文化令现代人回望过去，无比向往，这也是这座小镇现今游客量巨大的一个重要原因。小镇的文化代表了一个时代人们生活、祭祀、宗教及产业背景。每一个小镇都有其深层次的文化出处，马丘比丘或许不仅仅是一个宗教文化为核心的小镇，从其产业文化也能看出，这本身也是一个人们赖以生存的农业小镇。印加人用石块在山坡上堆砌成一堵堵墙，然后填土筑成长条形梯田，种植玉米和土豆等作物。而那顺着山势，引山水入城的水槽，在满足城中用水之后，自流用于梯田的灌溉，极为科学。在印加帝国的许多地方，耕地大部分是安第斯崇山峻岭间的河谷地和山坡地，印加人开辟出来的梯田，既防止了山坡地的水土流失，又有着精巧复杂的灌溉系统，大面积的灌溉系统使印加帝国成为了繁荣昌盛的农业国，其中部分灌溉系统至今仍在使用。

地处崇山峻岭中的马丘比丘古城，要做到能维持城市的生存，没有相应的农业是不可思议的。从这个角度看，城外的梯田比古城镇本身来得更伟大，虽然它只是古城的附属部分。根据考证，秘鲁印第安人早在公元前4000多年就开始种植玉米、南瓜、菜豆等，公元前3000年学会了种植棉花。到了印加帝国时期，农业已有了相当发展，栽培的农作物多达40多种，包括马铃薯、白薯、木薯、辣椒及几十个品种的玉米。站在马丘比丘古城的废墟上，人们可以体会到发达的农业对于帝国的重要性。没有发达的农业，无法想象当年印加帝国是如何称霸的。

楚国城镇的发展与璀璨的艺术

再看我国的古城镇文化。楚国，春秋时期诸多强国之一，从先秦时期，楚国从西周初年"地不过同"的弹丸小国逐渐发展成为"地方五千里"的天下强国，前后存在八百年之久而国祚未间断，其疆域之辽阔实居众强国之首，其文化之辉煌令世人惊叹，而其都城郢自楚武王定都至白起拔郢历四百余年，是楚国的中心城市。

楚国拥有过灿烂的文化和艺术，荆州楚文化遗址、楚国宫殿还矗立着，武汉博物馆还可以看到楚国青铜器制造的文化达到前所未有的高度，楚国时期的天文、北斗七星、鼎器、青铜器，对现在依旧影响深远，楚国在某种程度上，也是一种小镇的概念，尤其是其都城郢，这个古老的城镇酝酿了楚国传奇千年的灿烂文化。

"郢"字最早出现于春秋初期，《世本·居篇》载："武王徙郢"，《史记·楚世家》载"文王熊赀立，始都郢"，而清华简《楚居》则明确记载了楚武王居大郢（涅，又称疆郢），并记载楚王迁居"×郢"14处。自春秋早期楚武王徙郢，到战国晚期秦将白起拔郢止，楚国以郢为都长达400余年，誉为"天下第一城"，是楚国历时最久的都城。据桓谭《新论》云："楚之郢都，车毂击，民肩摩，市路相排突，号为朝衣新而暮衣蔽。"郢都确实曾经繁华一时。

人们在如此繁华的城镇中过生活，政治、经济及文化均高度繁荣，楚国的城镇诞生了非常多伟大的文化艺术精髓。

在音乐上，楚国音乐非常发达。楚国设置了乐官，专门掌管音乐事务。如楚郧公钟仪世代世袭"伶人"一职。钟建被楚昭王任命为乐尹，乐师扈子也是以司乐为职的乐官。楚国乐器种类齐全，有钟、磬、鼓、瑟、竽、排箫等。尤其是楚国的编钟文化，在发现楚国编钟之前，人们一直认为中国音乐只有五音，但实际上他们那时候就用编钟创造了十二平均律，早于欧洲近2000多年，欧洲是近两百年前有了钢琴才发明了音阶，而楚国三千年便已创造了音阶。在2008年的时候，我国湖北某编钟演奏团在奥地利维也纳大厅演奏了编钟，荡气回肠、恢弘有力的编钟乐令欧洲人全体起立鼓掌，非常厉害，这本身就是属于小镇的一种非物质文化遗产。

小故事

钟作为楚国最具代表性的青铜器，这与当时周及中原各国以鼎为礼乐标志的做法明显有别，故有"八音之中，以钟为最。尚钟之风，于楚为烈"一说。以至于楚之王公贵族逝去，常以编钟来随葬，因为楚人认为编钟同青铜礼器鼎一样是王权的象征。

一方面与礼俗对音乐的重视有关；另一方面，或许可以从铸钟与战争的关系来考虑。钟的铸造是弭兵的象征，《左传·僖公十八年》记载："郑伯始朝于楚，楚子赐之金，既而悔之。与之盟曰：无以铸兵。故以铸三钟。"楚国要求郑国"无以铸兵"，就是弭兵的结果。

楚人尚钟到了十分狂热的地步，即让司乐之官都以"钟"为姓氏。其中的缘故，想必是楚人尚钟，以钟为群乐之首，因而让司钟之官以钟为氏。古文献所记载楚国三位司乐之官即钟仪、钟建、钟子期均以钟为姓氏。从一个侧面说明楚人尚钟非同一般。据《吕氏春秋·精通篇》高诱注云："钟，姓也。子，通称。期，名也。楚人钟仪之族。"楚国钟氏世袭，很可能与楚国视钟为重器有关。

楚人尚钟，直接为后世留下了宝贵的文化遗产。在发现楚编钟前，人们一向认为中国音乐只有五音。但现代的音乐家们在曾侯乙编钟上测出了完整的十二平均律，也就是说楚人早已解决了复杂音乐的转调问题。1978年从随州擂鼓墩一号墓（曾侯乙墓）出土的集楚钟之大成的编钟（共65件，其中钮钟19件，甬钟45件，镈钟1件），被世人誉为"古代世界第八奇迹"。出土的曾侯乙编钟制作工艺精美，音质、音准良好。四套编钟均有连续的半音音列构成完备的十二律。每个钟体上都刻有错金篆体铭文，正面刻"曾侯乙作持"。钟背则记有与晋、楚等国律名的对应文字，共标有关于乐律的铭文2800多字，记录了许多音乐术语，表现了精确的科学概念，显示楚国音乐文化的高水平，而十二平均律的运用更远早于欧洲。

有些文明的出现注定影响深远,并不断获得新生,这些文明所代表的城镇建筑形态不断在世界各地出现。

在手工业方面,楚国经过八百年的发展历史,在农业发展和城镇的发展历程中,手工业取得了长足的进步,在当时的世界上,可谓拥有灿烂的手工业文化和复杂多样的手工产业。主要体现在青铜器铸造业、冶铁业、丝织业和木漆器业等方面。

楚国青铜业的发展,是随着楚人的南下东进,并建立起城镇文化之后取得的。继熊渠对外扩展后,楚武、文、成、穆、庄诸代,南入江汉,北争中原,东拓江淮,师夏师夷越,兼收并蓄。春秋战国时代,楚国的青铜冶炼工艺后来居上,独领风骚。利用和发展冶铸技术,楚人在春秋晚期就已开始冶炼并使用铁器。据考古资料,现已出土的东周铁器,大部分都是楚国的,楚人已经掌握了块炼渗碳钢和铸铁柔化等工艺。

一般来说,文化的繁荣与国家、城镇的昌盛是相辅相成的。而物质文化的繁荣尤其依赖于城镇的繁荣。楚国在多元的政治格局中奋勇进取而于春秋中期以后雄踞南方,先后建立起以丹阳、纪南城、鄢都等为郢都的核心城市,楚国的青铜文化正式在这样的城镇发展过程中,随着王权对于艺术的追求,达官贵族对于铜、鼎文化的爱好,以及平民百姓所受到的熏陶和影响,致使文化的传承与发展获得空前的繁荣,楚国的铜器制品于春秋中期以后辉耀天下。

小故事

　　从建国以来出土的东周铜器来看，楚国铜器的种类之繁、数量之多，是令同时期中原列国望尘莫及的。据学者统计，仅就青铜礼器而言，建国以来有此出土的东周楚墓约 100 余座，虽只占楚墓总数的四五十分之一，却已与中原地区有此出土的墓葬数量不相上下。河南下寺楚墓出土的各种青铜礼器有 160 余件，曾侯乙墓出土的属于楚文化系统的数十种铜器约有 10 吨。其次，楚国铜器的形制之巨、规模之大，据现有资料也是令中原列国无可比拟的。楚幽王墓中出土的楚王鼎，重达 400 公斤，至今为两周铜鼎之冠；曾侯乙编钟有大小 65 件，共重 2500 多公斤，其磅礴的气势至今举世无匹。再者，楚国青铜器的工艺之精、造型之美，更是独步天下。许许多多采用浑铸、分铸以及青铜时代之绝技的失蜡法熔模铸造等多种冶铸技术，采用平雕、浮雕、圆雕、透雕以及错金、镶嵌、铜焊、铆接等多种加工方式制作的青铜器物，大大发展了商周以来的青铜工艺，达到了世界青铜文化的顶峰。

　　除了音乐和手工艺，楚国城镇酝酿的文化辉煌更是延伸到了舞蹈艺术、绘画艺术、文学、雕刻及农业等方方面面。楚国的都城虽然一直在变迁的过程中，但是每一次变迁均带来了文化和艺术的飞跃，这些文化一直绵延至今，成了我国现代社会诸多学术研究的重点。

盛唐文明的辉煌与城镇延续

有些文明消失了，人们在残垣断壁中去缅怀，在书文圣语中来寻找，这些文明再也没有出现过，封存在人类文明史的记忆中；但有些文明的出现却注定是为了影响深远，并不断获得新生，这些文明所代表的城镇建筑形态不断在世界各地出现，文明中象征人们生存模式的各种日常行为不断被世界汲取，并在传承与复苏中得以延续。

我国唐朝就是这样的一种文明。唐朝在我国封建社会经济文化发展中属于巅峰时期，城镇经济曾极为发达，达到当时世界第一的水平。其中开元盛世中的长安，武周之治的洛阳，元和中兴的越州都是这一时期城镇发展的代表作。同时，得益于地理位置、经济重心转移等因素的影响，唐朝时期还有两个城镇成为了当时国家重要的商业城镇。如长江流域商业经济繁荣的扬州，西南地区商业中心益州。唐代谚语"扬一益二"就是对扬州和益州这两座商业城镇的赞誉。

唐朝时期的城镇到底有多么繁荣？以长安为例，唐时期的长安是一座国际化大都市，人口巅峰时期达到100万人（也有考究表明其实为40万~50万人），是中国古代的政治、经济、文化中心，同时也是当时的世界经济中心和世界文化中心，与同时期的君士坦丁堡、亚历山大、巴格达等相比，在规模、经济繁荣程度、人口和文化上均远远超越，是"百国朝拜、万人敬仰"的文明圣地。史书记载，长安城城墙范围达83平方千米，是汉代长安城的2.4倍，明清代北京城的1.4倍。而且要比同时期的拜占庭都城君士坦丁堡大了7倍，比公元800年所建的巴格达城大6.2倍，甚至令西方骄傲的古罗马城也只是长安城的五分之一，长安是当时人类所建造的最大都市城镇，名副其实的"世界第一城"。

城内百业兴旺，蔚为壮观。面积达83.1平方公里，以中国古代城镇的网格化规划布局，按中轴对称，由外郭城、宫城和皇城三个部分组成，其中宫城的南面是皇城，是中央政府机构所在地；宫城和皇城之外是外郭城，为居民区和商业区，这种体现了皇权至上、等级严格的宗法思想。城内街道纵横交错，居民区被划分成110座坊街，形似一个围棋盘。此外，还包括有东市、西市等大型商业区。

东市和西市跟里坊一样，四周是高大的围墙，各市约占2个坊的面积，市内有4条大街，围墙四面各有2个门，其中西市是当时城镇中的商业核心区，是长安城甚至唐朝的核心市场。西市进行着封闭式的交易，将若干个同类的商品聚集起来，以"肆"（或相当的"行"、"店"）为单位组成，交易区也都是集中在一个四面有墙、开设市门的较为封闭的场所内。西市周围多平民百姓住宅，市场经营的商品，以衣、烛、药等日常生活品为主。西市商业比东市要更加繁荣，是当时长安城镇经济活动中心，被称之为"金市"。

值得一提的是，西市距长安丝绸之路起点开远门非常近，从而西市成为了一个国际性的贸易市场，这或许是当时世界上最大的国际贸易市场，堪比当今世界的英国伦敦或美国纽约、中国上海。来自中亚、南亚、东南亚及高丽、百济、新罗、日本等各国各地区的商人云集长安城镇的西市，其中以中亚与波斯（今伊朗）、大食（今阿拉伯）的"胡商"最多，而且他们喜好侨居于西市或西市附近的坊里，代表着其国家或背后的财阀从事着与唐朝的贸易活动。

这些外国的客商将带来的国外香料、药物卖给中国的商贾，然后换取的钱财便从中国买回珠宝、丝织品和瓷器，这些商品带回其本国交易，卖给皇族、贵族及达官显贵阶级，从而获得巨大的财富。西市中还有许多外国商人开设的店铺，比如有波斯邸、珠宝店、货栈、酒肆等等。其中还有很多西域姑娘从事歌舞侍酒的胡姬酒肆，这些酒肆颇为受到唐朝的思想开发者欢迎。李白《少年行》就有"五陵少年金市东""笑入胡姬酒肆中"这样的描述诗句。

由此可见，唐朝城镇的辉煌在世界范围内所产生的巨大影响，一个城镇便足以将世界贸易汇聚，从商业的角度促进世界各国的经济发展，带动人类文明的相互交往，并且本身也汇聚了各国文明，从文化、经济、民族融合等多角度，为世界做出了巨大的贡献。

小故事

因为唐朝城镇的高度发达，与当时的世界各国来往密切，仅从城镇的角度出发，对世界各地产生了深厚的影响。比如，因与日本紧密的城镇经济联系，推动了日本的社会经济发展，日本先后共派遣十九次遣唐使到唐朝来学习先进的政治和文化，从茶道、和服到礼仪、佛教，再到建筑、风俗，都是挑选的博通经史、娴习文艺和熟悉唐朝情况的人前来，遣唐使为日本带回了盛唐时期的全部风貌。

645年6月，日本孝德天皇仿唐朝建年号大化，迁都难波（今大阪）。第二年在其国内设置了大学官教系统，拜留唐回国的学问僧人、学士为导师，并邀请这些人深度参与日本的政治、文化革新。其中日本当时颁布执行的行班田制，造户藉，修京师官署、郡国驿站等等，都是模仿唐朝的做法。后来的文武天皇大宝元年，他们颁布《大宝律令》《养老律令》等，也几乎全是抄袭唐朝的律令制度。包括日本京都设立了大学，其他地方设立国学，学校里的课堂脚本均是《孝经》《论语》。任何人均需要通过考试，凭成绩当官，这些制度都是唐制。日本当时的名儒——吉备真备两次游学长安，一共留学了十七年，回到日本后倡行释奠礼，用大衍历。其《大宝令》的官制一直沿用到了明治维新。尽管明治以后，日本开始风靡欧美学术，但其研究中国文化的人仍为数不少。

不仅如此，唐朝时期，中国的节令风俗及有关的饮食、服饰、器用也传到日本并被日本人民采纳。其中奈良市正仓院现在保存的许多文物都是来自唐朝或者是仿唐朝的作品。奈良当时铸就的铜钱，尤其8世纪初叶铸的"和同开珍"就是模仿"开元通宝"的形式。日本书法绘画也都来源于中国的文化和技法，多为唐朝时期从长安城传入。而且由于使用汉字，我国文学的形式、风格、思想内容也影响到了日本，并为日本文学带去启发。日本现有的最早的史书是《古事记》和《日本书纪》，其中很多神话传说就有不少中国成分。日本最古的汉文诗集《怀风藻》《凌云集》等都写作于唐朝中期，受到了唐初骈体文的影响。最古老的日本和歌《万叶集》，日本人基本是借鉴我国的《诗经》；其五七调的确立，是仿照我国的五七言诗；而长歌系都是仿造的乐府古诗；题材的内容有的仿照刘伶的《酒德颂》，有的仿照李白的《月下独酌》等。除此之外，还有很多如游宴、赠答、和歌、题咏、送别等，基本都是袭取唐朝诗人的意境。其中日本最有名的长篇小说《源氏物语》，就受到白居易《长恨歌》的启发。

城镇的繁荣也带动了文化娱乐生活的高度发达。随着城镇经济的发展和人口的增加与流动，唐代长安、洛阳、扬州等城镇的规模不断扩大，数量也有所增加，城镇居民的构成成分越来越复杂，无论是达官显贵、富商巨贾，还是贩夫走卒、市井百姓，对文化娱乐的需求都越来越旺盛，品质要求也越来越高，这促进了城镇文化娱乐生活的活跃与繁荣。

唐代城镇文化娱乐生活的内容丰富，形式多样，基本分为琴棋书画、花鸟虫鱼、乐舞百戏、游戏竞技、节庆游赏等几个大类，较为常见的有：吟诗、马球、拔河、角抵、相扑、武术、龙舟、秋千、风筝、竹马、围棋、作画、听乐、观舞、看戏、畜猫、斗鸡、养狗、猜谜、藏钩、行令、投壶、杂技、魔术、马戏、赏花、斗草、玩鸟、蹴鞠、樗蒲、双陆、弹棋、观灯、踏青、赏月、登高等等。既有适合城镇社会各阶层口味的大众文化娱乐活动，也有满足特定阶层和在少数人中流行的文化娱乐项目，如音乐歌舞是城中较为常见的文化娱乐形式，而琴棋书画则主要流行于城镇上层与文人雅士群体当中，秋千、风筝则是广大妇女儿童喜好的游戏项目。

唐朝时期，闻名世界古城镇还有洛阳、扬州和成都等，不论历史记载还是古代文献或现代文学中也都有过详尽的描述，这些城镇的文明记述着时代的文化，城镇的辉煌也象征着时代文明的辉煌，并在数百年的变迁中依然延续下去，这些城镇的影响范围是如此之广，以至于我们今天还能在世界各地看到唐文明的延续，比如在日本奈良或京都的街头，人们可以看到仿照唐朝建的殿宇、寺庙，在中亚的哈萨克斯坦、吉尔吉斯斯坦，甚至在南亚地区，我们还能看到很多与我们同族同宗的唐人生活在那里，行走在世界的其他各地，比如纽约、伦敦、旧金山、新加坡等城市，我们也能看到以"唐人街"命名的唐风建筑和文化习俗，而这一切的渊源，既始于文明，也生于文明的载体——城镇。

那些辉煌历史存在过，那些城镇是属于全人类历史变迁中不可或缺的一环。逝去的注定不会再现，然而废墟的留存却给了人们长久回望的可能，一段段远古文明城镇正是在这种回望中逐渐展露出它神秘的笑颜。我们深入研究世界上曾经辉煌过，甚至曾经消失过的很多文明，我们进一步印证了小镇与文化自古就有的相生相灭的关系。

小镇既然代表了文化的渊源，那么文化背后则是小镇的一种生活方式，一种手艺或者一个产业的运作方式，"一日为师，终身为父"的概念，与小镇非常吻合，比如在欧洲的小镇，理发这门技艺将世代传承，父亲不止养育，更重要是把技艺一代代传授，小镇蕴含了很多传承，我们未来要做的旅游小镇就是文化传承的小镇。小镇除了音乐、教堂，还有日常所需要的手工制品，所以，小镇的人文从具象看就是一门手艺、一个传说，乃至村庄的来历，村头一棵树的传说。小镇的定义不是小镇的硬件，而是人文。

小镇虽然是不断变迁着的，然后，现代社会人类的群居及产业发展，似乎正在呼唤着小镇的回归。

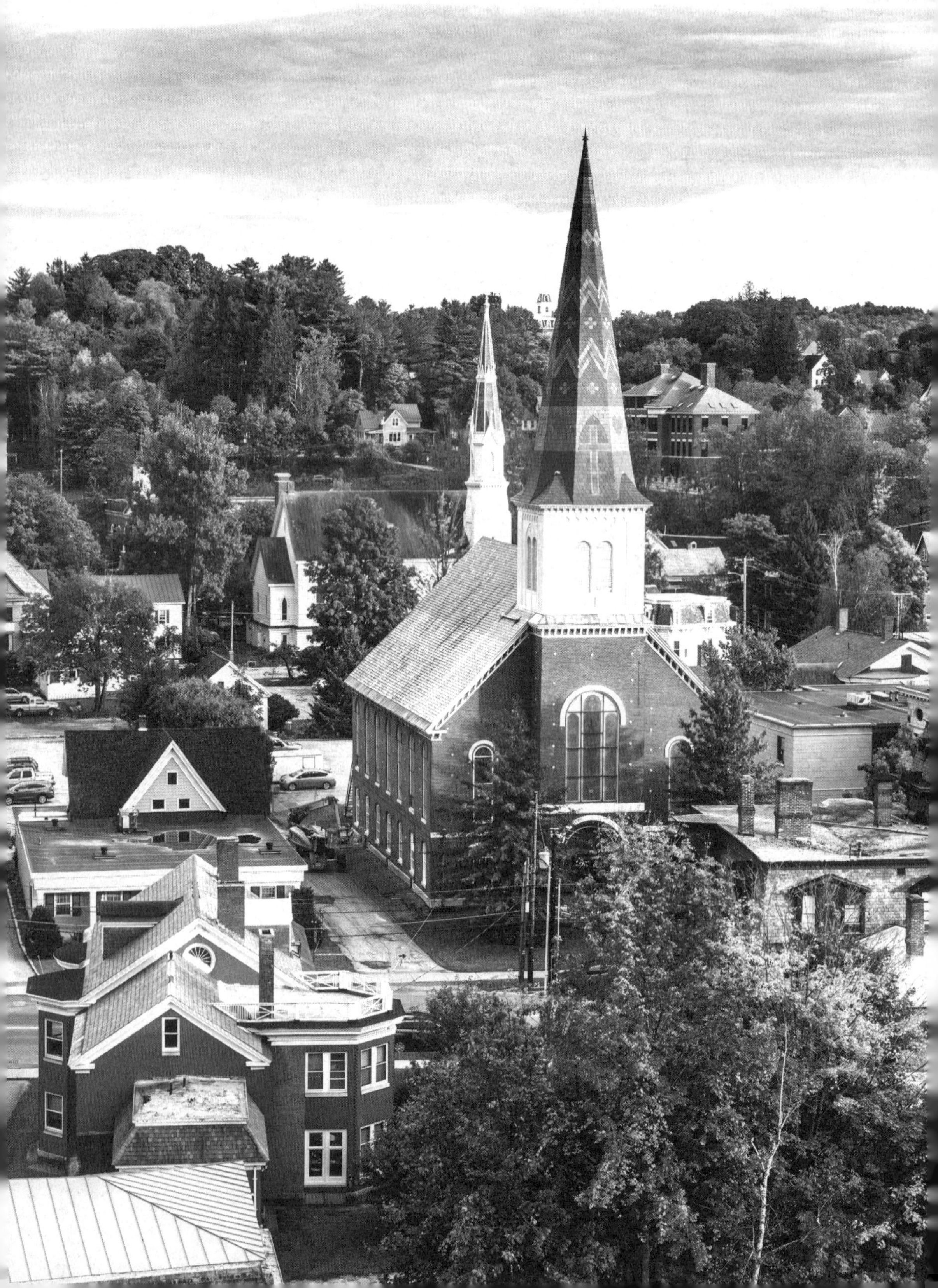

第二章 小镇回归

　　从小镇文明的深入挖掘中可以很清楚地了解到，一个小镇的形成与发展始终与其产业、人文、历史相关，现代社会中，小镇的兴盛与衰败也是不断地在更替，既体现了人类文明的成长始末，也体现了人与小镇发展的紧密联系。

大研古城的过度商业化已然破局，运用的是一种叫做"重构"的力量，这种力量并不是无中生有，而是在原有的模式基础上，根据新的市场经济规程和消费需求进行产业、服务的升级。昔日人们向往的大研古城得以回归。

回到小城镇

从小镇文明的深入挖掘中可以很清楚地了解到，一个小镇的形成与发展始终与其产业、人文、历史相关，现代社会中，小镇的兴盛与衰败也是不断地在更替，既体现了人类文明的成长始末，也体现了人与小镇发展的紧密联系。

无论在我国还是在发达的欧洲国家，小镇都在不断发生着兴盛与衰落，一个濒临衰落的小镇该怎样回归兴盛？人们希望回归到怎样的小镇去生活？小镇怎样回归到它最初的简单和富有人文感的过去？

这样的问题激励着我们不断去探索根源，随着挖掘的深入，我们轻易地发现了一些端倪，小城镇的回归与人的回归是密不可分的，人是文化的创造者，人对于小镇的产业发展、管理模式及思维方式决定了现代小镇的兴盛与衰亡，如果想要小镇长期保持旺盛的生命力，则必须对它施加从内至外的把控力，这些把控力我们也可以称之为回归的力量。

小故事

　　1962年，萨姆·沃尔顿在美国阿肯色州的罗杰斯开了她的第一家沃尔玛小店。很巧合的是，凯马特（美国20世纪70-80年代另一个著名零售超市创始人）也在1962年开始创业。凯马特的战略是占领城市——一个似乎很合理的战略，因为城市的人口密度大，而且消费力强大。凯马特不会在人口少于5万人的城市开店，它的零售店仅仅围绕着配送中心，都位于或者靠近主要城市市场。

　　但是萨姆·沃尔顿却有另外一套理论，居住在乡村地区的人们从折扣店购买商品，他们为什么就不能这样做？更重要的是，在乡村地区配送中心和零售店的成本更低。这两个问题对于沃尔顿来说更有说服力，他知道问题的答案。到了1970年，他选择了阿肯色州的本顿维尔小镇（人口5508人）作为公司的总部，并且在此建立了第一家沃尔玛配送中心，他开始把沃尔玛建在小城镇，然后向郊区和城市发展（由于沃尔玛的大规模扩展，本顿维尔的人口到2000年已经增加到了19730人，今天的小镇已经成为了罗杰斯大都市区非常重要的一部分。

　　很快，沃尔玛与凯马特之间展开了竞争，至1971年，凯马特是沃尔玛的30倍市值，明智的投资者都把钱投在了凯马特身上，从中获利。毕竟，凯马特的净收益比沃尔玛的更大。可惜的是，这些明智的投资者都把钱投错了方向。

　　错在哪呢？如果你在这两个公司各投资1000美元购买了原始股——沃尔玛在1970年10月上市，凯马特在1976年4月上市，那么你的投资到了2002年11月，在凯马特就只获取了29美元的收益，而在沃尔玛却获取了630万美元的收益。凯马特在当月从纽约股票市场退出了，因为他们在2002年1月就破产了。由于公司的破产，凯马特的配送中心关闭了610家店面，80%都在大都市区。

　　如今沃尔玛在美国有90个配送中心，他们中的90%都在大都市区以外，沃尔玛的乡村布局胜利了，而凯马特的城市布局却失败了。

不同于许多文化旅游区强行以现代商业模式进行嫁接、千方百计从游客口袋中赚"快钱"的经营方式，大研古城在传承当地传统、地道文化的基础上，构建古老的东巴文化与现代人的交流桥梁。

　　这是一个关于小城镇与大城市的故事，美国的两家大型企业对于消费市场的理解不同，以至于在企业发展战略中选择了不同的发展布局，以大型城市为主要布局的凯马特失败了，而着重小镇布局的沃尔玛成功了，乡镇投资在国外早已是一门独立的经济研究课题，为什么投资乡镇的沃尔玛会成功？这里有太多小镇不为人知的新力量，城市的拥挤、高压、高消费已经逐渐促使人们转移到更加符合自身需求的小镇，从世界发展的角度看，小镇正在回归。

事实上，根据国外著名统计网站 Dreamtowns.com 的数据报道，20 世纪 90 年代有超过 1800 万人从大都市迁移到了小城镇或小乡村居住。主要目的可以用几个内容来概括，其中一个便是生活质量，生活质量可以从许多方面反映出来：较低的住房和生活费用、较低的犯罪率、较好的学校资源、较短的通勤交通距离和交通成本以及总体而言更加休闲和压力较小的生活方式。用企业经营的话来说，小城镇比大都市的生活成本要低得多。

有事实证明，在西方国家，人口从城市向小城镇的转移是一个过去几十年就已发生，且当下正持续发生的一个过程，其中在美国，所有的美国人发现小城镇是一个非常适合生活、养家、开办公司、休闲度假及对未来进行投资的好地方，乡村都市已经家喻户晓。

类似这样的向乡村都市或小城镇的迁移是美国历史上的第三次人口大迁移浪潮，而非常有趣的是，这样的迁移浪潮表示了一个完整的圆，人们又回到了他们来的地方——乡村地区。第一次浪潮是从乡村到大城市；第二次浪潮，现在仍然在持续，它是从大城市到郊区；第三次浪潮便是从大城市、郊区到乡村、小城镇。

这样的人口迁移似乎也正在我国上演。特别是最近几年，由于大城市中不断攀升的地价、房价，造成人们居住成本的不断上升，购房成本、租房成本甚至成倍增长，而与此同时，大城市拥堵的交通问题，复杂的人口问题，以及由于机动车辆、工业排放、城市废气等带来巨大的环境压力，尤其是北方城市均有严重的雾霾污染问题，城市人的生存空间不断受到挤压。生活环境不断恶化，成本持续攀高，已经成为了城市人不得不逃避的生活压力。但与此同时，城市区域高地价与高开发成本以及稀缺的土地资源造成更多房地产开发商将目光聚焦在郊区，在城市郊区开发建设；政府也意识到了城市带来的问题，不断为郊区的发展提供基础设施、产业发展的便利；人们越来越意识到城市生活带来的成本攀升和生活质量下降，郊区意识已然崛起，甚至更多的人将目光投向了更远的小城镇。

随着我国汽车、互联网、电话及新兴科技的不断普及，人们有了更多的自由和弹性来选择生活空间，他们可以更加自由地选择如何生活，在哪儿居住和在哪儿工作。尤其是现今社会的主流人群——80、90后，他们更崇尚自由的生活方式，希望拥有更加开放、美好的生态环境，希望生活在一个成本更低的地方，甚至驾车前往较远的地方上班都可以接受。新技术的进步正在加速人们从大城市迁往乡村都市的过程，计算机技术迅猛发展助推了这个过程，便携式电脑、因特网、E-MAIL、移动电话、电视电话会议及4G移动网络、移动应用等一系列技术突飞猛进，使现代企业完全不需要按照十年前甚至二十年前的方式来运作，远程办公完全成为可能，并且趋势在不断上升；很多公司的老板让职员在很远的地方工作，甚至允许员工在家工作，这样不仅节约成本，而且工作效率也不会受到影响。

不仅仅是参与工作的人愿意迁移到小城镇进行生活和工作，甚至更多的一些新型的金融、互联网、游戏、科技、生物制药等新企业或者工厂、车间也更愿意搬迁到小城镇来获得不断的发展。在这样的小城镇里投资建设公司可以利用良好的交通条件和发达的信息网络，既可以降低运输成本和时间，还可以降低人工成本，从而使企业的生产成本不断降低。

由于技术的进步，这样的双赢局面不断上演，它将改变当今中国的面貌，正如政府不断倡导建设特色小镇的事实，这种变化将从现在一直持续到未来，城市本身的作用或许不会改变，但是城市的发展格局或许将破题，小城镇的发展迎来了巨大的机会。人们有理由在小城镇获得全新的生活方式，那是一种更加环保、更加便利、更加健康、更加低成本的生活方式。小镇即将归来，这是时代发展的需求。

小镇回归文化

当人们开始回到小城镇，并不断地为创造、繁荣小城镇而努力的时候，摆在人们眼前的问题是如此之多，产业的问题，政策的问题，资金的问题和人的问题。但是这些都不是做小镇的根本问题，小城镇也好比如一个人，它也迫切地需要自己的个性和特征，每一个小镇都不想成为"千城一面"中的一个缩影，立于文化，回归文化才是小镇成长与发展的根基。

美国著名城镇史学家刘易斯·芒福德说："城镇不只是建筑物的集群，它更是密切相关并经常相互影响的各种功能的复合体——它不单是权力的集中，更是文化的归极。"可以说城镇的本质在于文化，而且它能储存、传承和创造文化。不同的文化又使城镇彰显独特的魅力。它就像人类DNA，虽外形相似，但因DNA的不同，每个人的身材、相貌、性格等均有较大差异。

城镇本身即是文明的生成地。一座城镇的形成，因自然资源、历史背景、发展历程、风俗信仰等差异，使城镇产生不同的特质，形成自己的独有文化。这种文化体现在建筑风格、社会分工、产业结构、人文景观、生活方式、民俗风情等各个方面，而恰是这种迥然不同的城镇文化，形成了不同的个性，让人们感受到城镇的魅力。

当行走在小镇之间，也许会发现有的小镇让你流连忘返，有的小镇像过眼云烟；有的让你感受到浮世繁华，有的感受到清静淡雅。虽然每座城镇都有共同元素，街道、建筑物、商铺，或人文、自然景观，但是却能给人们不同的感受。小镇的回归带来了文化的回归，同样，如果小城镇要回归，则文化也必须回归。

如今，我国很多的城市都提出了"文化立市""用文化塑造城市"，以文化优势促进城市发展，重视打造文化品牌。但是，也有些城市只重视对物质环境的改善，而忽视城市文化内涵建设，所以尽管大兴土木，大拆大建，外表看起来，一座座高楼拔地而起，旧貌换新颜，实际上缺少文化底蕴。千城一面，缺乏个性，毫无城市文化品味；有的城市甚至将具有悠久历史文化的街区、胡同、建筑物大肆拆毁，以新为好，以洋为美。比"个高"，高层建筑成风，见缝插楼；比"体胖"，比城市规模，以为越大越好，以此追求所谓"政绩"。其实是对城市文化和城市传统的破坏，丧失城市魅力。

相反，再看欧洲城镇，最突出的特点，就是文化底蕴厚重，风格各异，很少见到雷同抄袭现象。无论是古罗马、佛罗伦萨、威尼斯，还是现代国际大都市巴黎、布鲁塞尔、维也纳……，座座堪称文化艺术宫殿、建筑博物馆。走进这些城市，就仿佛走进欧洲历史。哥特式、巴洛克式、拜占庭式，文艺复兴时期等各个时期、各种流派的建筑交相辉映。

  小城镇的发展和兴起绝对不能走那些我国城市的旧路，小城镇不能千城一面。城镇文化是灵魂，城镇必须回归文化。保护城镇文化、发展城镇文化，是每个城镇管理者和市民的共同而神圣的责任。提高城镇形象也需要城镇文化作为重要基础。因为，作为一种竞争力，城镇形象能产生巨大的吸引力和投资力，可以带来资源，带来效益。而展示城镇形象更重要的是靠个性的特色、文化的魅力。因此，城镇不是简单地把外表包装一番，修几条宽阔的大道，建几座风格各异的建筑，或者把城镇搞亮化一点，那远远不够，关键在于体现城镇素质（包括城镇管理者和居民的素质），表现城镇的文化。未来的城镇发展，智慧的因素，知识的力量，创意的作用会越来越突出。

  具体怎样能让小镇文化回归呢？"罗马不是一天建成的"，小镇文化也大都经由历史形成，归结起来基本具有以下五大核心元素：一是独有的精神地标、政治地标、社区与公共空间；二是名人故居、庄园农场、博物馆、文化传承与教育机构；三是特色品牌美食、手工、物产市集、风俗规矩、生活方式与特色企业；四是独特宗教仪式节庆、展会赛事与相关类别上下游产业；五是别具一格的自然景观、旅游民宿和生活体验。

  如果我们在造小镇或者在发展小镇的过程中，能深刻理解以上五个核心要素，并在规划建设、培育过程中重视挖掘，从而提炼、引导、发展并最大化，则小镇的文化将在长期的成长过程中凸显，并最终回归。

> ## 小故事
>
> 在世界各地，很多有名的旅游类小镇，那里的当地居民往往并不以门票为收入来源，而是在一个相对宽松的空间里，让旅行、旅居、旅游者"慢生活"，体验本地"吃、住、行、游、购、娱"以及包括学（学习体验当地文化）、秀（拍摄记录当地文化并与他人分享）在内的参与式活动。而住在小镇内的居民，也不需要为了外来者而刻意装扮迎合，仍然维持着本地生活的自然状态。在这里，本土居民和外来游客可以实现和谐相处、互相尊重的平衡，达到一种处处有风景，见物也见人的状态，流露出高品质服务、高品质生活和由内而外的自信和美的细节，这些都是小镇发展的重要基础。例如希腊的圣托里尼小镇即是一个在独特的文化环境中孕育出的特色小镇，旅行者在这里居住，生活，体验，而本地的居民却并不需要刻意迎合旅行者，城镇的生活本身已经是一种对旅居生活的粉饰。

以我国正在大力倡导培育的特色小镇为例。2016年7月21日，住房城乡建设部、国家发展改革委、财政部联合发出了《关于开展特色小城镇培育工作的通知》。到2020年争取培育1000个特色小镇的工作目标开始进入到各级政府的视野，各级财政资金、政策、措施开始向"特色小镇"倾斜，一大批建设规划也开始出台。然而，在各地政府、企业、投资人对"特色小镇"概念热情高涨的同时，很多人也对"特色小镇"的定义和内涵开始感到困惑。

说起"特色小镇"或者"文化小镇"，很多人都会想到欧美。在欧美工业化发展的进程中，小城镇始终是不可缺的一个重要部分。即使在伦敦、巴黎等大城市产生的同时，许多百年小镇、千年小镇的文化之根不但并未断裂，反而保持了独特的魅力与活力，经济生产和社会生活都实现了平稳发展，不少还成为世界游客向往的目的地。

近年来，我国也引进了不少关于欧美小镇的图册、指南、建筑规划与设计参考，这些图册里小镇的青山绿水、红花绿叶、别墅豪宅、闲情逸致，都惹出了不少中国人的"田园梦"和"乡愁"，使人十分向往。

许多管理者和消费者对于欧美风情都十分热爱，以至于全国各地新开发的楼盘都常常以欧美小镇为名，各种欧式、美式建筑以及装修、工艺品也纷纷进驻各地，几乎成为家庭生活是否"有品质、国际化"的一种象征。然而，在数十年的欧美建筑文化大规模普及之后，人们却发现一个问题：照搬欧美特色小镇的外表容易，要实现像欧美小镇一样的文化自信和品牌、品质、品位生活的产业却不容易，这是为什么呢？

从小镇文化形成的五个核心要素来理解的话便清晰可知。

一、独有的精神地标、政治地标、社区与公共空间

欧美许多国家的小镇几乎都有一座重要的精神地标：教堂。教堂往往是体现这个小镇信仰和精神高度的地方，也常有传承上百年的历史和特别的故事。教堂的尖楼、钟声、定期的活动、留下的传说、精心的设计与专职的维护，都是对这些地区民众日常教化的重要手段，也是重要文化遗产和精神凝聚点。不少教堂都成为重要景点，而教堂附近的广场、市政厅，也常常是社区最重要的议事场所、交流场所、庆典和仪式场所，例如比利时的根特。

从历史功能上说，不少小镇还拥有精美坚固、历史悠久且充满故事的城堡作为政治和军事生活象征，数百年屹立不倒，成为重要文化遗产，例如法国卢瓦尔河谷的各种城堡小镇等。相比之下，中国古代的城镇、乡村，一般都以庙宇、书院、宗祠作为教化之所，虽然也有众多精美建筑和丰富的文化历史故事，但由于土木建筑易损和美学观念转换的缘故，这些精神、政治地标往往处于破损状态，部分场所甚至常年无人打理。

在建筑传承、故事传承、空间体验和内容设计上，如何让传统文化回归，把文化遗产转化成真正体现传统文化与当代文化融合创新的地标和空间，显然是中国式小镇不得不面临的问题。如果只看到西方城堡和教堂之庄严精美而看不到本土文化空间的

高度，则永远无法让本土文化特色真正"立起来"。

二、名人故居、庄园农场、博物馆、文化传承与教育机构

许多欧美小镇的文化还来源于历史名人，无论是哲学家、文学家、科学家还是教育家、收藏家、艺术家，他们在欧美小镇里的故居往往都是保存得较好的。历史上许多名人的庄园、农场、博物馆、文化传承空间也都完好地保存了下来，形成很好的技能传授、文教体验空间，例如丹麦的安徒生故居、英国的莎士比亚故居等。

在欧美，"大学城"文化也十分突出，无论是英国的牛津、剑桥，美国的哈佛、斯坦福，意大利的博洛尼亚等，都有独具魅力和象征文化传承高地的校园小镇。在这些小镇上，洋溢着浓浓的书香味，穿梭着奇思妙想、富有活力的学子。传承历史的社区居民与创新思维的外来学生相得益彰，形成了真正互相信任、互相融合的大学城文化。

而纵观中国，虽然很多小城镇也有故居、学校和原生的文化传习场所，也有一些大中小学和城镇相重叠，但是学校生活常常未能与社区融合，学校只是学生通过考学，然后"高飞"、逃离社区的跳板，而大部分地方对于名人故居、博物馆、特色庄园农场的本地化教育资源价值认识远远不够，关于文化遗产对公众开放的法律也不完善，导致大量文化遗产"无人认领"，文物传承与活化面临极大考验。

而外来资本为了短期利益则忙于引进西洋文化，拆掉原汁原味老民房，换上假洋房以招揽顾客，导致文化自信传承失去根基。

小镇文化的回归不仅要对当地原有的故居民俗进行保护，更应该打开文化传承的大门，培养独具魅力和象征文化传承的教育基地。

三、特色品牌美食、手工、特产市集、风俗规矩、生活方式与特色企业

各国特色小镇往往都有自己的特色美食、市集等"独门秘笈"，这些来自历史的技艺产品在工业化商品竞争面前，有的虽然受到较大冲击，有的却还反而显得更强更自信，通过高标准的质量要求和精致化的设计和传播实现了较高的品位和价值，并依据历史产业孵化出各地独特的经济生态。一些重工业地区在转型升级过程中也华丽转

很多惬意的美食小店，用的均是地道的云南食材和烹饪方式。

身为艺术小镇，例如以盐业、葡萄酒、奶酪、铜器、香水等为主题的特色产业小镇。

从市集形态上看，欧美小城镇广场上每周末的集市，鲜花云集，人头攒动，在繁华热闹中体现出温馨整洁，展示出一种源自生活的文化自信。通过特产品牌的持续生产，小城镇得以延续了其原有的生活方式和品质，也就讲好了自己的特色故事。

相比之下，中国虽然是特色农产品、特色美食、特色手工艺品大国，但由于质量监督、源头管理、品牌意识和现代企业理念的缺乏，许多原本拥有丰富价值的本土产品只能作为"土气"的象征，以低价、低质量、粗糙包装进行低水平生产和销售，无论设计制作还是销售交易空间都缺少美的体验。

当洋酒、奶酪、面包、咖啡、手工等产品通过规范、干净、名人代言等多种"高大上"的媒体形象得到广泛宣传时，来自中国本地的土酒、馒头、腐乳、茶叶、手工等产品却还没有找到很好的表达方式，显得"矮土穷"，未能体现出中式田园生活方式的美好与吸引力。

许多拥有特产生产技艺的中小企业也缺乏做高端做长远的环境，常常为租金上涨、低价竞争、知识产权受损、投资环境不诚信等所害。因此，小镇应将重点放在呵护培育特色产品、营造诚信和谐产销氛围、城乡投资人与本地居民在有形和无形资产上共建共享、打造互利共赢的高质量精品企业上。

四、独特宗教仪式节庆、展会赛事与相关类别上下游产业

欧美特色小镇，有很多是因拥有独具特色的节庆、展会、赛事等活动而闻名于世界的，例如英国海伊（二手书交易），法国戛纳（电影）、昂西（漫画），瑞士巴塞尔（艺术、博物馆），英国爱丁堡（艺术节）、温布尔登（网球），保加利亚卡赞勒克（玫瑰），西班牙布尼奥尔（番茄节）等。

很多城镇的节庆来自传统的节日、丰收、宗教、狂欢等活动，还有一些节庆或专业活动则源于电影、文学、书籍、艺术、体育、娱乐等主题。无论是哪一种活动，这些地区都有专业的组织机构和专业人员按规范运行，突出持续性和专业性，品牌上保持了高度的辨识度，参与的人群也往往比较稳定。涉及节庆赛事运营，很多地区往往还能面向全球聘请最高端的管理人才进行管理。

可以说，一般每个主题活动会需要专业团队倾全年之力来运营，并且形成上下游的完整产业链。通过吸引、凝聚专业兴趣圈子的人，让人才在这里以兴趣相聚，每年相约，每年惦记，从而培育出这个小镇的国际声望。

相比之下，我国许多地区的特色节庆常常缺少专业人才的挖掘整理和持续运营，形态雷同，本地自信和艺术水准不够，在规划、投入和运营上也未能充分调动民间资源和力量，品牌管理也缺乏长远考量和评估，容易出现换一届政府换一届做法的情况，可持续性与品牌特色难以提高。

而由于全民休闲或文创领域的专业细分时代才刚刚开始，关于节庆会展赛事乃至文化场馆的专业化管理以及产业集群、融资交易、酒店旅游管理等方面的高端人才数量也远远不够，小镇这方面产业文化的回归还有待努力。

> ## 小故事
>
> 英国威尔士海伊小镇是位于英格兰和威尔士交界处的小镇，有着天下旧书之都的美誉，每年都吸引大量的书虫们前来淘书。小镇书香四溢，人文气息浓重，有着令人爱不释手的各样书籍。小镇上开有超过40多家书店，大部分都售卖二手书，小镇每年五月底举办的海伊文化艺术节汇聚约八万名来自各国的作者、出版商以及文学爱好者。
>
> 这个古老小镇，地处威尔士偏乡僻壤，本是一个贫瘠的地方，但在1961年一个名叫理查德·布斯的年轻人改变了这一切。布斯就读于牛津大学，毕业后不顾母亲反对，坚决回到了家乡。或许是在牛津受书香气熏陶太久，他不仅在海伊开起了二手书店，还想尝试让少有读书人的海伊成为天下书本的汇集地。
>
> 在布斯的努力下，一家接一家的二手书店在小镇上陆续开张。海伊人走遍英国各地，搜罗旧书，再把一车又一车的书运回，放到海伊二手书店的书架上。仅有1300多人的海伊小镇出现了39家旧书店，平均34人就开一家，书店的书架加起来长达17公里，陈列了100多万册图书。

五、别具一格的自然景观、旅游民宿和生活体验

与人口拥挤和高度集中的城市相比，小镇的概念往往与自然景观、旅游休闲有关。欧美许多小镇地处环境优美的海滨、山区、湖区等，通过长期的城乡互动已实现了城乡人口的有机配置，已成为大城市人口休闲度假的自然选择，并且通过有机餐厅、社区农业方式与当地生态密切结合，有效地填补了城市生活缺乏自然与自由体验的缺陷，也让当地农户过上了"就地现代化"的生活。

而和中国不同的是，大部分欧美小镇除了"城乡差距较小"或"文化自信差距较小"之外，还有一个特点就是，即使有丰富美景的地方，也往往并不以"门票"为主要收入来源，而是通过美景的延伸产业提升收入，诸如旅游酒店、会议、温泉度假及农庄体验等等。

其实遍布我国各地的小镇从来就不缺少"文化",小镇文化回归的五大要素基本也都具足,本质上不需骑驴找马、向"心外求物"。但我们缺少的是从精神高度理解小镇文化,真正珍惜尊重本地居民的历史记忆和美好向往,真正用心整理、提炼本地特色并把文化特色加以保护、挖掘、传承、创新,设计者的眼光、心态、能力和习惯,也常常缺少对本地文化和旅游文化关系的深入分析,以及对相应服务业的由衷敬意和把握提升。

很多地方在浮躁的开发、旅游、经济、商业的气氛中,一味强调 GDP 的收入,为此不惜坑蒙拐骗、以次充好、毁真造假、瞒上欺下,导致人们"不去后悔,去了更后悔";许多地方与其他地方大同小异,文化只是一个标签,实际只有粗糙简单的初级体验,难以升华,让人"来了一次就再也不想去了",这些做法对于百姓、环境、历史和社会道德与良心建设都不能算是负责任的。

特色小镇或文化小镇不只是一个经济名词,也应该是一个文化名词。有没有文化特色、文化精神与文化自信,也直接影响到一个"特色小镇"有没有灵魂、魅力、真实感和长久吸引力,影响到它的"特色"而不是"伪特色"。

一个小镇的文化要真正树立起来,除了需要有经济支撑和差异性概念以外,更需要有一批真正理解、懂得本地历史传统与民众情感的"文化人""乡贤"立足本地,放眼世界,扎根生活,联结社区,自觉承担起本地文化保护、传承、创新、建设和品牌营造的重要责任,并且在正视、尊重、敬惜、爱护和善待本地文化基因的基础上,为该地区持续培育出独特、真实、美好、有品质、有细节、能为本地生活与生产持续注入活力的"有根的"地方文化。

这种基础性的文化建设工作,不是简单拿投资、拿规划就可以解决的,必须靠全民努力,靠文化工作者、社区工作者、乡贤们、志愿者、老人、孩子、家庭等多方面的努力。我们真心希望,未来几年、十几年、几十年乃至上百年后,通过各界共同努力,中国会拥有一批真正具有东方特色、大国自信、令民众喜爱、让世界瞩目,真正将中华文化精髓传承到子孙后代,不但能"生钱""兴业"更能"养心""续命"的"文化小镇"。

　　值得欣慰的是，我们已经有一些小镇走出了自己的"特色"之路、文化之路，如老牌旅游小镇周庄、乌镇，特色产业村镇融合的杰作海南谭门镇，以及以"互联网+"为标签的杭州云栖小镇等等。

　　无论从经验还是教训来看，小镇都不只是一个经济名词，更是一个文化名词。文化无时不在，无所不在，它不断推动着人类文明的历史进程，推动着人类的进步。所以，现代小镇的发展一定要把文化放在突出地位，文化产业、文化创意产业是国家经济社会发展的重要领域，作为城市领导、企业管理者务必高度重视小镇文化建设和文化产业、创意产业的发展、繁荣，彰显城镇的独特魅力。

小镇回归仪式感

　　在上节中我们说到了小镇文化回归的五个元素，既有小镇传统文化的继承，也有小镇资源优势的开发利用，也包括小镇文化潜力的挖掘，而我们没有深入说到的一种重要文化的回归，便是：小镇的仪式感。

　　"礼失而求诸野"，面对日渐式微的城市和乡村文化传统，在地文化传统的再造，恐是打造个性化小镇必须直面的问题，而打造小镇个性化小镇的一个很重要的文化重塑之道便是——让小镇回归仪式感。

　　千百年来，作为世界四大文明古国，我国是仅有的文明脉络得以延续的文明之一，在若干年的演变中，曾经出现过千种、万种文明仪式，如祈福丰收的祭祀，国王出征前的祈祷，寻常百姓家对于神灵的拜祭，甚至人们为了某个节日而欢庆的仪式。仪式感无处不在，仪式从某种意义上说是文化在人与人之间传播的载体，仪式感所产生的情感能量，不仅赋予了参与者个体以自信、骄傲和勇气，进而延伸到仪式空间的一切方面，产生更大的影响力。

仪式本身即代表了文化或者艺术的一种形式。在如今旅游升级的转型期，人们从参观一个小镇的满足感提升为个性化的文化体验精神满足感。过去，人们没去过一个地方，想去看看，这是看物。现在，物只是参照，到那去看，是看这个地方是不是随人心，有没有文化之美，即符合人的精神情感的需求。仪式，本身是一种象征的隐喻性陈述，它讲述着所在地文化和历史的故事。仪式的程序、过程、场合、氛围等均切实地体现了所在地生活的文化背景，它能使小镇的文化体验感更加丰满，令小镇具有某种神秘、突出的文化笼罩，更因其象征隐喻而产生超越日常生活的不同价值和意义。

与日常生活的行为不同，仪式表现为特定的范畴、特别的社会（社区）、特殊的知识系统的符号象征表述，也就是说，它具有丰富而特定的语境背景。英国人类学家埃德蒙·利奇（Edmund Leach）认为仪式的整体包含以下六个方面的内容：仪式空间、仪式对象、仪式时间、仪式声音和语言、仪式确认、仪式行动。

美国人类学家克利福德·格尔茨，对印尼的巴厘社会这样描述："巴厘人，不仅是王室仪式，而且在普通的意义上，将他们对万物之终极存在方式综合性理解及人们因此应该采取的行动方式，投射到最易于把握的感官符号中去——投射到由雕刻、花朵、舞蹈、乐曲、手势、神歌、饰物、庙宇、姿势和面具的复合体之中——而非投射到一组以推理方式把握、组建起来的确然'信念'之中。"

仪式的形象感知特性，恰恰适应了当下读图时代大众文化的需求，是一种视觉化的表演。复兴仪式，创设仪式空间，恰是如印尼巴厘人一般，以我们的文化传统"投射"到"易于把握的感官符号中去"，通过仪式的展演、表现、象征、隐喻来传达文化传统。小镇在这些仪式的延伸及表现中，传达出不一样的文化空间。

在人类仪式中，有社会仪式（含日常生活仪式、体育运动仪式、政治仪式）、宗教仪式（含宗教仪式、通过仪式）；美学仪式（含整编仪式、传袭仪式）等。小镇可以营造成为不同形式的仪式空间，如宗教仪式、政治仪式、民俗节日、体育运动等庆典，还有剧场表演和实景演出和富有浓郁当地色彩的日常生活仪式等。

小镇的仪式化生产，改变了特色小镇的日常生活。因为，"每一次节日庆典都代表着一个暂时性的'飘移'，即从'正常—世俗'的程序进入到'非正常—神圣'的程序，然后再回来。"(英国人类学家利奇语) 这就使得小镇的生活一度具有了神圣性。当小镇的人们浸润在神圣时刻和氛围中，较之于平凡琐碎的日常，人们的心态情绪、情感指向、精神陶冶和文化熏染都将产生变化，在地乡愁、族群归属和文化认同等得以强化和巩固。

正如有的学者指出，"仪式有助于使一群人在规定的时间和地点进行社会化交流活动。经常会出现这样的现象，人们因一个仪式而聚集，可聚集（交流）的结果却超越了某一个形式本身，甚至形成了历史性的约定，如盟约、文本、权利和义务等。也可能由此产生一个伟大的人物和思想。这些仪式活动的结果在后来的历史记忆与记录中变成了脱离形式的'符号'和'身份'。"

小镇仪式感如此意义非凡，回归仪式感即是令小镇插上了生命的翅膀，仪式感使人们开始聚焦一件事，一个过程。在这个过程中相互交流并相互影响，对小镇的文化繁荣和发展具有深远的意义。

小故事

　　如历经千年、流传至今的文人雅集活动"曲水流觞"，也已成为中国传统文人生活的一个仪式符号。

　　"曲水流觞"活动，源于三月上巳这一古老风俗。上巳，是指夏历三月的第一个巳日（三月初三），上巳节，是中国古代一个祓除祸灾、祈降吉福的节日。远在上古周朝，已有水滨祓禊之俗。祓，是祓除病气和不祥；禊，是修洁、净身。祓禊是通过洗濯身体，达到除去凶疾的一种祭祀仪式。到了汉时，确定为节。每逢节日，帝王后妃、朝官庶民均临水除垢，祓除不祥。魏晋时期永和九年（353年），三月初三上巳日，晋代贵族、会稽内史王羲之偕亲朋谢安、孙绰等42人，在兰亭修禊后，举行饮酒赋诗的"曲水流觞"活动，写下了举世闻名的《兰亭集序》："永和九年，岁在癸丑，暮春之初，会于会稽山阴之兰亭，修禊事也。群贤毕至，少长咸集。此地有崇山峻岭，茂林修竹；又有清流激湍，映带左右，引以为流觞曲水，列坐其次。虽无丝竹管弦之盛，一觞一咏，亦足以畅叙幽情。是日也，天朗气清，惠风和畅，仰观宇宙之大，俯察品类之盛，所以游目骋怀，足以极视听之娱，信可乐也。"

　　后又有初唐四杰之首的王勃，于永淳二年（683年），率一群诗人在会稽云门寺王子敬山亭，主持了一次模仿王羲之兰亭雅集的修禊活动，并仿《兰亭集序》作《修锲云门献之山亭序》。

　　就这样，"曲水流觞"，成为一个文人雅集活动的仪式符号，并被不断复制在皇家园囿或民间园林景观中。

值得注意的是，仪式感却不等于表演秀，只有在仪式化的真实体验的活动中，参与者才会有一种文化认同感和归属感，才会觉得"意义"就在亲身参与的活动中，而不是仅仅作为"看客"来欣赏表演。所以，仪式空间生产要注重互动性、体验性。当然，很多旅游小镇已然将一些民俗文化仪式规划、表现为一些艺术SHOW，从某种意义上说这当然是在延续传承一种文化，但是它仅能使参与者看到、听到，却并不能真正地参与。而实际上，对于小镇本地居民来说，它仅仅是一场SHOW，并不是生活中的一部分。

诚如论语所言，"祭如在，祭神如神在。子曰：'吾不与祭，如不祭。'"（《论语·八佾》）祭祀祖先，犹如祖先真在面前；祭神如神在。孔子认为，自身如果不亲自参加祭祀，那就和没有祭祀一样。祭祀者要有虔诚之心，沉浸到祭祀活动之中。

仪式，赋予了符号对象以意义性，或者赋予符号对象以全新的表示尊崇的思想情感。法国社会学家涂尔干（émile Durkheim）认为，参与仪式使其有了特殊能量，"服从了其神的人，他会因此而相信神就伴随着他，他用自信和不断增加的能量感受去看待这个世界。"

仪式感所产生的这种情感能量，不仅赋予了参与者个体以自信、骄傲和勇气，进而延伸到小镇及其他仪式空间的一切方面，产生更大的影响力。所以，法国社会学家皮埃尔·布尔迪厄（Pierre Bourdieu）说："仪式再生产出文化，从而也再生产出经济领域"。

重塑文化传统，恢复文化记忆，可以理解为对仪式的创造和建构，借助仪式的重复展演，传达历史信仰、价值理念、生活方式等文化传统。

仪式，涵盖了人类生活的方方面面，日常问候礼仪、人生里程的纪念仪式、组织成员接纳仪式、宗教的盛大仪式、国家的庆典仪式等等，都是仪式万千的表现。仪式是一种生活方式，也是一种文化表达，是一种理论，也是一种实践。

一地的人们，生活于在地的仪式文化中，同时，有意无意地通过仪式表达着在地文化，寻求族群认同以及彰显与他者的差异，获得在地文化的归属感和安全感。

仪式表演与文化记忆之间，是一种互文与"重写"的关系，体现了文化的重复与创造，每一次的仪式表演都是对仪式内涵意义的深化。在社会文化发生巨变的时代，借助仪式情境连接过去与今日，仪式符号与其意义解释方式（符码）的延续，可以保证仪式表意方式（编码）与解释方式（解码）的稳定，历史得以回归，人们得以消解时代以及文化变化带来的各种焦虑和异化，修复人生的困惑和伤痛，从而恢复变迁中的文化与人格的自信和完整。在这方面，仪式还起着一种治愈的作用。

犹如海边住民出海祭祀的仪式，既是表达对海洋神灵的敬畏和请求给予庇佑的祈福，又是对海上危险之途的心理抒解。在游客看来，则是一种对于海洋文化的认知，以及对于渔民为了生计富于冒险精神的感知和肯定。

一、适合在小镇里发生的产业及文化内容建议

（一）独有的精神地标、政治地标、社区与公共空间

独有的精神地标、政治地标、社区与公共空间，是体现这个小镇信仰和精神高度的地方，传承地方古老的历史和独有的传统。如以庙宇、书院、宗祠作为教化之所，有众多精美建筑和丰富的文化历史故事。在建筑传承、故事传承、空间体验和内容设计上，让传统文化回归，把文化遗产转化成真正体现传统文化与当代文化融合创新的地标和空间。

①建立戏楼、祠堂、书院、镖局等等，让游客有机会体验到更真实的古镇生活。

②建立"公祠""会馆""碉楼""城门""风雨楼""鹊桥"等结合各地文化、历史文化资源（地方古代军事文化、民族的习俗）的地标建筑及公共空间如日本宫岛的严岛神社，严岛神社建于公元593年，曾多次修缮，保留至今。神社在海中，矗立着16米高的红色大牌坊。

③建立酒坊、染布房、酱菜坊、榨油坊、银器坊等传统民间生活场景空间。

④其他平台及公共空间。

a.时尚文化的发布平台和交易平台。

汽车发布：布加迪、兰博基尼、玛莎拉蒂、法拉利、阿斯顿马丁等名车发布平台。

科技发布：机器人、人工智能、苹果、谷歌、特斯拉等新科技新品发布空间。

音乐发布：世界顶级音乐人原创发布、世界级音乐颁奖平台。

时尚发布：时尚发布秀场、维秘秀场、原创品牌发布。

b. 艺术展示、交流平台。

博物馆：独特的当地文化博物馆、农具博物馆、头发博物馆、动物生殖器博物馆、厕所博物馆、失恋博物馆、情爱博物馆、拙劣艺术博物馆、水下博物馆、外星人博物馆、迷你动物博物馆、明信片博物馆、冰激凌博物馆等等。

艺术馆：各类独特的艺术馆、人体行为艺术馆、标本艺术馆、裸体画艺术馆、奇葩艺术馆、玻璃球艺术馆、漫画艺术馆、竹版画美术馆、脑子艺术馆、马桶艺术馆等。

其他馆：二手书画馆、智商测试馆、人工智能展望馆、宇宙体验馆、人体细胞展览馆、老千馆、可爱动物博览馆、怪兽大学等。

（二）名人故居、庄园农场、文化传承与教育机构

小镇的文化还来源于历史名人，无论是哲学家、文学家、科学家还是教育家、收藏家、艺术家，他们的故居往往成为小镇的文化象征，历史上许多名人的庄园、农场、博物馆、文化传承空间也都完好地保存了下来，形成很好的技能传授、文教体验空间。

①名人故居传承与创新。

李白故居与湿人社、文天祥囚室与大麻花、潘金莲闺房与保肾大药堂、始皇炼丹宫殿、蔡伦的纸牌屋、司马迁的无字天书、庄子海棠屋、周公的寝居、商鞅故居、毕升的印刷堂、孙思邈药铺等。

②文化传承与教育机构。

新书学塾（体验古时候学塾文化的教育）、书香第街（整街销售与学问相关的物品）、孟子学院、孔子学府、韩非子文塾、孙膑兵法堂、墨子家书堂、吕不韦杂家学院等。

（三）特色品牌美食、手工、特产市集、风俗规矩、生活方式

小镇往往都有自己的特色美食、市集等"独门秘笈"，这些来自历史的技艺产品在工业化商品竞争面前，虽然受到较大冲击，却还反而显得更强更自信，通过高标准的质量要求和精致化的设计和传播实现了较高的品位和价值，并依据历史产业孵化出各地独特的经济生态。一些重工业地区在转型升级过程中也华丽转身为艺术小镇，例如以盐业、葡萄酒、奶酪、铜器、香水等为主题的特色产业。

①地道美食。隶属于项目所在地的独特民族、民俗类美食，并打造美食街；形式可多样（参考袁家村）。

②跳蚤市场。周末流行文化跳蚤市场；自由市场长廊；古董市场集会；奇特文化跳蚤市场；二手置换跳蚤市场。

③地方产业。玫瑰主题产业集市、民族手工艺品集市、周末鲜花集市、民间艺雕集市、布袋戏体验、皮影戏体验、当地绣艺集市、陶罐集市、折纸体验等。

鲜花云集，人头攒动，在繁华热闹中体现出温馨整洁，展示出一种源自生活的文化自信。通过特产品牌的持续生产，小镇得以延续生活方式和品质。

④生活方式。户外拉车比赛、玉米速剥趣味赛；网红直播透明互动房、唱吧体验馆、游戏直播空间、厨艺大赛；周末赛狗日、当地赶集日等等。

（四）宗教仪式节庆、赛事活动等与相关类别的上下游产业

城镇的节庆来自传统的季节、丰收、宗教、狂欢等活动，还有一些节庆或专业活动则源于电影、文学、书籍、艺术、体育、娱乐等主题。无论是哪一种活动，这些地区都有专业的组织机构和专业人员按规范运行，突出持续性和专业性，品牌上保持了高度的辨识度，使参与的人群更加稳定。

中国传统仪式、节庆。

①地方传统习俗——婚礼、喜宴：根据项目所在地的习俗特点，常规性模仿具有强烈当地风俗的婚礼活动，邀请游客参与。

②中国传统节日。

a. 春节传统庙会、巡游：具有中国传统文化和习俗、布景与街道风格的庙会，在传统庙会的基础上创新配置时尚元素，传统庙会＋网红大直播＋第五元素乱入。

b. 元宵节彩灯大烩：传统元宵节彩灯活动，如张灯结彩、猜灯谜、耍龙灯、踩高跷、舞狮子、放河灯、迎紫姑等，同时将元宵节的传统民俗——闺房女儿出闺与现代的网络、时尚活动相结合，打造大型体验盛事。

c. 清明节与寒食禁火节：传承古时候清明的实际传统，以吃冷食作为一种生活方式，创设独具风格的冷食大宴或冷食街。

d. 端午节：传统龙舟、食粽、午时水、食长豆、涂足心等传统活动与现代年轻消费群体的体验需求相结合。

e. 七夕：各地情人节的玩法均在小镇体现，呈现出一个有趣的，带有各式跳蚤市场的特殊情人节，让游客既能玩到也能体验到稀奇古怪的情人节礼物。

譬如苗族情人节也叫"姊妹饭节"，苗族姑娘用糯米做成五颜六色的"姊妹饭"，用丝巾包裹起来（可售卖），送给对自己唱歌示爱的男子。

威尔士情人节，情人之间会交换"情人勺"——一种雕刻得很精致的木勺子（可售卖）。

罗马尼亚情人节，少年男女们会到森林去采摘鲜花，带来健康和幸福（鲜花市场）。

日本情人节，大多数国家收到情人节礼物的都是女性，但是在日本，情人节却是男人收到巧克力礼物（男人巧克力集市）。

f. 中秋节：结合月圆之夜，营造符合年轻人喜爱的传统与创新结合的活动，如漫画风格的月圆之殇、圆月游戏夜、圆月直播、圆月祭祀等等。

③其他小众传统。

a. 三月三 上巳日"曲水流觞"活动："曲水流觞"活动，源于三月上巳这一古老风俗。

上巳，是指夏历三月的第一个巳日（三月初三），上巳节，是中国古代一个被除祸灾、祈降吉福的节日。

"曲水流觞"活动包括：美食消灾，以各地美食摆满长街，供游客品尝；以酒除祸，酒吧广场、酒吧聚集地举行盛大的酒会节日；以曲会友，文雅的高山流水形意结合……

b.各种小镇仪式：如社会仪式（含日常生活仪式、体育运动仪式、政治仪式）、宗教仪式（含各种教义仪式）、美学仪式（含整编仪式、传袭仪式）等。小镇可以营造成为不同形式的仪式空间，民俗节日庆典；还有剧场表演和实景演出，以及富有浓郁在地色彩的日常生活仪式等。

如日本郡上八幡，这是个江户风情的古老小镇。每年7月中旬，郡上八幡开始"舞祭"，上演来自于四百多年前的"郡上舞"。演员们华服浓妆，男女莫辨，演绎着百年前的历史与故事。

④其他节日活动、产业等（舶来文化、流行通俗文化等）。

a.火人节：一年一度惊世骇俗的小镇狂欢。

这个活动由设计师、行为艺术家、嬉皮士和游客发起、创造，以小镇中的大型装置艺术展示区域为一个原点，以此为中心，道路向四面八方发散，分割出了一个个不同的社区。

人们装扮成各种奇怪的样子，心情被一把冲天的篝火燃到顶点，在最辉煌的时刻结束，然后去无影踪。

b.狂欢节：世界级的狂欢小镇大聚汇。

为庆祝小镇多种多样的文化，狂欢节每年举行一次。预计每年都有超50万外地游客前来参加。独具特色的食物和小镇文化，加上游行彩车、音乐和舞蹈，吸引着众人的目光。每个人都必须穿上特别的衣服，并带上面具掩盖自己的真实身份，而在这几天里不允许当众卸下面具露出自己的脸。

c.僵尸节：每年的万圣期间，小镇举行盛大的僵尸节，一年一次的"僵尸大游行"，青年男女身穿"血衣",打扮成"僵尸"的样子在大街上游行。活动提倡"没有政治,没有限制,勇敢做鬼",乐享快乐时光。

d. 色彩节:借鉴印度及中南亚国家的洒红节,洒红节源于印度的著名史诗《摩诃婆罗多》。在节日期间,人们互相抛洒彩粉,投掷水球,制造一个缤纷多彩的世界,每个参与的人都被染成彩色,并在彩色的世界中行走。

与此同时,色彩集市、色彩酒吧、色彩游行同步开展。

e. UFO节:使热衷于UFO和外星奇葩文化研究的人会聚集在这里,探讨外星人的踪迹、麦田里的怪圈及外来生物是否已灭绝等话题。

并同步开展外星生物文化装饰、外星文化游行、外星集市等等。

f. 小镇疯子节:在这样特别的节日里,小镇的一切运行都是没有规律的。小镇鼓励人们穿着疯子一样不着边际的服装和怪诞装束,也鼓励人们不以常规的方式看待事物。疯子的心灵是清澈无扰的,他们想怎样就怎样。

g. 其他类别:根据小镇项目所在地特色,搭配相应的活动或产业类别,如英国海伊(二手书交易),法国戛纳(电影)、昂西(漫画),瑞士巴塞尔(艺术、博物馆),英国爱丁堡(艺术节)、温布尔登(网球),保加利亚卡赞勒克(玫瑰),西班牙布尼奥尔(番茄节)等。

小镇回归繁荣

小镇文化的回归从某种程度上将促进城市的繁荣,但是城市的繁荣却不能仅仅依托文化的回归,自由市场、劳动力、产业板块及生活成本、生活质量等均与城镇的繁荣息息相关。

我国是一个传统的以大城市主导经济发展、人口迁移、社会多元化为主的国家,不可否认大城市有更活跃的经济氛围,提供更多的就业岗位,甚至在商业、艺术、文化和资源以及历史、传统、地理、环境以及城镇特性方面都更加与众不同而且更具竞争力，人们似乎更容易在大城市里找到更多的工作就业机会，也更容易发现商业机会，这是因为大城市经过多年的发展，集聚了更多的社会资源，比如企业、银行、证券、房地产、商场、社会资本、城市基底等等。

相对来说，我国的小城镇、乡村都市则显示出更多的问题，比如产业缺乏，造成城镇发展动力不足，无法提供更多的就业和税收，也造成城镇发展的基础配套无法跟进，政府发展城镇的信心缺乏；发展规划不合理，小城镇的城市运作如果方向错误，则意味着无法吸引相关的产业聚集；地方控制力不够，从舆论、资本、招商等方面，地方政府领导对于城镇的控制能力不足，会造成城镇发展过程中缺乏关键性的支持；人才吸引机制不够合理，小城镇的发展需要人才对于产业的发展支持，但是往往小城镇因为基础配套的落后，薪资待遇的不合理以及忽视了对人才的重视而导致没有人愿意到小城镇发展。以上问题或许只是对于我国小城镇发展不够顺畅的部分总结，其实问题还有很多，我们确实也看到国家、社会和各界对于小城镇发展的重视，更多的问题也看到解决的曙光，这些使我们坚信，小城镇的发展前景依旧是光明而灿烂的，但是如果我们要造就一个又一个繁荣昌盛的小镇，或许我们还需要在意识形态、发展理论以及产业布局思路等方面有一些前期构想。

如何规划、建设、吸引新的产业，定位城镇的特性，这些因素的共同作用将使一个城镇充满活力，与众不同。

小故事

由于规模的原因，小城镇具有郊区和大城市所不具备的东西。在小城镇，一个人会有极好的机会真正地过着与众不同的生活。在小城镇，个人的成功有可能带动整个城镇的成功，如果一个人开办了一家小型的出版公司，随着我国银行对于中小企业的支持，它会受到地方银行的支持，因为地方银行对投资自己的城镇更感兴趣。随着出版公司的发展，它会雇佣5个、10个、50个乃至100个雇员，顺着这样的发展规模，就有可能会产生新的企业：一个文印店，一家与出版公司合作的软件公司或音像公司，图文设计公司也会应运而生，自由作家、编辑、摄影师、艺术家和设计师都能在这里找到工作，小镇即因为一家小小的出版公司而兴旺起来了。

这只是小城镇的一个方面，兴旺发达的浪潮一个接一个，小城镇的人更容易接受到别人成功的影响，波浪式的影响能够到达城镇的末端，并且这些波浪像大海的潮汐一样，是双向影响的。也就是说，一个人的成功能够影响城镇的成功，城镇的成功能够影响个人的成功，从某种程度上说，这在郊区和大城市中也会发生，但是达不到小城镇的这种程度。小城镇繁荣的机会是很多的，小城镇的成功的土壤和整个中国中原地带的土壤一样肥沃，这样的成功的条件与人、产业息息相关，但是这种成功不会自动发生，必须要理解影响它成功的因素，知晓经济发展的长远规划价值，才有成功的可能。

一、那么小镇繁荣昌盛的因素到底是哪些呢？

小城镇的繁荣和人的发展是相互作用的，人们惯用人口、就业和人均收入的增长来衡量一个小城镇的成功。虽然还有其他的关于小城镇成功的定义和衡量标准，但是这三个指标是可以量化的，并且清晰地表明了一个城镇的经济健康和增长情况。

通向成功的道路不止一条，正如没有两个城镇是完全一样的。但是，五个社会趋势和因素为小城镇的发展打开了大门，一个有代表性的兴旺之城必须很好地利用了一下这些因素：

自由的市场。自由市场是社会分工和商品经济发展的必然产物，同时，在其发育和壮大过程中，也推动着社会分工和商品经济的进一步发展，尤其对城市的发展起着至关重要的作用，更多的权威专家认为，自由市场关乎城市可持续发展，有助于创造就业、保护环境和提高生活质量。

自由市场存在可直接影响着小城镇的人们生产什么、生产多少，以及上市时间、产品销售状况等，并联结商品经济发展过程中产、供、销各方，为产、供、销各方提供交换场所、交换时间和其他交换条件，在实现商品生产者、经营者和消费者各自的经济利益的同时，实现城镇的贸易繁荣和产业进步，从而营造小城镇的兴旺。

自由市场起源于古时人类对于固定时段或地点进行交易的场所的称呼，当城镇成长并且繁荣起来后，住在城镇区域及附近农村的农夫、工匠、技工们就会开始互相交易并且对城市的经济产生贡献。显而易见的，最好的交易方式就是在城市中有一个集中的地方，像市场，可以让人们在此提供货物以及买卖服务，方便人们寻找货物及接洽生意。当一个城市的市场变得庞大而且更开放时，城市的经济活力也必然会增长起来。

提到自由市场，我们很容易在脑海里浮现一个场景，即当一天的清晨或者黄昏来临的时候，人们习惯性地漫步在街头巷尾热闹的自由市场，人声鼎沸，商品种类丰富多样，人们自由自在的互相比价，买卖商品，并在买商品的过程中交流，从中得到最新的市场信息，了解到最新的时尚潮流，不同的人群之间有不同的目的，大家购买的商品种类是如此丰富，有的是这个小城镇专属的一种工艺或美食，有的是别的城镇供货的商品，人们乐在其中，并没有多想，只觉得自由市场的存在给生活带来了方便，而实际上它的作用却要大得多，关系到整个城镇的可持续发展。目前，世界上一些国家已经将自由市场定位为发展经济、创造就业和提高生活质量的引擎。

国家宝藏黄龙玉
良璞
LIANG PU

小故事

2015年3月26日至28日，第九届国际自由市场大会在西班牙地中海岸边的美丽城市巴塞罗那举行，来自包括中国在内的40多个国家的代表交流了有关自由市场建设、经营和管理的经验。此次大会发布了一份欧盟有关自由市场的报告，题目是"批发和零售行业对欧盟的重要性"。该报告指出，2008年，在欧盟国家共有2.5万个街头露天的或室内的零售食品市场，创造了100万个就业机会及400亿欧元的价值。

该报告还指出，每天给我们提供新鲜食品的自由市场的经济和社会价值被严重低估。报告认为，自由市场的建设，可以成为城市发展、社会和谐、市民身体健康和环境保护的载体和工具。

欧洲零售市场历史源远流长。古希腊的 The Agora（集市）和古罗马的 The Forum（广场集市）等市场世界闻名，土耳其伊斯坦布尔的 The Gran Bazaar（大集市）市场，建于1455年，被认为是欧洲最古老的集市。在欧洲，这些零售市场承载着经济、社会和文化等多种功能，是进行买卖、提供日常食品、社交、聚会、节庆的场所，通常建在政府机构、教堂、议会等建筑附近。现在欧洲的市场基本是建在居民居住区附近或定期在城镇的中心广场展卖，不仅销售新鲜水果、蔬菜和肉类，还有各种各样的地方特色小吃，因此成为吸引游客的景点。

由于自由市场都设在居民区，绝大多数销售者和消费者避免了远途奔波，大大节省了交通运输环节，减少了碳排放，有利于促进环境改善。各国政府越来越重视自由市场的建设。西班牙巴塞罗那市政府在最近4年内，共翻修了8个老市场，总投资达1.8亿欧元，占城市基础设施建设总额的8%。

专家认为，自由市场开发和建设得好，是机遇。很多人都到过西班牙的多个城市，几乎每个城市都有可以向游客炫耀的古老又活跃的新鲜食品市场，特色的、本地独有的水果蔬菜和小吃琳琅满目，令人应接不暇。专家说，其实这些市场才是城镇真正的心脏，是带动城镇发展的引擎。

当然，我们说的自由市场不仅仅是局限于具体的、贩卖物品的市场，它还有更加抽象的概念，而这个概念与政府体系、市场经济体系息息相关，包括国际市场、国内市场以及全球化、贸易自由化等等。放眼整个世界，我们多了许多变化，我国自加入WTO之后，城市发展的速度得到了极大的提升，第一、第二、第三产业均有过飞跃的发展，更多企业诞生，并为消费者带去了更多的产品，更低的价格，并为企业自己带去了更高的利润，使他们能够在新的环境中更灵活地去竞争。

全球化和贸易自由化使企业不断地转型，世界上所有的企业都在不断提升竞争力，这样的国际竞争会削弱曾经势力强大的国外巨型公司，也会削弱我国大批以国企为主的庞大企业，特别是市场行为和思路并不灵活的国有企业。一个例子就是美国的伯利恒钢铁公司的破产，这个公司在20世纪60年代日产钢铁量超过8000吨，拥有巨大的生产车间的伯利恒最终却被来自日本、韩国以及欧洲的一些小的公司以及其他国家崛起的新竞争对手打败了，因为这些公司拥有了更有效率的生产方式和新技术生产钢。

同样的，并不只是美国的钢铁公司消亡，因为国际贸易和经济寒流的影响，全球钢铁贸易进入寒冬，我国的钢铁面临产能过剩，逐年亏损，生存和发展早已面临困境。在全球化的自由市场中，那些巨大的、臃肿的、思想落后的公司往往更容易失败，因为这些公司的劳动力成本很高，很少利用效率更好、生产率更高的新技术，而更容易成功的是那些适应能力更强，规模小，采用新技术提供生产率和提高服务水平，通过降低成本而进行市场扩张的公司。这样的小公司需要更低的成本和生存空间，这往往是大城市无法给与的。那么这就给小城镇的发展带来了机会，越来越多原来在大城市区的公司和企业，现在都看到了把生产车间、工厂迁移到小城镇的好处，随着现代科技技术的发展，小城镇和大城市市场的界限越来越模糊，甚至消失了，小城镇由于自由市场的力量而逐渐占据了有利的地位，已经并将继续影响本国和外国的经济发展。

积极肯干的劳动力。事实上，大城市的居民构成很大部分来自移民或者说移动人口，以深圳市作为代表，深圳市2015年的常住人口是1137.89万，但其户籍人口仅354.99万人，占常住人口的比重为31.2%，是北上广深中四大一线城市户籍人口不达一半的唯一一个特大城市。由于政府的公共资源，比如医疗、教育等，都是以户籍人口数为基数来进行配备的，但是深圳的非户籍人口又数量庞大，更多常住人口需要对各种公共资源进行争夺，从而导致人口的流动比例也非常大，因为人们在这里找不到安家的感觉。

这个例子说明的问题是，大城市里人们因为无法享受齐全的城市配套和公共资源，将导致他们面对工作的热情会出现动摇，面对居住地的选择会出现动摇，从而无法积极地面对工作。然而，小城镇的人们会有更高度的工作热情，部分原因是他们中的许多人都是在本地长大的，或许来自本地的农村。村镇的一天劳作是漫长的，耐心、坚韧、坚持也许是最重要的品质。他们努力工作，日复一日，年复一年，如果不是我国现状中小城镇的医疗和教育配套问题，我想大部分人并不会想到离开。

如果给予小城镇完善的医疗、教育、生活配套和公共资源，更多的人将热爱他们的故乡，从而愿意留在故乡奋斗，他们肯定是一批积极的劳动力。

较低的成本。大体上来说，在乡村地区或者小城镇经营企业要比在大城市经营成本上低得多。会算账的企业将很容易发现，小城镇相对大城市来说，地租、劳动力、生产力、房价等等将有明显的优势，对于大部分需要大范围厂房的研发机构来说，他们需要大量的生产基地、办公基地和研究基地，而小城镇的选择将对他们的成本有明显的优势。

不断改善的交通和通信条件。在过去的一个世纪，交通和通信条件都极大地被改善了，根据世界银行的资料显示，当今的交通和通信费用比起 20 世纪初要低得多：海运费只相当于当时的 30%，航空运费是当时的 18%，跨境电话费则低得更多。

常规而言，大城市都位于交通和通信的枢纽，如铁路、港口或者河流航道的交汇处。大企业因为市场的需求、运输的需求等，一般选址在大城市，以便利用大城市中大量的劳动力和货物运输的便捷优势。但是，如今随着复杂的通信网络发展，纵横交错的交通线路，快速运转的高铁等，更多的人选择远程工作，家庭和工作地点的界限已经逐渐模糊。互联网的运用便是人们改变企业经营方式的极好案例。通过互联网、物联网，公司能更容易、更有效地和客户联系，供应商、批发商、消费者通过互联网购物、追踪商品信息、销售商品以及获取其他信息等，对于小城镇来说，这是一个正在发生的大逆转，也是一个福音，它颠覆了人们对于常规企业的发展瓶颈的看法，也推翻了企业进入小城镇发展的围墙。

小故事

中国淘宝第一村——义乌

2008年，金融危机，完成旧村改造的青岩刘村，闲置着大量待租的新楼房。此时，一群向村民租房开办网店的电商，让青岩刘村重获活力。以淘宝为代表的公共电商平台正在迅速成长，而青岩刘村有着先天货运便利的区位优势：毗邻着义乌最大的货运市场——江东货运市场。在一间花上几百元租来的单间里拉上一根网线，再摆上一台电脑，网店就可以开张大吉了。低廉的创业成本让一些热衷于搓麻将、打牌的村民们，也开始琢磨起怎么样在互联网上当"掌柜"、卖东西。网店年销售额已经达到两千万元的村民刘炎仙，起初连电脑都不会用，她的"经验值"是靠着邻居们在淘宝网上开店卖衣服一点一点累积的。她说："网商们会经常在一起聚会，探讨如何将生意做得更好。"

原本名不见经传的青岩刘村在"触网"后一发不可收拾。如今，这里开设的淘宝网店超过2000家，年成交额达数十亿元，几乎垄断了所有网络热销日用小百货的源头。

配套产业的完善、电子商务的发展让青岩刘村焕然一新。青岩刘村一家家网店背后倚靠的便是一条完善的互联网购物产业链。从青岩刘村村口延伸而来的主干道两旁都是物流公司的门面。白天网商们忙着接单，到傍晚开始装货、发货时，就变得异常热闹。一辆辆载满商品的货车鱼贯而出，开往全国各地。

一家快递公司的工作人员往往因为快递实在太多，有时要一直忙到晚上9点多。一家家纸箱店、摄影公司、网页设计公司、广告公司、包装箱以及胶带供应商如雨后春笋丛生。青岩刘村的产业集群建立起来，淘宝创业者基本上不出村就能满足工作、生活的一切需求。青岩刘村的成功甚至还带动了周边各村的发展，该村所属的江东街道，已拥有网商两万多家，年成交额达到了200亿元左右。目前，江东街道投入500万元开始建设面积达7000余平方米的青岩刘村义乌国际电子商务服务中心，义乌工商学院也将和青岩刘村合作创办网上商城与现实店铺的结合体——义乌淘宝城。

当乡村因年轻人的外出而充斥着留守老人、儿童的落寞时，青岩刘村却因为它的"网络神话"，完成了乡村对城市的"逆袭"。本地人口原本不到2000人，如今超过1.5万人，新村民中绝大多数是创业的年轻人。村里一排排五层高的新式农民房鳞次栉比，每栋居民楼里，几乎都"藏着"淘宝网店。数量众多的淘宝从业者以及他们"昼伏夜出"的生活习性，也衍生出了青岩刘村有趣的餐饮现象——白天生意惨淡，夜宵特别火爆。以至于一些餐馆干脆白天关店，一门心思做起夜宵生意。来自河南周口的周亮，因为创业资金紧张，60平方米的两居室既当宿舍又当仓库、工作间。而从义乌工商学院毕业后一头扎进青岩刘村创业的建德人童志达，已经渡过创业初期的艰辛，如今网店销售十分火爆。

受制于村里仓储配置等硬件条件，一些渴望扩大发展的大卖家陆续搬离，而更多怀揣着"淘宝梦"的年轻人又在不断地涌入，在"中国网店第一村"的光环下，青岩刘村俨然成了网店的孵化器，承载着更多创业梦想。

生活质量。这是一个很难量化的因素，但是不可否认的是，小城镇的田园式生活正像磁铁一样吸引着人们和企业的到来。道理很简单：小城镇更具人情味，这里有关心他们的邻居和在小城镇努力工作的人们；有较低的生活成本，也有与大城市一样的基本交通和通信条件以及扫除小城镇发展障碍的科技运用（物联网、机器智能、3D 打印这样的新科技难道不能在小城镇运用和发展吗？）；还有更为清洁的环境以及与大自然（例如湖泊、山川、森林及河流接触的便捷性；较短的通勤距离和更低的犯罪率）。

小城镇的诱惑还有一部分在于"空间"。人们在大城市里感到窒息，大城市中充斥着繁杂多变的建筑物、数目庞大的人口，日日堵车的道路以及更复杂多变的环境（包括噪音、雾霾、灯光污染等等）。到乡村小城镇去，人们将可以呼吸到更为新鲜的空气，而且有更大的空间去生活，关于这一点，想想我国的人口密度分配情况即可知，在全球发布的人口最稠密的十大城市排比中，我国占据两个席位，分别是深圳和上海（深圳：24399 人／每平方公里，土地面积 466 平方公里，有 1137 万人口常住；上海：13400 人／每平方公里，土地面积 746 平方公里，有 2415 万人口）。

事实上，在以上五个因素皆具备的情况下，小城镇便具备了回归繁荣的可能，但是根据我国目前的现状，还有诸多现实的问题需要克服。企业回归小城镇意味着与大城市各种优势资源的脱离，尤其是资金、政策方面的支持；人才回归小城镇则同样意味着脱离大城市丰富多彩的生活模式，在受教育、娱乐、接受新知识以及人脉关系方面可能会面临选择上的压力。小城镇的发展道路任重而道远，在基础配套、政策支持、资本配置乃至生活服务等各方面均需要做长远的规划。

小镇回归成功

五个基本因素的具备也并不表明小城镇的成功会自发产生，许多小城镇在发展的过程中就萎缩失败。通过归纳总结，我们将小城镇成功的因素归结为若干个秘诀，这些秘诀对于大城市的人们来说其实也同样重要，但是个人对于大城市的影响力则非常小；而个人对于小城镇的影响却足以决定一个城镇成功与否。

　　这些秘诀可以应用于个人、公司和城镇，虽不是同等程度地作用于所有繁荣的小城镇，但合起来却能使一些城镇明显区别于那些走向衰亡的城镇。这样秘诀其实有很多，我们只能简述其中的几项。

小故事

踏实肯干的态度

　　美国华盛顿州的莱文沃思小镇位于 Wenatchee 国家森林的山区中，在 20 世纪前半叶这里是一个锯木厂和伐木小镇。当后来美国北方大铁路公司离开这座小镇之后，伐木和锯木工业慢慢衰落了。几十年的时间里，莱文沃思镇一直处在消亡的边缘，人们纷纷迁出这个小城镇。到 20 世纪 60 年代早期，镇上的人口从 5000 多人减少到 1100 人。市中心都是些贫民窟，但这个小镇并没有完全荒凉。

　　小镇上有一个青年女子俱乐部，叫维斯塔青年女子俱乐部，这个俱乐部有 11 个妇女会员，她们眼看着年轻人都离开了小镇，决定做一些事情来挽救它。1962 年，她们在华盛顿大学召集成立了社区发展委员会，来为小城镇的未来发展寻求建议。市长比尔·鲍尔回忆说，"她们在小镇花了大量的时间，提出了很多建议，大学的人并没有给她们答案，超过 2/3 的城镇居民都参与了她们的发展委员会，结果这个小镇自己找到了问题的答案。她们看到了旅游业的前景，有两个人在小镇附近开了个巴伐利亚风格的饭馆，巴伐利亚主题的思想就开始产生了。后来政府议会同意了她们这个想法，人们热情高涨，对未来充满了期待。"

　　其中一个名叫特里·普利斯的人，他在一本名为《神奇的小镇》的书中描述了当时的情形，这是一些他的回忆，关于当时参加早期会议的市民们的谈论内容：

"我觉得可能不行！"

"资金从哪里来？谁给钱？"

"你们不是专家，没有专业知识，你们怎么知道如何去做？"

"为什么要改变这个小镇？为什么不任其发展下去？"

"我们不需要来自于西雅图的外人，不需要外来人告诉我们怎么做事。"

"为什么是一个德国主题？我们这儿没有什么德国人。"

"旅游不是一个产业，我们没有从旅游者身上赚到一分钱。"

"你们只会使我们失去更多钱。"

这些都是当时记录下来的反对意见，尽管如此，普里斯和其他人还是在努力推进他们的想法。他一个合伙人共同花费了将近三万美金买下了6栋旧的建筑。拉维恩·彼得森，原来的11个青年女子俱乐部的成员之一，冒了很大的风险，她把自己的美国风格的旅馆重新装修成德国风格。到了60年代中期，几个人又重新装修了12栋建筑，形成了一个德国巴伐利亚风格建筑群，1968年4月的《展望》杂志评论莱文沃思镇是"全美国所有城镇中最卓越的一个，因为它最真诚，最开放，鼓励市民关注，行动起来，证明美国人仍然能够齐心协力和平共处。"

市长鲍尔说，"从这里我们开始了发展，我们虽然没有得到上一级政府和国家的资助，但是我们自己投资建设，一个巴伐利亚的乡村小镇的思想开始起飞，全年我们都有很多的节日，每年吸引超过150万游客来这里参观游玩。"如今的莱文沃思镇是一个有着四千多人口，充满活力的，前途光明的发展中城镇，这需要感谢那些想为城镇的年轻人提供良好条件的妇女们以及有远见卓识的想把城镇变得与众不同的人们，这些人坚定不移，踏实肯干，说到做到，付出了很大的努力并最终使他们生活的这个小镇获得了极大的成功。

当铁路和伐木产业失去的时候，这个叫莱文沃思的小城镇似乎开始走向衰落，整个城镇开始变得空荡。小镇上人口不多，没有其他产业可以依靠，没有任何希望重新使那些历史上曾经支撑这个小镇的产业复苏。这个小镇看上去很容易就变成一座死城，当小镇的经济支柱产业转移而无法找到替换的产业，小镇的居民因此而迁移，剩下的人如果任其发展下去而不管不顾，那么这个小镇就会变成一个仅有少数人口的荒凉城镇，没有任何生机。然而，这个城镇里的人们并没有放任不管，他们善于从不同的角度去分析自己的处境和发展现状，他们找到了替换产业——旅游业，并为之付出了坚忍不拔的劳动，全体人都有踏实肯干的精神，对于小镇产业转型付出了巨大努力。

事实的确如此，在小城镇，被赋予力量的以及致力于解决问题的人们能够影响整个城镇的发展方向。但是仅仅怀着希望和乐观仍然不够，人们必须认识小镇的现状，并具有远见的思维和坚忍不拔的决心，实施一个来自于这种思想的新的计划。当这些优点都结合起来的时候，他们就形成了一种对于个人和企业的成功都至关重要的肯干的态度，尤其是在面临困难和发展迷茫的时期。

踏实肯干的精神也是中华民族的传统美德，华夏大地曾经出现过非常多繁荣昌盛的城镇，人们愿意团结在一起共同为城镇的发展献出智慧和劳动力。然而现今时代我们也看到，我国很多地方正在变成老人镇、留守村，是什么让它们变成这样？我想很大一部分原因是因为劳动力的逐渐流失，年轻的劳动力流向大城市而不愿意为小城镇付出，没有踏实肯干的精神，小城镇将无法改变其逐渐荒芜、毫无生气的局面。

一、具有远见卓识

远见是成功的路标，它指出了前进道路上的目的、环境、障碍和危险。只有具备了远见，人们才能够以最好的方式达到目的。远见对于城镇发展的成功如同对于个人和企业的成功一样重要，事实上，远见通常能使一个小城镇焕发巨大的活力。

爱因斯坦曾经说过，天才是百分之一的灵感加百分之九十九的汗水。那百分之一的灵感很大程度上可以认为就是远见，远见起了很重要的作用。它指引着其余的百分之九十九，赋予努力以生命和意义，没有灵感，没有远见，汗水无疑就会白流。

诗人卡尔·桑德伯格曾经说，"除非你有梦想，否则任何事都不会发生。"沃尔特·迪斯尼也相信，"如果你有梦想，你就会实现它。"这两个著名的美国人不仅能够用语言表达他们的梦想，而且能够实现他们的梦想，梦想来源于你对待事物的一种看法，这种看法也将使你更具眼光。

而当你具备了这样的眼光，并定位出了一个可以实现的小镇远景目标，那么你将需要作出详细的计划使之得以实现，我们认为这个计划分为四个阶段：设定目标、朝着目标努力、评估进展和适时做出调整，我们可以看看每一个阶段怎样在城镇的运作中运用展开。

设定目标。目标应该是具体化和可量化的。制造一个繁荣城镇已然是一个艰巨的而且变化概率极大的任务，如果你还用一个含糊无用的目标，那无非将使你走向茫然深渊。比如一个含糊的、没有实际指向的目标是这样的："今年我想使我们的小镇繁荣。"居民不这样想吗？更确切一点，这个目标如何使小镇居民采取措施从而改善城镇？这样的目标设定，无法使人们理解并获得明确的执行路径。

而下面一个例子的表述："我想小镇居民的就业率和收入比去年更好。"至少提供了一个可度量的尺度和方向，但是目标仍然是含糊而无效的。一个可以度量的有效的目标应该是："今年我要使我们小镇的失业率降低一个百分点，人均收入提高5000元人民币。"这样便使得一个经济团队或小镇的经营者可以制订具体的执行路径来实现这样的目标。同样，我们再举一个小镇打造者的例子，如果有人打造了一个旅游观光及购物小镇，他制订目标的时候，如果是"我想使小镇的吸引更多的游客和购物者"，那就是一个含糊无效的目标，但如果修改为可度量的，如"我们通过美化小镇广场，在主干道规划新的人行道，维修店面，在街道上安放舒适的凳子，在临近中心广场的位置建设三个小的花园等方式使小镇的观光和购物环境焕然一新，再增加更多的文化艺术氛围，有了这些变化，我们再采取更多的市场动作，吸引更多的游客及城市人来到这个小镇，实现年销售额提高五个百分点。"

可度量的、明确的目标是可以解释的。它让执行者明确知道处在什么位置，面对怎样的变化，需要什么可执行路径，这样才能激励团队不断前进，直至达到目标。

朝着目标努力。一旦目标落实了，就必须考虑实现目标的具体步骤。步骤也应该是可以实现的和行为趋向的。一些目标几个星期或几个月就能实现，而有些目标则需要几年甚至更长时间。为了实现目标，执行团队还需要在前进的道路上设置阶段性目标，这些实际上都是阶段性的小目标，只有实现了每一个小目标，才能确保团队在正确的道路上按期完成大目标。

坐落于美国密西西比州的皮卡尤恩小镇就是一个知道如何朝着目标去有效工作的小镇例子。这个小城镇成立了一个皮卡尤恩中心协会，目的就是为了促进皮卡尤恩的商业发展，保持市中心区商业的完整性。这个协会自九十年代开始每两年举办一次大型商业活动——皮卡尤恩街道盛会，吸引力来自当地和附近城镇几个州的200多名商贩，每次盛会都有超过数万的居民、游客参加，商业活动就是小镇发展的众多大目标中的一个可实现的阶段性目标，而这样的目标逐年在发展递增，每年都需要更多人参与，实现更大的销售额，并改进更多的城镇发展硬件。

二、善于利于资源

如果一个非常有优势和资源的小镇，基于资源的基础之上发展，迅速繁荣和增长的可能性就非常大。每个小镇都有各自独特的资源优势，比如建筑风格、自然遗产、人文特色甚至某些伟人、艺术成就等等，小镇要繁荣发展有很多资源可以利用，比如：

小镇的产业、企业或者公司。这些本身就代表了小镇的"粮食和果蔬"，它们提供了主要的工作机会和收入来源。例如，许多城镇出名是因为它是一个制造业中心或是一个高新区或是一个大学城。大多数城镇化的就业就是多样化的，包括制造业、零售业、学校、医疗机构等等，一个健康的就业环境对小镇的发展至关重要。而我国很多在建设的旅游小镇恰恰也印证了这个观点，旅游小镇的开发建设以及后期运营均需要投入大量的人力和物力，它比普通制造业创建了更多的工作岗位，因为旅游本身即是服务密集型产业，一个旅游小镇的建设投入将直接带动小镇的繁荣发展和人们的就业。

自然资源。包括小镇周边的湖泊、海滩、大山和森林。这样的例子数不胜数，我国太多这样的小镇因为有良好的自然资源而存在，繁荣发展。海边小镇，边陲小镇，雪山下的小镇等等，它可能仅有一条河流或者湖泊，但是却能吸引泛舟者、野营者和其他的休闲爱好者，或者有森林或大山，不仅可以欣赏美丽的景色和探险，还能吸引旅游者滑雪、徒步旅行、登山等等。

此外，小镇还有很多其他的资源，如人工打造的湖泊，公园或者休闲度假区，地方名人及其故居，甚至一些饶有兴趣的地方特色，尤其地方特色，它是最大优势或者是区别于其他城镇的东西。有些城镇的出名或许仅仅是因为它有全国知名的调料，一种酒或是一类茶，比如茅台镇，茅台酒的大热带动了这个小镇的全国知名。

三、建立小镇品牌

品牌对于产品的销售、服务的重要性毋庸置疑，现今人们接触的一花一木，细到一根铅笔芯，大到选择一座城市，均有品牌的考虑。几乎所有的东西都有一个牌子，无论是好是坏，有效的还是无效的，品牌效应能为公司、产品和人们带来好处，同样也能为城镇带来好处。通过小镇的面貌以及小镇延伸出的一切文化、体验感等服务，一个小镇就能在一个区域，甚至全国都具有良好的口碑，品牌就是小镇的名片，它可以出现在地图上并让全世界的人看到它并对它产生向往，从而带来旅游经济、产业经济的发展。

小故事

　　如果你居住在一个几百公里范围内人烟都非常稀少的地方，那你最好能发展出一些与众不同的东西并使之成为人尽皆知的品牌。1898年，美国Mackinac岛上的人们就是这么做的。当时他们并不允许任何机动车辆出现在岛上，那时候，岛上的居民并没有想过为他们的小镇建立一个品牌。但是他们的确做到了，现在这个岛镇把自己标榜为"全天然"的美国主题公园。这个岛镇80%是国家公园，20%是维多利亚村。这个岛美丽的自然景观，悠闲的生活节奏以及没有机动车的污染，都是吸引游客的魅力之所在。事实上，这个岛每年的游客都超过了100万人，而常住居民却只有五六百人。

　　同样的故事也发生中国，江西婺源素有"书乡""茶乡"之称，是著名的文化与生态旅游县，被外界誉为"中国最美的乡村""一颗镶嵌在赣、浙、皖三省交界处的绿色明珠"。但是十几年前它可没这么有名。人们首先发现了婺源的"油菜花"，那可能是中国最美的油菜花田，并因此得名"中国最美乡村"，事实上它是中国四大油菜花海之一，10万亩梯田油菜花海，被赞誉为天上人间。人们发现了这里的美，当地政府和经营者也没有错过它的优秀质地，面向全国做了大量宣传，并引进了诸多荣誉，比如世界级摄影基地，婺源春季旅游赏花必游首选风景点，由此婺源之美被人们广泛传播，小镇获得了巨大的品牌优势。在此基础上，小镇的其他美景也逐渐被人们发现并熟知，古镇的文化之美、山地的原始之美，诸多美的元素又再次为品牌的传播添砖加瓦，婺源成为了人们皆熟悉的一个世界级旅游目的地。

小镇回归案例——大研古城

一条道路造就一座城市，一种文化也能成就一个古镇。历史上的云南一直处于中国与印度两种文化的影响和竞争之中。历史上的大研古城一直处于藏族文化与白族文化的交互影响和竞争之中，大研古城因为位于茶马古道之滇藏道上的一个重要位置而得以逐渐演变成一个集市，但古时候所称的"大研古城"并非一座古城，即使是在它最鼎盛的时期也只是一个集市，只是随着历史的演变，文化与城市的兼容，后期当地人的努力打造自由的贸易、市场经济，并引入旅游产业，充分利用了大研本地所有的文化、建筑及独特的风光等资源，塑造出世界闻名的目的地品牌，成为了现在人们口耳相传的，那个号称"艳遇之都"的大研古城。

一、自由市场孕育大研古城

大研古城形成的基础首先是自由的市场经济，大研古城自古便是我国西南地区茶叶贸易的重点片区，也是茶马古道的重要一环，根据史料及当地老人的传述，清雍正年间，丽江改土归流，滇藏之间的茶叶贸易盛行，到了乾隆年间，由丽江行销中甸、维西一带的筒茶每年不下九万六千筒，而行贾藏地的丽江商人获利丰厚，并借以起家，带动了丽江当地百姓的经济发展，丽江的社会经济水平获得极大的提升，并成为一个区域性的经济交易中心，当大研古城作为一个区域性的交易中心功能被认可之后，就逐渐出现一些为长年在茶马古道上流动的"行商"（马帮）服务的"坐商"（商铺），为满足这些行商和坐商的生活和交易需要，古城的社会、文化功能越来越完备，并最终成为了一个固定的集市。这个集市随着市场经济的发展，迅速地完成了城镇的基本布局——城镇建筑的增量和人口的增长，至20世纪70年代，大研古城有了"镇"的说法，在我国的行政称谓上，称之为"大研镇"。

大研镇偏居一隅，相对我国工业重镇及东部沿海地区，它并不能称之为一个常规意义上的城市，它或许仅能称之为一个古镇。这座古镇拥有美丽的玉龙雪山为自然背景，并有数百年的茶马文化及地方民族文化为蓝本，大研古镇的美，似乎由外国人更早发现，因为非常明显的文化差异感，外国人更早地发掘出大研古镇的美，并将它面向全世界传播。

二、国外友人助推丽江古城

美国诗人庞德在他著名的《比萨诗章》中写下"雄踞丽江的是青翠映衬皓白的雪山，洛克的世界为我们挽住多少记忆，云烟中依然飘摇丝丝的记忆……""湍流的江水石鼓旁，秘藏着两件传世宝……"他从未到过丽江，也许丽江曾经出现在他的梦中。而他诗篇中的关于丽江的意象完全得自探险家从遥远的东方带来的一点粗糙抽象的知识，帮助他复苏关于"荒"的记忆。

这个探险家就是洛克，一个有着"美国地理学会赴中国云南探险队队长"头衔的美籍奥地利人。关于丽江及周边的资料、图片让他在《美国国家地理杂志》赚取到了丰厚的银子，支撑着他开始在新的领域中进行研究，这个领域就是在1923年的某一天吸引他进而一头栽进去的东巴文化。就是在这个领域中，他成了西方的"纳西学研究之父"。他在丽江白沙的雪嵩村一住二十七年，直到解放时依依不舍地离开了中国的土地。而他直到最后在夏威夷的一张钢丝床上死去时，依然梦想着"躺在玉龙雪山的杜鹃花丛中死去"……

正是1923年至1935年他发表在《美国国家地理杂志》上的九篇关于中国西部的文章和随文章发表的大量照片，让更多的西方人知道了丽江这个地方。

而早在清同治六年（1867年），一个叫奥斯古丁斯的法国传教士将一本东巴经卷从云南邮回了巴黎，再之后几年，又有两个英国人将三本经书寄回了英国，而其中一本甚至是寄给了大英博物馆。

另外，俄国有个人叫顾彼德，在他到达丽江以前，这人自称是一个道教徒，一个入世的道教徒。他到丽江的工作目的也决定他不可能像洛克一样离群索居，相反地必须融入到最基层的市民当中。他是国际工业合作社组织丽江办事处主任，在1941年到古城后，学会了像古城居民一样在小酒馆喝窨酒，在四方街看热闹，在得月楼听古乐，当然由于他的乐于和普通百姓交往，甚至免费给他们药物的做法，使他的事业取得了巨大的成功。

丽江在他的笔下，变成了当时云南的纺织中心。他的这些经历都记录在《被遗忘的王国》里，里面用大量的文字以及极大的热情记录了原住民并不取悦于外来者而取悦于自己的生活。

从他的书中可以看出，除了事业，他已经沉迷在类似于大研古城的欧洲中世纪小城镇的气质。这很有点像今天沉浸在丽江古城深处的一些旅行者。

在洛克和顾彼德被迫离开丽江后，丽江和整个大陆一样，悄悄地关了大门，这一关，就是36年。直到1985年丽江成为乙类开放城市，以及1996年的大地震，大批记者和游客不断涌入，成就了现在的丽江，这个著名的旅游古城。

三、大研古城的回归

1996年2月3日，丽江县发生7.0级强烈地震，我国政府第一次允许来自世界各地的媒体自由到现场采访，并在之后的救灾和重建中第一次接受自然灾难发生后的国际援助。丽江于是迅速成为世界新闻头条，非常直观地呈现在世界面前。1997年12月，丽江古城被列入《世界遗产名录》（编号：2000 - 017）。申遗成功肯定了丽江古城震后恢复重建的成功，丽江于是再次成为世界性新闻的头条。

地震和申遗使丽江原本极富特色的历史文化、民族风情和自然景观更加广为人知，为丽江吸引了越来越多的游客，甚至到了"完全失控"的程度，联合国教科文组织负责亚太事务的一位高级顾问里杰德恩·格尔哈特说："与其他亚洲'世界文化遗产'点的旅游增长率相比（正常情况下其他地区第二年的增长率是40%），丽江的旅游增长率完全失去了控制。"

根据一份2005年的调查，56%的游客到丽江旅游的主要目的是"欣赏自然风光"，49%的游客到丽江旅游的主要目的是"体验少数民族风情"，只有8%的游客到丽江旅游的主要目的是"娱乐"；62%的游客认为丽江古城最具吸引力的是"家家流水，户户垂柳"，只有8%的游客人为丽江古城最具吸引力的是"休闲娱乐"。

蓝天、碧水、雪山，小桥、流水、人家，古道、杨柳、街市，许多人认为，这便是传说中的"美丽王国"。如此优美舒适的生活环境，得益于丽江人强烈的环保意识。早在1958年，丽江县委、县政府就确立了"保留古城、另建新城"的思路，始终把古城保护放在第一位，只允许消防车和垃圾车出入古城，城内居民的日常生活依靠人力车，汽车只能停在古城外。

"对于古城来说，最重要的部分应当是门前这些小溪了。"一位长期居住在丽江的外国友人如数家珍："每天早上10时以前，人们从河里取饮用水，10时到12时，大家用河水洗菜，下午才能在河里洗衣服。丽江人爱护这河水，就像爱护自己的眼睛一样。"

大研古城的运营者（政府）及参与者（游客及前来定居的人）都非常重视小镇的环境保护和文化保护。这种共同的保护信念既体现了本地居民的踏实肯干精神，也体现出了共同的远见卓识，甚至对于建立起大研古城的品牌的共识性。而作为大研古城的领导者，政府部门更是把环境保护和文化保护当作重要的工作内容，他们把水当作了保护古城、整治环境的重中之重，关、转、停了周围所有污染企业，改造了全部燃煤锅炉，从源头开始治理。时任丽江县副县长和良辉表示过，"我们的目标是使丽江古城的水质达到饮用水的标准。"

除此之外，当地政府对于大研古城的文化资源及天生禀赋的自然资源加以利用，吸引着越来越多的游客前来。属于大研古城独有的纳西文化、东巴文化等均有各种形式的保护和传承，如在大研古城的四方街，政府鼓励当地居民与游客在街道上互动，以古老的象征着东巴文化的打跳传承东巴文化，并向游客展示当地丰富的人文和民族文化；在古城的街道上，原始的建筑模式得到保护，古街是古城建筑的特色之一，街道依山势而建，顺水流而设，以红色角砾岩（五花石）铺就，雨季不泥泞，旱季不飞灰，石上花纹图案自然雅致，质感细腻，与整个城镇环境相得益彰。政府对古城的建筑及拆迁有着非常严格的规定，严禁任何人任何组织以任何形式破坏原有的建筑风格，并对本地人的加装、改建都有严格的要求，这些措施有力地保护了当地建筑文化的独有特色。

对于古城原有的历史故居、名胜古迹，则出台了更加有效的保护措施。丽江古城已有800多年的历史，成为滇西北经济文化中心，为文化的发展提供了良好的环境条件。不论是古城的街道、广场牌坊、水系、桥梁还是民居装饰、庭院小品、槛联匾额、碑刻条石，都渗透当地人的文化修养和审美情趣，充分体现地方宗教、美学、文学等多方面的文化内涵、意境和神韵，展现历史文化的深厚和丰富内容。古城各种名迹包括有如木府、福国寺五凤楼和束河民居建筑群等等。尤其是木府，木府原系丽江世袭土司木氏衙署，"略备于元，盛于明"。修复重建的木府占地46亩，坐西向东，沿中轴线依地势建有忠义坊、义门、前议事厅、万卷楼、护法殿、光碧楼、玉音楼、三清殿、配殿、阁楼、戏台、过街楼、家院、走廊、宫驿等15幢，大大小小计162间。

木府是一座辉煌的建筑艺术之苑，它充分反映了明代中原建筑的风采气质，同时保留了唐宋中原建筑古朴粗犷的流风余韵，而其座西朝东，府内玉沟纵横，活水长流的布局，则又见纳西族传统文化之精神。但是，木府大部分建筑曾毁于清末战火，幸存的石牌坊也已毁于"文革"，丽江当地党委、政府为了发掘和弘扬民族文化，决定贷巨资恢复重建木府旧观。

经过三年艰辛备至的努力，木府再现于世。建成后的木府比原规划设计还壮观，巍巍木府，得雪城之灵气，玉水之精魂，它的重现，发展和弘扬了丽江纳西族之传统文化，成为游人纷至沓来的一处胜地。

文化的回归意味着大研古城灵魂的回归，这种回归才是真的具有时代意义、影响深远并能持续吸引更多人前来旅游、生活的核心所在。

正是因为文化+优美环境相互作用，大研古城成了中国最受欢迎的旅游地之一，非常现代：丽江接待游客的数量，1985年为4.6万人，1994年为21.7万人，1995年为84.1万人；到了1998年，丽江的游客人数激增至212万人，2001年游客人数更增加到322万人，时至今日，游客人数早已超过了千万人次每年。与全国纳西族总人口不到30万相比，这组数据表明，丽江游客人数经历了跨越性的巨人增长，这已然从当初的集市、小镇变身为一个具有世界影响力的世界级旅游目的地小镇，是一个非常成功的旅游小镇。

四、大研古城过度商业化的破局之道

随着近些年过度商业化的问题，丽江古城逐渐受到争议。街道上涌着各地来的游客，屋舍内摆着琳琅满目的商品，还有路上花钱雇来的纳西歌舞……过度的商业化让丽江这座有着深厚文化底蕴的历史名城黯然失色。打着世界文化遗产的标签，将景区作为主打产品向国际市场推广，丽江古城正尴尬地面临着一场经济与文化的角逐。

现在的古城和以前完全不一样了。世界各地的游客蜂拥而至，城里住着的都是外地的生意人和游客。街上的客栈百分之八十都是外地人开的。"世代住在这里的纳西人，现在都搬去旁边的新城了，一年难得回古城几趟。散落在人群中身穿民族服饰的纳西人，大多都是当地政府或商家雇来招揽客人的。"一位当地的老奶奶曾经说道。

丽江老宅大多数是土木结构，房屋的框架完全是由16根柱子支撑，最怕受到外力的冲击或者水的侵蚀。有些客栈经营者把二楼的房间改造成标准间，也就是带独立卫浴的结构。一旦排水设施出现问题，房间木结构受潮，对老房子造成很大的损害。

如今的古城更像是商品街、小吃街、酒吧街的总称。这也是很多游人在丽江古城的真切感受。古城小河两边密密麻麻全是酒吧，高亢的音乐声此起彼伏，十分喧闹。酒吧内开怀畅饮、尽情热舞的青年和小桥流水旁身着民族服装的女孩，让人完全找不到恬静惬意的生活情调。有人不禁要问：是什么让这样一个雪山脚下曾经的纳西族人世世代代桃源般的居所，变成如今以"小资"和"情调"享有盛名，不知是大幸还是大不幸？

关于过度商业化的问题，有人做了如下分析：

丽江古城被列入世界文化遗产名录后知名度大大提高。为了创造出可喜的经济效益和社会效益，随之而来的是过度失控的旅游开发。这是最普遍的影响因素，不少名胜风景区的开发早已超标，丽江古城过度商业化的现象也正是现时中国社会物欲横流，过分片面注重经济效益的一个缩影。多了一条生财之道，人们必定想尽一切办法来赚取更高的利润，从而过度开发当地的旅游资源，致使古城的商业气息愈加浓厚。同时，申遗的过程中也花费大量的金钱和人力物力，而这些成本有一大部分也是靠旅游收入来获取的。因此，过度商业化肯定和经济脱不了关系。

还有一个重要的原因致使丽江古城过度商业化，那便是来自四面八方的游客本身。试问，没有需求何来市场？丽江古城成为新兴旅游景点后，来旅游观光的人多了，商铺自然会如雨后春笋般增加，物价自然会抬高。虽然当地政府出台了《关于在丽江古城实行〈云南省风景名胜区准营证〉制度的通知》的文件来限制商铺的数量，但是却因执法力度不够，收到的成效也有限。其实，丽江本来就是茶马古道上的商贸重镇，是一个由商而起、因商而兴、经商而盛的城镇。但是，面对现代这么大的旅游队伍，它也难逃过度商业化的厄运了。而且，丽江古城并不是商业化的特例，中国很多历史名城也有同样的尴尬。

要打破这样的局面，需要古城政府及当地居民共同的智慧，既面临过度商业化的危局，共同的信仰和智慧将发挥极大的作用。

城镇的信仰就是文化和当地居民的信仰，破局商业化还需要在文化发展方面大做文章，而当地政府事实上也是正在这方面加大力量，围绕文化的核心，注重丽江古城文化的维护，极大地加强对历史古迹的维护，并对博物馆、城楼等进行维修翻新，增强古城文化气氛。当地政府还对基础设施作了全面改造。将商业化重灾区中的珠宝玉器商店、卡拉OK厅、舞厅、游戏厅等场所迁出古城，古城内原有的两大集贸市场也逐步疏散，搬到新城，以维护城内和谐安宁的环境。政府部门每年还拨付20万元作为民居建筑的维修专项费用。经过几年的努力，古城重现出一派鲜明的地方民族特色。

2017年，丽江政府又发布了一则《丽江古城内经营项目目录清单》（以下简称《清单》）公开征求意见稿，拟在古城实行经营项目准入标识制度，鼓励经营民族文化、服饰、纳西传统手工艺等项目。此举正是遵循世界文化遗产地相关要求和历史，符合丽江古城实际和旅游发展需要，由世界文化遗产丽江古城保护管理局牵头，经过多次论证、修改以后，形成的规范文件，其对于规范丽江古城内商业经营行为，有效保留和传承当地民族民间的传统文化，保存丽江古城的真实性、完整性和遗产价值具有重要的作用。

政府的规范与政策正在起着重大的作用，古城过度商业化得到矫正。丽江大研古城北门，原是一个脏乱差的区域，几乎无任何游客前往，但正是这样的一个地块，标新立异地以时下最时尚"颜值经济""网红经济""体验经济"为核心，结合传统产业、民族文化体验为核心，结合住宿、游玩、商业、美食、文化等多业态，创新打造了一个全新的旅游地标，并受到了游客的欢迎和各级政府、机构的赞赏。

不同于许多文化旅游区强行以现代商业模式进行嫁接、千方百计从游客口袋中赚"快钱"的经营方式，大研古城在传承当地传统、地道文化的基础上，构建古老的东巴文化与现代人的交流桥梁。摘去古城中喧嚣、嘈杂、乱象的商业现象，把纯粹的纳西民族传统工艺、美食、歌舞、礼仪及茶道、玉石文化等纳入小镇主题，整合管理，以游客的体验为核心，深度打造文化体验旅游服务。

对照《丽江古城内经营项目目录清单》，鼓励经营的项目是丽江古城文化遗产保护的重要内容，包括民族文化的展演，东巴纸制作加工，书籍图书，少数民族服装服饰手工纺织品加工制作，知名人士、文化传承人、手工艺人开馆授艺，纳西传统文化、习俗、艺术、手工艺的传承弘扬和展示，地方特色产品，传统民族产品经营活动等。在现有业态中，与《清单》中所提倡的文化保护路径一致，大研古城成为了丽江旅游产业升级的标杆产品代表。

手工艺坊是最具工匠精神的体现，这里沿用传统民族工艺，并经过迭代更新，创造出精美绝伦的手工艺品，已成为古镇一道靓丽独特的风景。丽江大研花巷里传承三代"工匠精神"的手工皮具坊，店主于5多年前从父亲那儿接手开了三辈人的皮革店。他选择在这里延续家传的手艺，也延续这一份"工匠精神"。扎染是在很多少数民族中普遍盛行的印染工艺，这家扎染店主是大名鼎鼎的"大理段氏染坊"的后人，作坊饱含文化底蕴和艺术造诣。还有诸如羊毛毡艺坊、纳西牛肉坊等传统作坊于花巷街边林立，作坊主要来自丽江本地，大多都是家里祖传的手艺，他们令古城从前的纳西风

▲传承三代"工匠精神"的手工皮具坊。

▲作坊饱含文化底蕴和艺术造诣,她们大多都是家里祖传的手艺,她们令古城的纳西风韵再现从前。

▲兮石南红艺术馆。

▲月咏堂的手艺工匠为纳西银壶錾花,通过一件件器物,发扬着云南民间传统技艺。

▲云域茶道艺术馆是一间以当地传统茶文化为传承而兴建的茶艺博物馆,既古朴又富有生命力。

◀这是一间黄龙玉雕刻艺术馆,传统民族精粹与技艺在玉石雕琢文化展演与游客互动中得到传承。

韵再现。

  民间艺术在大研花巷也扮演着绝对重要的角色,展现云南地道文化的艺术馆点缀其间,传统民族精粹与技艺在纳西银器、茶道、珍贵南红、药膳馆、玉石雕琢等文化展演与游客互动中得到传承。月咏堂的手艺为纳西银壶錾花,通过一件件器物,发扬着云南民间传统技艺;云域茶道艺术馆是一间以传承当地传统茶文化为目的而兴建的茶艺博物馆,在光影的交相辉映下,不同风格的茶壶、品饮杯、茶盘、茗炉等用具,既古朴又有生命力;黄龙玉雕刻艺术馆、兮石南红艺术馆,以大气雅致的格调,尽致展现了中国玉石经历几亿年漫长岁月的打磨和人工雕刻的魅力……这些都是著名的云南传统珍宝,也是中华文化的瑰宝,静静享受,浸入在纳西文化的氛围中,是文化

▶ 许多令游客流连忘返的情景式体验店，这些特色的小店有着玲珑多变的装饰风格。

▶ "东巴花笺纸"。

熏陶和精神享受的双重升华。

《清单》所推崇的东巴纸的制作，在"东巴花笺纸"店里可以亲身体验，就连全国著名舞蹈大师——杨丽萍老师到这里也对中国最传统的东巴造纸术饶有兴趣，留下了她的签名。这里还有许多令游客流连忘返的情景式体验店，这些特色的小店有着玲珑多变的装饰风格，店主有很多是来自世界各地名校的留学生，他们取的店名独特新奇，店里琳琅摆放着一些令人爱不释手的地方特色小物件。这里的咖啡馆和图书馆非常受青年游客欢迎，图书馆展览的每一本"书"都藏着店主别出心裁制作的一种特

▲鸢尾图书馆。

◀纳西族独特的打跳式表演从古老的古城四方街向外延伸，令到访的游客能身临其中感受纳西族人多元的文化艺术。

别的旅游伴手礼。

　　穿梭其中时常可以看见穿着"披星戴月"的纳西族人牵手作舞的景象。纳西族独特的打跳式表演从古老的古城四方街向外延伸，令到访的游客能身临其中感受纳西族人多元的文化艺术。

▲纳西族打跳式舞蹈。

很多惬意的美食小店，用的均是地道的云南食材和烹饪方式。来这里可以尝到地道丽江铜锅烹煮的米线，地道纳西族的腊排骨火锅，还有正统纳西贵族、木氏土司后裔开设的秘制独享风味餐厅，犹如旧时王谢堂前燕，飞入寻常百姓家。这里的美食芳香传十里，有地道的云南特色，令人不经意间闻香起舞。不管身在哪个角落，都可以在"光、色、声、味"的环境中，从视觉、触觉、嗅觉、听觉、味觉五个维度浸入到高阶旅游体验情景，满足了现代消费者的旅游需求。

大研古城的过度商业化已然有人破局，运用的恰是一种叫做"重构"的力量，这种力量并不是无中生有，而是在原有旧的模式基础上，根据新的市场经济规程和消费需求进行产业、服务的升级，重新构思新的路径。重构的力量在唤醒那座昔日人们向往的古城，大研古城的再次回归将会带来更加深远的意义，也将指导我国千百个类似古城发掘出全新的发展模式，古城需要人与文化的和谐共处，不仅是为了游人，更将造福一方百姓，令一种文化，一个民族永生不息。

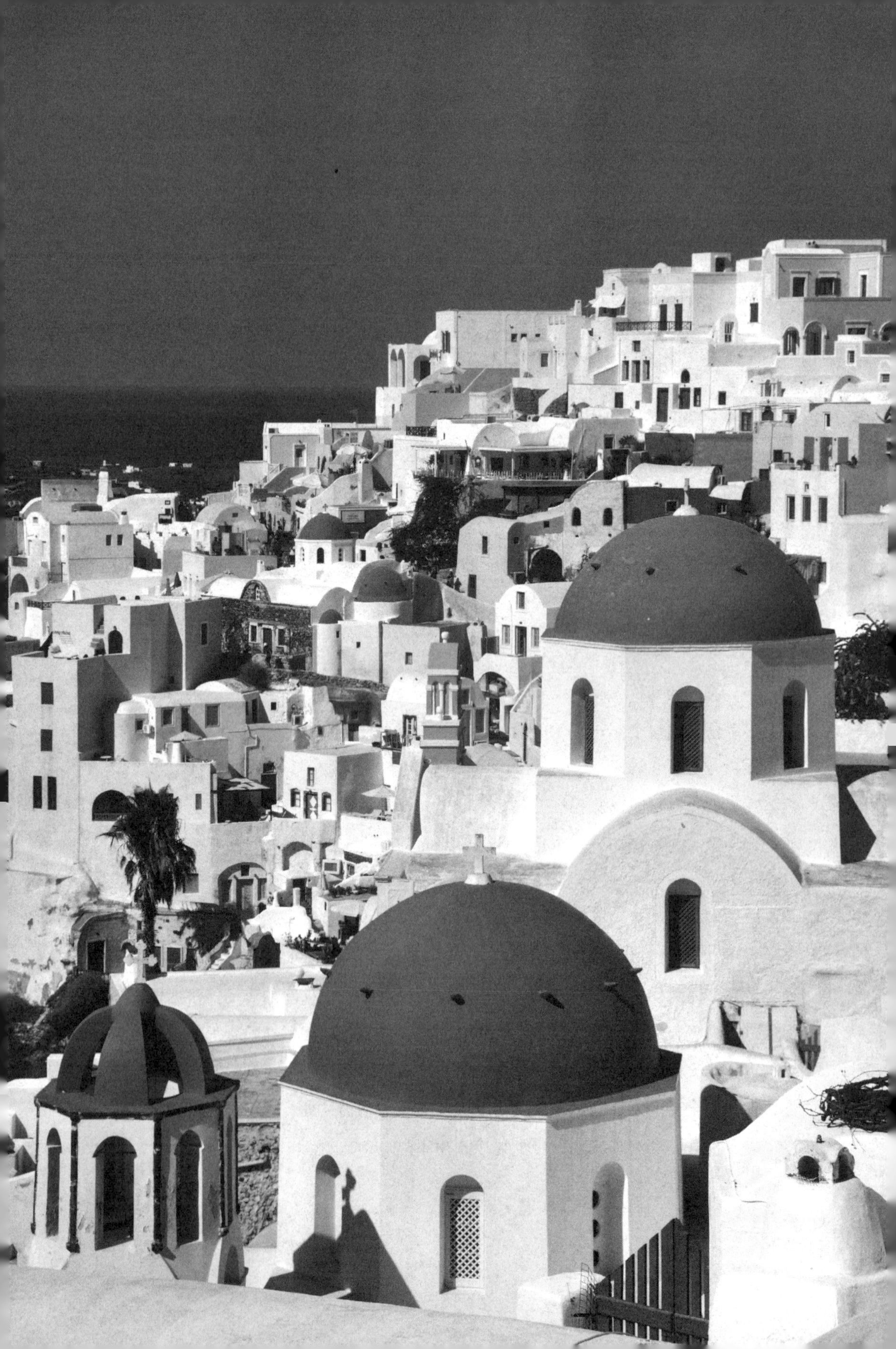

第三章 小镇内容

体验经济，一种以人类体验为核心的服务经济模式，继农业经济、工业经济和服务经济阶段之后的第四个人类的经济生活发展阶段。从工业到农业、计算机业、因特网、旅游业、商业、服务业、餐饮业、娱乐业（影视、主题公园）等等各行业都在上演着体验或体验经济，尤其是文化旅游＋商业娱乐的体验经济模式已成为现在世界上成长最快的经济领域。

体验经济，一种以人类体验为核心的服务经济模式，继农业经济、工业经济和服务经济阶段之后的第四个人类的经济生活发展阶段。从工业到农业、计算机业、因特网、旅游业、商业、服务业、餐饮业、娱乐业（影视、主题公园）等等各行业都在上演着体验或体验经济，尤其是文化旅游＋商业娱乐的体验经济模式已成为现在世界上成长最快的经济领域。

体验经济的背后是规模化服务与定制化服务的区别，规划化服务或者说规模化、样本化的场景搭建已经变成了一种死板的、冷冰冰的、一成不变的服务模式，在旅游行业领域越来越遭诟病，以往那些简单的可以批量生产的"到此一游"的旅游方式被时代遗弃，现代游客对旅行有更多深层的需要，文化的研究、互动的模式、商业消费的可体验化等，而这些需求内容已不仅仅是针对游览这一过程，正以前所未有的速度渗透到跟旅游有关的所有领域，如住宿体验、餐饮体验、旅游购物体验、演艺娱乐体验等等，体验消费正以前所未有的姿态在旅游产业大行其道。

传统旅游的六要素——吃、住、行、游、购、娱在新的体验经济下将发生巨大的变化，在旅游活动中，游客需求的不再只是物质结果，而是一种不同寻常的经历或感受，人们对旅游基础服务和各项配套服务的需求更加个性化、情感化、参与化和求知化，务必要求建设规划者在旅游主题设计、氛围营造、体验项目服务、目的地服务、产品价格因素等多方面都需要进行全面升级，打造真实符合游客需求的吃、住、行、游、购、娱一体化产业内容。

而建设小镇，尤其是建设旅游小镇，需要围绕小镇本身已有的优势资源展开，并对旅游资源要素进行主题规划，"有理念、有线索、有格局、有层次"地将旅游资源淋漓尽致地展现出来，成为旅游者容易辨认的特质和游玩线索，并将旅游小镇里的吃、住、行、游、购、娱一体化产业与当地文化、风俗相结合，既传承过去，亦引入时尚未来，摈弃大城市里喧嚣与压抑，却引进城市的艺术、生活理念和优质服务，造出离尘不离城的意境，开创旅行体验消费的全新纪元。

小镇的产业

小镇的产业是小镇的核心内容,也是小镇文化、规划、建设、研发、运营、管理应该围绕的中心内容,小镇居民的生计需要靠产业发展,小镇的发展需要产业经济及税务的支撑,小镇远道而来的客人,也需要一个理由,除开与小镇居民的亲友关系之外,他们到访小镇的目的也应该是达成某项交易,抑或完成一次消费,或者获得一次体验。

小镇的旅游产业则是指小镇以旅游作为发展的核心,以旅游所代表的全面升级体验服务模式为产业内容,引领人们在小镇度过愉悦、快乐的旅行时光,并以小镇出色的吃住行游购娱六要素满足游客的消费需求,从而能促进小镇的发展,使小镇居民安居乐业,使小镇生活多姿多彩。

小故事

美国佐治亚州的托马斯维尔——编织过去和未来之梦

美国佐治亚州的托马斯维尔是一个"南方种植园城镇",在19世纪80年代由于其奢华的旅馆遍布城镇各个角落,成为了"南方初冬的旅游胜地",在国际上享有盛名。无数的北方人来到这里呼吸着小镇清新、带有松香气息的空气。在旅游的黄金时代建的许多旅馆和公寓后来改建为博物馆、商店和住宅,旅游业创造了大量的就业机会,为该地区带来了产业繁荣和人们的安居乐业。可是,随着时代的变化,旅游业作为主要产业的地位受到了高新产业的威胁,随着科技的快速发展,高新产业在托马斯维尔兴起,并成为一个能够提供更高收入的核心产业。

托马斯维尔在没有放弃旅游业的前提下,同步发展起高新产业,并意识到建设高级电信基础设施可以使得小镇的产业经济快速繁荣发展,获得巨大成功,于是它们购买了新设备,使公用事业达到了世界标准。这使得几家大型的高新企业将总部搬迁到了这个小镇,包括Frower公司(一个新食品研发企业)和建筑机械巨头卡特彼勒公司。这些产业的入驻加快了小镇的经济发展布局并扩大了产业布局,形成产业交融,为小镇的长足发展添加了充足的动力。

基于优势选择旅游产业

小镇选择什么样的旅游产业模式首先应基于小镇的优势资源，不同的城镇有不同的优势。一些优势来自于周围的自然资源，比如包含矿物质的自然温泉，或者美丽如画的景观资源等等，具体来说，城镇发展旅游产业可选的优势列举如下，它们包括：气候、土地、湖泊和森林、公园、休闲地、独特的文化、接近大城市、科技创新、有体育特色、具备疗养资源和人才、农业发达或者独特的温泉资源等等，因素众多。

美国佛罗里达州的沃库拉温泉国家公园，位于这个州锅柄状的突出地带，有世界最大最深的淡水泉，在天气晴朗的时候，乘坐公园的玻璃底船能使游客看到鱼和泉水深处乳齿象的化石骨骼。洁净的河流和动物保护区为鳄鱼、鸟类、乌龟、鹿、火鸡提供了自然的栖息地，在冬季还能吸引大量的候鸟。这样的资源深深地吸引了周边地区的游客，为此，沃库拉城镇潜心发展旅游业，在小镇中建设起了旅馆、餐饮和消费商业，旅游业又带动了当地的船业、捕捞业、摄影业甚至出租车行业的兴盛。此外，沃库拉城镇还专门在每年举办两个不同寻常的旅游盛事活动：

一个是每年五月第一个周末的蓝螃蟹节，这个当地著名的硬壳蓝螃蟹节吸引着超过10万名游客的参与，螃蟹节活动现场有各种方便游客深度参与的活动，比如螃蟹观赏、斗螃蟹、吃螃蟹、醉螃蟹等等；另外一个是每年秋天的君主蝴蝶节，成千上万的人专程来到这里观看蝴蝶，这些蝴蝶准备飞越墨西哥湾迁移到墨西哥的山区过冬，这里是蝴蝶的栖息地。

在美国的另外一个地方，北卡罗来纳州的亨德森维尔，我们国家因旅游到过这里的人应该不在少数。它位于DUPONT国家森林公园中，这个小镇是美国第七大苹果产地，小镇的领导人早在50年前就非常了解小镇的优势，并不断思考怎样让小镇区别于该州的其他小城镇。于是他们依托苹果产地的自然条件，举办亨德森维尔苹果节。为期四天的苹果节每年吸引超过50万人参与，苹果节的成功引发了一整条产业链的发展，当地的旅游产业包括酒店住宿、餐饮、苹果加工、苹果销售等等均沾上了苹果节的光芒。此外，它还激发了城镇举办其他的节日，例如在当地阵亡将士纪念日周末举行田园周年纪念活动，在夏季的每一个周五晚上举办音乐盛会，每一个星期一举办家庭夏日舞会以及每年的艺术展、古董展和人行道粉笔画艺术展，这些活动大大丰富了游人的体验内容，既能让游客乐在其中，也能带动小镇的居民创业致富，双方共同发展，和谐共荣。

  基于优势选择产业模式的逻辑在我国也非常盛行并实用，如果你是北方城市，例如辽宁省的一个小城镇，你的优势——至少在自然方面，是高纬度的光照和气候，尤其在冬天拥有长时间的冷空气和积雪，你可以发展冬季体育旅游，在滑雪、滑冰或者在冰雕方面可以有出色的产业优势；如果你是在一个位于西北沙漠边的小镇，那么你的优势可能就是与沙漠气候有关，可以开展骆驼参观、滑沙、参观沙漠环境相关的旅游产业；如果你是一个位于鄱阳湖或千岛湖附近的一个小城镇，你拥有大面积的水域可以开发，那么你的优势就是水上运动、垂钓、避暑娱乐或湖居体验。但是如果说你的周围没有任何自然风景名胜，又该如何呢？如果你的优势没有被发掘和展示出来又该怎么办呢？

  也无需惊慌，因为优势除了来自于城镇的自然资源和环境，也来自于城镇当地人的手工业或文化产业，甚至也可以来自于当地居民独创的生活模式和生活热情，即使没有任何东西，这些人们也可以创造出优势。

  想象一下，一个在白画布上创作的艺术家，画布蕴藏着无限的机会，因为它能够创作任何东西，因此，同样的道理，小城镇也一样。

  常规来说，旅游小镇的产业模式主要分为两种，一种即资源主导型开发模式，另一种则是休闲集聚型开发模式。资源主导型小城镇自身拥有丰富的旅游资源，是依赖旅游发展而成为旅游目的地的开发模式。这些小镇本身就是旅游吸引物，很有特色。根据其依托的资源类型，可以分为自然资源主导型小镇、古城古镇、行业依托型旅游宜居小镇。

自然资源主导型小镇依托湖泊、海滩、大山和森林等，可能只需要一条河流或者湖泊就能吸引泛舟者、野营者和其他休闲爱好者。或者有森林、大山，就能吸引旅游滑雪者、徒步旅行者、登山爱好者前来参观，人们需要做的，就是根据这些资源和游客的喜好发展相关的服务产业，为旅游者提供适宜的居住、合格的美食、便捷的出行以及相关娱乐关联产业。

古城古镇、行业依托型旅游小镇应该都属于地方特色的依托类型，而地方特色正是属于地方优势内容之一。甚至可以说地方特色就是城镇的本质，是最大的，区别于其他城镇的一种优势。地方特色犹如烹煮用料，不同的料能烹饪出不同的菜品，而且味道不一，色泽不同。小城镇也是一样的道理，各种不同的调味品放进城镇里，混合起来就会变成城镇独有的味道，也能因此产生不同的内容或者延伸出相关产业。总结来说，属于一个城镇的地方特色都有哪些呢？大概归结如下：

气候、地形地貌、教育环境、地方特产、历史事件（战争或历史演变）、在国家或省份中的独特位置、当地的工业用品和农业用品、与众不同的风俗和文化（例如属于少数民族的、地方承袭的、在历史中有记载的）、节日或纪念活动、人们的穿着特色、地方文字等等。

我国现今已在大范围地讨论如何规划建设特色旅游小镇，并重点讨论了关于特色旅游小镇的产业内容发展，其中很多专家提出旅游小镇应该"根据区位等资源要素进行综合分析，找出自身特色，组织好，精准定位。对小镇名称、组织规划、建设、运营、管理、融资模式、投资主体等内容进行明确定位和策划……"这样的说法其实核心就在于任何旅游小镇的打造和发展前提都应该是找准区域或地方特色。至于"产业定位要精准，特色要鲜明"也就是说，发展旅游小镇产业，为小镇增加内容的人，首先要明白小镇有什么特色。

一个旅游小镇因为什么而出名？或许它是一个我国某种茶叶的发源地或生产名镇，它生产了大部分人都爱喝的茶叶并产销一体，为全国人所知晓，比如福建省的安溪县，"宿雨一番疏甲嫩，春山几焙茗旗香。"安溪有上千年的产茶历史，勤劳勇敢、聪明睿智的安溪人民创造了乌龙茶加工技术，还培育出品质优异的世界名茶——铁观音，创造了独具魅力的安溪茶文化，吸引游人纷纷到这里体验茶文化；或许小镇是因为烧制瓷器闻名于世，比如江西的景德镇；又如以出土古迹、古文明而闻名，如河南安阳的小屯镇，这里曾经出土了大量刻有甲骨文的甲骨，并成立了殷墟博物院；再或许是有历史上意义重大的战争发生，比如如今山西省的高平，那曾是古代长平之战的遗址；而以民族为地方特色城镇在我国尤其多，我国拥有 56 个民族，其中大部分少数民族都有非常突出的文化色彩和民俗特色，如湘西的苗族，云南丽江的纳西族，香格里拉的藏族，长白山的朝鲜族，新疆地区的维吾尔族和哈萨克族，内蒙古广袤草原上的蒙古族等等。少数民族区域皆有自己鲜明的文化特色，可以说包含了诸多特色，在产业发展方面既可以从旅游角度思考，也能从生产销售独有产品的角度思考，而且，很多地方民族特色小镇已经形成，并且早已具备一定的发展规模，前景一片大好。

其他产业小镇模式

我们国家在小镇发展方面可以说是起步阶段，成功的案例不多，产业端内容多集中于旅游、金融和网络交易领域，尤其在长三角一带聚集。除了旅游小镇之外，其他特色小镇的建设亦获得了广泛关注。其中杭州的云栖小镇是其他产业小镇发展的案例，云栖小镇是一个云计算产业生态聚集地，产业高度聚集，打造出在国内首屈一指的高科技、互联网小镇模式。

根据我国政府及综合产业机构于 2016 年发布的《关于实施"千企千镇工程"推进美丽特色小（城）镇建设的通知》，"千企千镇"推进美丽特色小（城）镇建设工程在全国开展，各种其他类型的小镇也在如火如荼地进行着，参考从其他产业小镇的发展模式，对特色旅游小镇亦有借鉴意义。

一、特色农业小镇

特色农业小镇是我国将坚持把推进农村产业融合发展作为实现农业现代化和新型城镇化的重要路径。特色农业小镇模式在中国广开散叶，进入了正式的尝试发展阶段，而这种模式也更适合中国农业大国的现实国情。

论语有言，"暮春者，春服既成，冠者五六人，童子六七人，浴乎沂，风乎舞雩，咏而归。"非常清晰地描绘了农业小镇的生活画卷，特色农业小镇描绘的是一幅美丽的乡间生活图景，无忧无虑而恬人宜居。特色农业小镇的背后是人们对于大城市病，对环境污染的不满，人们渴望新鲜的空气、广袤的自由空间和自在的生活方式。伴随着经济的快速发展，人们物质极度丰富之后，在内心深处充盈着对自然的渴望，已经开始将目光移出大城市，尤其是大都市。小城镇正在崛起，而以农业为特色的小城镇因为其自然属性和人们的儿时记忆，正在成为一种时尚，体现出返璞归真和自耕自产的理想生活。

农业小镇与旅游小镇在某种程度上可以说是一脉相承，农业旅游也是目前旅游形式的一种重要形态，农业小镇旨在营造纯天然的自然环境，这与很多旅游者的追求是一致的。

二、工业特色小镇

即有特色工业产业支撑的特色小镇，以工业产业为核心、以项目为载体、生产生活生态相融合、具有独特精神气质与文化风味的特定经济区域。小镇往往与某一类或多类工业生产、研发、销售产业链为核心，并以临近大城市周边的区域为主要据点，其中对于交通和人才的要求较高，人才对居住环境的需求是多元化的。他们有的喜欢居住在繁华的大都市，有的则喜欢安逸宁静、风光宜人同时生活也足够便利的小镇，这是经济水平和城镇化发展到一定程度之后的必然结果。

旅游属于服务密集型产业，对人才的需求也非常高，旅游小镇在环境规划和氛围营造上也同样需考虑对运营、管理人才的吸纳和服务。

三、金融特色小镇

金融作为现代经济的输血系统，能够拉动经济的快速发展，并且自身能带来巨大收入和高端人才的聚集，金融小镇也是我国在经济新常态下打破以各类金融中心为代表的传统金融业发展路径的新探索，可以为供给侧结构性改革和创新驱动发展提供有效的金融资本支撑。发展金融小镇不能盲从，需从大处规划，从深处理解自己小镇本身是否具备成为金融小镇的优势，这些优势就包括是否距离金融都市（诸如北上广深）近，是否具备发展金融小镇的政策、税务环境，能否有足够的金融服务支持，诸如银行、保险、信托、期货、证券等机构的入驻和对金融产业的扶持，以及是否有金融人才吸引方面的创新之举等等。

四、互联网小镇

也可以称之为高科技产业小镇，这类小镇是新型城镇化的基本载体、智慧城市典型应用，它泛指城镇、乡村、社区、街道、开发园区、学校等广泛采用"互联网＋"解决方案，实现基础设施、政务、民生、产业、安全、教育等与互联网的广泛连接与充分融合，全面提升社会治理水平、政务服务能力、经济发展活力、居民生活品质，为大众创业、万众创新提供有力支撑。

五、体育特色小镇

在"健康中国，全民健身"的大背景下，健身休闲产业迅猛发展，体育特色小镇也应运而生，体育特色小镇需挖掘冰雪、森林、湖泊、江河、湿地、山地、草原、沙漠、滨海等独特的自然资源和传统体育人文资源，研制出台冰雪运动、山地户外运动、水上运动、航空运动等产业发展规划，重点打造冰雪运动、山地运动、汽摩运动、航空运动、武术运动等各具特色的体育产业集聚区和特色小镇。

六、医疗养生小镇

疗养小镇与旅游小镇非常相像，但因出发点不同，对资源要求不同，疗养对于资源硬性要求不高，它无需雪山峡谷，无需激流深涧，只需要清新的空气、绿色的环境，无边的天然氧吧等作为基本的软性资源，结合现代医疗、养生机构和体系，凭借先进医疗、健康环境、养生资源开展康体疗养产业，能够为人提供养的聚合性功能，以修缮人体功能，延长生命体征等为主要诉求，从而带动住宿、旅游、养生、度假产业发展。疗养型小镇可以把城市里有限的医疗资源让位于急性病患者，而需要长期观察、疗养的人在手术之后或者是病情得到稳固之后从资源稀缺的城市搬出来到疗养小镇，以优良空气、优美环境及少量的适合他们运动的农作来调养身心。

综合来说，小镇的产业发展难饮无源之水，从无到有的编造过程是漫长而且难以有成效的，较好的基于已有的优势去发展的产业，才能令小镇焕发生机。我国已发布争取到2020年建设一千个特色小镇的计划，特色小镇的发展如火如荼，既出现了一批示范小镇，也有很多脱离实际、盲目建设的情况，那些盲目建设的小镇往往没有找准自己的优势，没有找出真正的内容方向，小镇发展无法脱离产业，而产业并不能凭空捏造。

基于优势资源选择产业发展模式后，旅游小镇需要考虑如何为人们提供真正的生活体验，舒适的旅居生活是一切小镇上原始居民和到访游客的追求。在为小镇搭建舒适生活的过程中，我们需要为小镇建设景观环境的新风貌，找准多元文化的发掘和传承，基础设施的升级，体制机制的创新以及增添更多体验消费内容产业，令小镇旅游更加丰富多彩，小镇体验饱满有厚度。

旅游小镇的生活

笔者曾玩过一个代入式游戏，在游戏中扮演一个美丽小镇的管理者，需要全面地管理这座迷人的小城镇，小镇以旅游作为核心产业，每天小镇里的游客数量和经营数据都会更新，扮演者必须全方位考虑旅游小镇的发展办法，比如，当多造几条路的时候，小镇的游客量会增大，但是如果只是造路而不更新小镇里的主题公园，不持续推出新的主题游乐设备或者不筹办大型的主题盛会，小镇游客量将下降，并会使得小镇的收入难堪，财政堪忧。

管理者需每时每刻关注小镇上的各种细节，比如有时候建筑会起火，管理者必须第一时间派出消防队前往扑灭，以保证居民和游客的安全；小镇上总会有很多游客提出抱怨，比如食物太差了，设备太老旧了，酒店数量太少了，火车站太老了，旅游巴士太旧了，小镇生活太闷了等等，当抱怨指数达成一定的比例之后，管理者需要改善相关情况。而每次小镇相关体验内容（我将以上情况统称为体验内容）获得改善都会获得媒体的赞扬、游客的满意，并且小镇经济将会获得提升。

为了使更多游客到访小镇，还需要考虑小镇品牌和营销的塑造，在大城市里购买广告传播或者发动大型的节庆活动将有助于小镇获得巨大的人气，但是同时消耗经济也是巨大的。在这座旅游小镇里，游客的体验感永远是第一位的，不断满足游客的需求，更新小镇环境、设备体验、食宿体验、安全服务以及活动体验，就会使小镇一直繁荣下去，版图将越扩越大，最终甚至可以成为一座以快乐为主题的旅游城市。

事实上，通过虚拟旅游小镇管理的游戏可以看出，小镇的经营、规划和设施设备的管理都是围绕游客的体验展开，面对陈旧的设施设备，游客当日体验感不佳的时候，游客会抱怨，如果体验感持续得不到修正，则游客用脚投票，不再造访小镇了。

现实确实是这么骨感的，面向休闲时代，人们早已不再满足于简单的物质享受，迫切地需要在物质基础上获得精神的愉悦，体验经济之风盛行。把旅游产品的开发置于体验经济的背景下，才能迎合时代发展的需要。

旅游者的参与意识，要求旅游小镇能提供更丰富多彩的旅行生活体验，使旅游者能体会到作为参与者和主角的趣味。纵观世界各地经营成功的旅游小镇，其吸引众多旅游者甚至全球眼光的旅游项目都具有较强的体验性。例如，欧洲一些小镇利用周边良好的自然环境，推出自驾游、森林观鸟、森林瑜伽等，将休闲体验的价值链不断延伸，参与性的设施、活动能将旅游者留在旅游小镇，并成为能产生较高消费的主要吸引物。旅游小镇的发展趋势，也需顺应消费者的需求，加强体验性、参与性。法国普罗旺斯是一个非常大的区域，区域中遍布了很多小镇和小村庄，这也是一个蜚声国际，永不过时的旅游度假体验目的地，这里可以从生活方式的角度体验旅游的全部真谛，而描述普罗旺斯度假生活的一本书——《普罗旺斯的一年》向人们讲述了一个旅游目的地真正的生活模式。

彼得·梅尔的作品《普罗旺斯的一年》是一本随意之作，文笔慵懒形散却成就经典，在全球掀起一股追求质感生活的风尚，同时它揭开了普罗旺斯独特的、令人心醉的生活时光，在书中他描述了很多小镇，这些小镇的生活模式和内容令世人陶醉不已，竞相寻找和体验，从这本书中我们就能看到很多关于旅游小镇生活的描述。这本书是根据岁月时光的变迁来撰写的，每一个月份，每一段时间在作者生活的地方都有不同的体验内容，有的在村镇，有的在田野，有的在海滨，有的在栖居处。而关于村镇上那些美食、小街道、商业、见闻的描述内容相当精彩，也是人们追寻他足迹的重要内容。

其中在吃这方面，作者至少描述过4~5家拥有独特风味的美食餐厅，这些餐厅有的在小镇的角落，有的坐落在离小镇好几公里远的山谷，有的在废旧的火车站附近，但是，每个餐厅无不令作者赞不绝口。如作者描述了一个圣诞前夜的饕餮大餐——在拉考斯特村的西蒙餐厅，这个餐厅提供配有粉红香槟酒和六道特制大菜，令作者心中暗喜。餐厅的外墙是用石头砌成的，而且座无虚席，其在当地的受欢迎程度令人惊奇，"在这里，着实可以看到一群法国饮食的狂热追求者——他们倾巢而出，一伺入座便立刻进入一种目不斜视、心无旁骛的虔诚状态……这群可爱的食君子那一身身健硕的体态使人一望而知，他们每天至少有两、三个小时的时间是全身心地在餐桌旁度过的。"

鹅肝、奶油龙虾、牛肉脆饼、橄榄油沙拉、精选乳酪，还有各式各样的松软细腻、美味可口的甜点，这家西餐厅的美食足以令作者忘却乡愁，忘掉烦忧，在小镇中的生活仅从吃这一块就享受到了足够的幸福。这样的餐厅在小镇里还有很多，比如雷伯镇（Les Baux）的博马佘餐厅、合奈（Roanne）的特鲁瓦餐厅、兰贝斯镇的伊凤阿姨餐厅、卡布雷尔村（Cabrires）的麦克餐厅等等，普罗旺斯的人们钟爱美食，这里每一个小镇都有美食家和美食餐厅，而且也是人们消磨时光，休闲交谈的好场所，已然是生活的一部分。

除了吃的角度，作者在普罗旺斯还描绘了商业的内容，购物是他每周在小镇中必须体验的一种生活，而且购物还能产生非常多的乐趣，比如令人愉悦的考斯特拉集市，这是作者每个周日都必然去参加的重要集市，体现了小镇人们对于商业的购物内容的需求。法国人的集市也是充满浪漫主义的，街道两边榕树下早早地排列着一行一行陈旧的卡车和小型货车，车头都摆着一张张可以任意伸缩的桌子，桌子旁有鲜艳的花束，上边琳琅摆放着各种货物，小贩们依靠在椅子上喝着咖啡，晒着暖洋洋的太阳，一块黑板上写明今天的各种货物的价格，在市场的一头，葡萄酒合作社摆出的摊位处围了一圈男人，每个人都满含着一口新鲜登场的玫瑰红酒。有些摊位的老板是女人，摊上排练着各种大大小小的蛋，外加鲜活的兔子。还有的摊位摆的是堆积如山的蔬菜和紫苏，还有一罐一罐的蜂蜜，大瓶大瓶的橄榄油以及桃子干、黑麦汁、鲜花和香草、果酱和乳酪——在旭日的映照之下，每样东西看起来都令人垂涎欲滴……这样的集市还在临近小镇卡维隆、艾普等地有介绍，小镇集市是周边人们最爱光临的地方，也是人们热议、交谈的公共场所，同时人们在集市中满足基本生活物品的购置需要，也满足自身的精神需求，比如人们购花、买艺术品等，集市也是小镇生活的重要内容。

除此之外，书中还对旅居生活、游玩体验、休闲栖居、行车旅行、娱乐消费都有详尽的描述，这些内容均在小镇中发生。小镇的生活离不开旅游内容的营造，如果没有内容，小镇将会是空泛无聊的，人们谈何旅居、休憩。

旅游小镇的生活是人们体验的重要内容，从生活的种种角度出发，考虑可以给来到小镇中的人提供怎样的生活，即是旅游营造。这些内容离不开人们的基础需求，如吃、住、行，也离不开人们的体验需求，如游、购、娱。现今以80、90后群体为核心的消费人群拥有全面升级的消费需求，他们想要的体验将更加具有文化感，也需要更为深入的体验模式，选择小镇以取代城市生活模式，它关乎颜值经济，关乎产业升级。

小故事

90 后是怎样的一群人？

这是关注个性与自我的一代，与此同时，他们也意识到自己在这个社会中的角色，希望能产生更多的影响力。不同于其他年代的人，90 后成长的时代正是中国开始崛起的年代，他们没有自卑、苦难与羞耻的记忆，他们为中国的经济和国际声望而骄傲。他们已长大成人，告别青少年时代的 90 后占中国总人口的 17%，甚至我国现在每 6 个人里面就有 1 个是 90 后。他们出生之际，正好赶上了中国社会稳定与经济发展之时，告别计划经济，迈入市场经济，政府不再分配工作，为养家糊口，父母需要自己找工作并且投入更多；成长的过程中，中国也在不断拥抱新机遇，他们见证了中国经济的快速增长和社会的高度发展（经济以两位数的速度快速增长），政府在日常生活的干预非常少，新的传播与信息技术升级，本土与国外的商品与服务增多，家庭收入的增长幅度显著提高，这一代人是中国经济改革开放的产物，成长环境与前几代人完全不同。

他们身上是无处不在的个性和自我，富裕的家庭让 90 后的生活不再有温饱之忧，但他们崇尚活在当下，因为未来充满变数，生活对于 90 后而言是安逸的。但是，他们同样也要面对社会上普遍存在的问题，如经济增长率放缓，环境污染严重及食品安全隐患。他们感到不安，不知道明天会发生什么，所以，他们更乐意选择关注当下，享受当下。可以做自己想做的事，是他们眼中的幸福，他们基本奉行享受活在当下、及时行乐的消费方式，90 后几乎不存钱。如果花钱可以让他们快乐，他们就会买买买。他们很在意自己在别人眼中的形象，90 后相信衣着打扮是向外界彰显自己的个性的途径，网上购物时，90 后会购买可以展现他们个性的产品，其中时髦的衣服、实用的护肤品和化妆品都属于 90 后偏好的品类。

魔鬼身材代表着颜值和健康，90 后关注健康并热衷于健身，35% 的 90 后愿意超前消费支付昂贵的健身会员费；旅行帮助他们认识世界，旅行深受 90 后喜爱。过去一年间，32% 的 90 后选择国内游，7% 去过港澳，6% 有过出境游。

在未来一年内，26%的90后计划国内游，10%计划港澳游，11%则选择去国外旅游；严峻的就业形势让尚在校园里的95后感到压力巨大，四年前，中国劳动力市场迎来首批90后。至2016年，国内有将近770万大学毕业生，90后已成为短期内频繁跳槽的一代人，这是因为个人兴趣高于工作收入，比起收入，62%的90后在选择工作时更关心个人兴趣。90后热爱用自黑给生活加点料，90后的社交语言代表着他们对自己的角色定位和多元认同。除了凡事带点自我与自信，他们同样也自知自醒，因此他们的社交语言带着强烈的自黑幽默。这种自嘲的趋势源于他们需要在这个竞争激烈的社会中释放压力与焦虑。90后最in的社交语言风格包括：自黑、自嘲、自信和自恋，国家游泳队著名运动员傅园慧就是典型的90后，不像以往运动员面对镜头时，多是感恩自责的话语，她完全是真情流露，一点也不藏着掖着，率真地表达自己想法，再来点自黑娱乐一下。

90后的个性存于社会，这是关注个性与自我的一代，与此同时，他们也意识到自己在这个社会中的角色，希望能产生影响力。90后表达爱国热情的方式很另类，90后用他们自己的方式维护与保护祖国——尤其是在网上，比如表情包，比如在网站论坛和贴吧留言等等。他们关心的社会问题主要包括：暴力与犯罪、污染、食品安全、社会和谐和天灾人祸等。90后群体也渴望为社会做贡献，希望通过自己小小的力量为这个世界做点什么，随着90后的不断成长，他们开始明白何为"积厚流广"，明白自己肩负的社会责任，并且乐于为社会做出贡献，即使是微小的。他们坚信，一个个小行动累积起来将产生大影响，星星之火可以燎原；他们倡导可持续的生活方式，超过57%的90后愿意为了环境的改善而改变他们的生活习惯；他们也重视道德与伦理，80%的90后认为一旦明星违反道德伦理，自己会拒绝继续追星；76%的90后支持为社会做出贡献的企业；75%的90后认为企业家的道德会影响他们的购买决策。

他们思想开放，朋友圈子多元化，生活是多姿多彩的，交朋友也应该多种多样，以开阔的心胸拥抱多元，他们中69%的人有许多不同群体的朋友，甚至88%的人能够接受同性恋行为（但不代表自己会这样做）。

体验经济时代游客消费行为需求

体验经济是谁的体验经济？这个问题所关乎的是旅游小镇未来的消费人群，而未来的消费人群是 80 后、90 后为核心群体的一类人，当然，并不是说 60 后、70 后不是消费人群，相反，我们知道消费观念本身即代表一种时尚，主流人群的消费理念具备传导和流行的作用力，能轻而易举地影响到其他次要人群。我们以主流消费人群的行为特征作为研究对象，深入分析其消费行为特征，如此，能为旅游小镇在六要素的打造上提供参考意义。

一、个性十足的需求

毫无疑问，体验经济即代表与众不同，体验经济时代是一个充分展示个性的时代。展现个性的内生需求就是自我的充分表达，没人想与别人一样，或者说人们倾向于用自我来丈量社会。人们不再满足于大众化的标准旅游产品，追求的是能够促成自己个性化形象形成、彰显自己与众不同的旅游产品和服务。

体验经济时代的主流消费人群具有自主选择权和决定权，他们很果断，不仅可以选择自己满意的产品，还可以将自身独特的旅游需求及时传达给旅游经营者（如旅游小镇管理者），并会要求管理者能根据他们需求及时调整经营内容。比如，旅游消费者在发现旅游小镇所提供的吃住行中任何一个环节不能满足他们需求的时候，就会提出强烈的抗议，近年来在一些旅游小镇里涌现了一批主题客栈，如生态房、婚庆房、情侣房、家庭房、女性客房等，都是从游客的个性出发，充分强调并满足客人不同的个性需求。

同样，旅游消费者在选择出游路线的时候，如果路线不能满足他的需求时，他们会直接向旅游产品提供者反映，让其提供完全符合自己个性要求的旅游产品。

二、情感抒发的需求

不得不说，我们的主流消费群体正是当今社会核心的顶梁柱，他们大多上有老下有小，在家庭里充当着经济支柱这样的核心角色，需要为家庭付出很多。在企业中，他们属于中层管理者，担负企业核心执行层的工作界面，并且还需要负责培养更年轻的下属，夹心层苦恼众多，工作压力巨大。同时，他们的生活方式有鲜明的特色，快节奏、多变动、高竞争、高紧张度取代了平缓、稳定、悠哉游哉的工作方式。他们很容易遇到情感危机、归属危机和排解危机，常规来说收入越高，情感抒发的需求就越强烈。

因此，消费群体在旅游的过程中，会迫切需要体验到能与自我心理需求引起共鸣的感性旅游产品。短暂的旅行，离开一直工作和生活的大城市去到一个全新的旅游小镇，首先希望看到的是舒缓、开阔，与大城市完全不同的场景，并希望在全新的环境中能体验到完全不同的生活模式。比如入住一个充满异域风情的客栈，吃上有浓郁地方特色的美食，并能有独特的地方文化场所可以供深入的互动，制作一下手工艺，观看一场华丽的演出，或参与篝火、风情舞蹈派对，随着强劲的音乐加入跳舞，载歌载舞，尽情抒发自己的情感。

三、深度参与的需求

参与感体现在社会方方面面的产业中，大到社会政治，小到产品设计，消费群体参与到未来产品的构建、规划和营销、反馈等多方面，体现出现代消费群体绝不是被动地在消费产品，对于即将消费的产品有前期、中期、后期全面深度参与的需求。小米手机的《参与感》对年轻消费群体的参与需求做了非常详尽的描述。

在旅游产业里，体验经济时代，游客与其他社会产业的消费群体其实都是同一类，他们典型的深度参与需求同样会体现到旅游产业中，他们强烈地希望参与到旅游企业的产品规划设计，同时还希望自己能全程参与体验旅游过程，以获得更大的成就感、满足感。

在欧洲，主题公园过山车的设计已开放给游客们参与，由游客自己提出对于过山车刺激度、倾斜度和环形模式的设计投票，主题公园在过山车建造完成之后邀约参与过设计提议的游客充当首批体验者，他们对于自己提出设计要求做出来的过山车充满期待，并在体验之后还会提出不足和修改建议。（游客参与过山车设计全程有动力专家的指导，以确保安全系数）还有一些国家会推出"宫廷旅游"，让游客在古堡殿里过半天王公贵族的及"监狱旅游"，让游客体验囚犯生活，这些旅游项目提高了游客的参与性，激发了游客的兴趣，也让游客留下了深刻的印象。

四、文化求知的需求

进入旅游大时代，旅游不仅仅是游玩，更多的是对当地文化传统的体验需求在增加，"体验前所未有的旅行"有相当大的成分是体验前所未有的文化，文化旅游成为人们文化生活的重要构成部分。消费群体越来越青睐具有独特文化的旅游产品。人们外出旅游更多的是为了摄取知识、感悟历史、品味文化、陶冶情操以及增长阅历。如：旅游者去外地旅游，体验、感受异域文化；去名胜古迹旅游，了解历史文化。

独特的文化也是旅游小镇树立独特旅游形象、获得持续发展的重要因素。在旅游小镇的开发建设中必须注入特色的文化，以满足旅游者对文化的精神追求。如，在旅游产品开发过程中应引入文化元素，开发多样化文化旅游产品，形成文化旅游产业群；在空间意象的营造中，应将文化元素融入进建筑、道路、装饰当中，体现当地文化特色，营造可打动游客的文化意象，从而提升旅游小镇的认知度；在旅游发展过程中，引入艺术、商业、生态当中的多元文化元素，通过创意发挥，以现代需求为核心去活化历史，激活文化，将传统文化向现代性转化。

主题文化鲜明化是旅游小镇摆脱同质化竞争的重要手段，未来的旅游小镇需更加注重传承历史文化或当地文化，以旅游主题为方向，创新旅游产品，彰显小镇个性。

五、绿色旅游的需求

绿色旅游是指旅游消费群体出游时倾向于对符合环境保护标准的产品和服务的消费意愿。绿色需求是一种超越自我的高层次的消费需要，它不仅仅考虑自身的短期利益，而更注重人类社会的长远发展。

绿色环保的出游体验恰恰符合新兴旅游消费者关注地球、关注环保的发展理念。且绿色出游的消费理念早已席卷全球，从食物消费开始，渗透至旅游生活消费的诸多方面，诸如绿色出行、绿色建筑、绿色环保、绿色人居等。游客的公益环保意识正在变强，人们开始关注自己所生存的环境和消费的永续性，希望通过自己消费绿色旅游产品来体现自己生态环保意识，成为绿色旅游消费者。

绿色旅游作为一种旅游形态，具有观光、度假、休养、科学考察、探险和科普教育等多重功能。对旅游者来说不仅是享乐体验，而且也是一种学习体验，不是单纯地利用自然环境，而是依靠自然和旅游的并行关系在对自然带有敬畏感和环保意识的基础上进行的旅游，它增加了旅游者与自然亲近的机会，深化了人们对生活的理解。

有关绿色旅游具体需要做到的内容，政府层面已在倡导，社会绿色组织也一再鼓励，已形成了公认的绿色旅游内容。包括：

(1) 使用最少污染的交通工具。

(2) 尽量少用过分加工及包装的食品饮品。

(3) 尽量不带用完即弃的物品。

(4) 带走一切带去的物品，绝不留下垃圾。

(5) 尽量不生火。

(6) 不干扰野生生物，不捕猎或采摘植物。

(7) 不干扰当地居民的生活。

(8) 保持宁静，尽量不使用唱机或扬声器。

(9) 尽量少带高科技产品。

(10) 遵守旅游景区管理当局的指示，注意防火。

(11) 选择适合各人体力与兴趣的路程及目的地，搜集景区及各旅游点的设施资料。

(12) 进行益智又充分享受大自然的活动，例如写生、观鸟、参观农场、玩集体游戏。

(13) 一边享受自然美景，一边运动身体，例如骑车、划艇、散步、玩太极、气功、瑜伽。

美国知名的巧克力镇（Hershey Park）把当地的文化深深地植入到工业旅游中，小镇所呈现的内容是浪漫的，温暖的，甜蜜的，更是有灵魂的。

……

并应尽量按照"无污染"的绿色原则，设计对人对地球都最有利的饮食：

(1) 使用多次可再用的容器，例如午餐盒、水壶，减少一次性的纸或塑料餐具。

(2) 吃新鲜的食物，减少罐头或其他包装好的饮食。

(3) 多吃蔬菜水果、干果及果仁，少吃肉。

(4) 尽量自己炮制食品及饮料，例如三文治、沙律、寿司、甜品、果汁、茶等。

(5) 享受天籁，减少人为的噪音，欣赏大自然的宁静气氛。

旅游小镇的六要素打造

结合前篇内容我们讲到了小镇的产业，小镇的生活和体验经济时代下旅游消费者的需求，具象体现到旅游小镇的真实内容打造方面，怎么样为小镇设置吃、住、行、游、购、娱六要素呢？

首先，基础的需求是任何人到访小镇首要条件，如果放在马斯洛的需求理论来说，它居于马斯洛需求理论的基本内容，可以说是为了满足存在的需求，但是即便是这样基础的内容，它的内在文章也是如此精彩。人们来到一个小镇不能离开行的帮助，在路和交通工具的帮助下，开启小镇的生活之旅；人们要在小镇体验生活不能失去栖居的场所，也就是不能没有住宿的体验，除了人的天性使然——安全感的需要，现代人还有更多居于城而观于心的体验需要，小镇的住宿必然要为人类的需求而变革；至于吃，其重要性不证自明，几百上千年的流传，吃早已不仅仅是一种生理需求那么简单，一座城镇的水土、历史、习性、偏爱将全部凝聚并体现在餐桌上。

一、小镇需要满足"吃货"

古往今来，"吃"都是中国最传统，最有利的一种优势。在汉代，郦食其提到："民以食为天"，深刻阐述了人们与饮食的相互依存的关系，随着社会的不断发展进步，饮食超越了生理需要，愈来愈丰富，且成为社会文化的一个重要内容，不仅关乎人们的物质世界，且与精神世界融为了一体。

"吃"文化历史悠久，源远流长，博大精深，还具有极为鲜明的民族和地域特色。如同舞蹈、古乐、绘画、戏曲等一样，"吃"文化也是中国数千年灿烂的民族文化的重要组成部分，是一种非常宝贵的旅游资源。在现今旅行中，饮食超越了最基础的需求意义，是体现出消费群体热爱生活、自我个性、拥抱高雅、注重体验、丰富情趣的文化载体，是一项拥有着丰富意义的消费体验活动。"食在中国"是世界各地旅游者的共识，人们到中国旅游的很大一项动机就包括品尝中国大江南北的风味佳肴。饮食是旅游业存在、发展的基础之一，饮食文化的形成发展与各种人文景观、文化现象、特殊的历史事件及其发生地等内容紧密联系在一起，使之成为多姿多彩的饮食文化景观。这种景观是旅游业非常重要的资源，也不断刺激旅游发展。各种不同风味的饮食是重要的旅游吸引，同时是游客体验消费时代中不可或缺的一种体验内容。要吸引游客前往旅游小镇体验，不仅需要唯美的小镇风光、绚丽多彩文化脉络，还务必要有独具特色风味的"吃"的内容。各地的饮食习俗不同，形成了很多非常具有特色风味饮食，这些美食可谓百花齐放、各具千秋。在小镇体验旅行，能在畅玩之余品尝到当地的风味，领略当地的饮食风情，充分满足"吃货"的体验需求。

"吃货"是一个近年来非常流行的用词，人们用来表达自己是吃货的时候，既是用来表明自己在"吃"这方面是有一个有研究的高手，也是一个专注于与"吃"打交道的人。那么应该怎样满足吃货的体验需求？分三个方面：

（一）满足关于"吃"的文化解读

小镇提供什么样的美食，并有什么样的吃文化，将体现出小镇的特色，从旅游体验的角度看，"吃"充分代表了当地的文化，集中满足消费群体的文化求知的体验需要。如果说一座小镇有一座小镇的性格，那么食物就是最能体现小镇性格的载体。经过几百上千年的流传，一座城镇的水土、历史、习性、偏爱全部凝聚在餐桌上，初到一座城镇，只需一顿饭的功夫便能迅速了解这里的味道，这里的风土人情。

我国每一个城市都有自己独特的"吃"文化内容。比如，到访北京，怎能不尝尝北京烤鸭？那脆皮嫩酥的味感就代表了老北京的文化。这里还有皇宫贵族们吃的精细玩味，也有底层劳动人民的地道特色。北京传统美食——豌豆黄，《故都食物百咏》中有："从来食物属燕京，豌豆黄儿久着名。红枣都嵌金宵里，十文一块买黄琼。"细腻的、沙沙的口感，轻轻的甜味配合白豌豆特有的香气，吃完以后一股淡淡的幸福感油然而生，让人完全沉浸在地道的老北京氛围中，感受北京千百年来的生活场景和义化内涵。

（二）满足"吃"出个性的需求

吃货们对于"吃"有着无限的追求和广泛的爱好，吃出文化体验是文化求知的需求，而吃得有个性确是属于消费群体本身的自我标榜和展现个人品味、个性的需求。现代人们非常流行的一种现象就是"让手机先吃"，从社交媒体广泛火起来的那天起，吃饭前先拿出手机拍照便成为了吃货们不约而同的习惯，这个做法正是体验消费的一种典型表现。

人们将吃的什么，吃的颜色，吃的造型，吃的内容作为一种在社交媒体上展示自我的媒介，借以标榜自我个性，已经到了近乎疯狂的地步。"等等，我先拍个照"成为了餐桌上此起彼伏的声音，伸到盘子里的筷子常常灰头土脸地缩了回去。拍餐具、拍菜品、拍朋友，各种拍，甚至忘记了吃饭，拍完后便以迅雷不及掩耳之势刷爆朋友圈。

所以，旅游小镇应该充分考虑怎样满足吃货们这方面的需求，"黑暗餐厅""监狱酒吧""武侠餐厅"甚至"厕所餐厅"等餐厅模式可以加以运用，让年轻吃货们首先在吃的氛围上就有惊爆眼球的感觉；其次，提供的美食更具颜值也是非常重要的，从色彩、光泽、造型等多维角度提供适合年轻群体手机拍摄的素材，食物之间合理的搭配可以使得画面更加和谐美好。但有的时候也需要大胆一些，尝试撞色；最后，充分理解年轻群体的体验消费心态，提供更多的展示个性的方式或方法，据说在以色列已经推出了一间智能手机特色餐厅，餐厅有专门安装了手机座的盘子，以方便顾客拍摄食物照片后在网上分享，吸引了大批食客前来体验尝鲜。

（三）满足"吃"得丰富的需要

旅游小镇的吃不仅要求吃得美味，还要求吃的内容丰富。这个"丰富"从菜系的要求来说，则要求八大菜系中的多个菜系能在小镇中呈现，满足人们一地品多菜的需要；从美食的内容来说，除了有菜系正餐的享受，还希望各种小吃齐全，尤其能体现当地特色的小吃、夜宵、地摊怪味等。以各种美食打动游人的经典旅游小镇——袁家村即是这样的代表，被称为当地民俗小吃一条街，非常能代表陕西的民俗文化，尤其是陕西的饮食文化：老酸奶、马栏山苹果酒、凉皮、肉夹馍、熏牛肉、凉鱼儿、凉粉儿、菜疙瘩等等，均可以在这里吃到。

此外，"丰富"还包括吃的环境有特色，吃的氛围有感染力。吃的地方能否有小桥流水人家的艺术氛围，有民族风俗的演绎，或者大气磅礴的SHOW，都将决定吃的质量。通过电影、电视剧大家会看到，我国古代王室喜好在餐宴之上观看莺歌燕舞，自古文献记载中，皇室往往在宴请贵宾或王公大臣时都会以乐、舞、秀助兴，既凸显皇室权威，也是一种主宾之间的礼仪。现代消费群体通过耳濡目染，早已有了这样的体验需求，而这样的体验需求尤其适合在旅游小镇中来体现，它将作为一种旅游体验丰富游客的观感，也能令游客在用餐的过程中有更多增值的享受。

在吃的过程中增加"秀"（秀以地方文化、特色文化为素材基础）的体验，从而营造出"非常盛宴"的理想效果，将成为未来小镇打造深度"吃"文化的一种理想方式。

二、小镇需提供个性、多元的住宿体验

"住宿"是旅游六要素中直接关乎游客群体是否愿意停留下来品味其他旅游元素的核心环节，如果"住宿"上无法满足消费群体的需求，则其他的旅游环节就会受到极大的冲击，甚至会停摆，尤其是"游、购、娱"等发散性体验内容将受到影响。

当今时代，酒店住宿行业整个客源结构发生了极大的变化，大众消费时代的来临，倒逼着大住宿业改变创新以迎合消费者的体验需求，引导着整个行业的市场细分、品牌细分和体验感细分，为人们提供更加个性和多元的住宿体验，可从如下几个方面解读。

（一）旅游小镇住宿的多元化

经过短短三十多年的发展，我国酒店行业从零开始，有了标准化的管理系统和经营理念，在客户服务方面也有了标准化的服务模式。但标准化酒店所提供的千篇一律的服务内容，已形如我国城市的形态——"千城一面"，在酒店行业则有了"千店一面"的不良口碑，多元化的酒店住宿在丰富旅游体验方面藏着巨大的需求。

近年来，多元化、生活化已经成为了各酒店企业争夺的主战场，旅游小镇应围绕客户的体验需求出发，在酒店服务上不设限，在内容上频频跨界创新，在理念上更贴近消费者生活。为消费群体提供多种多样的住宿体验内容，比如不拘泥于常规的住

宿，提供一些人们从未感受过的住宿内容。

比如，树屋居住、洞穴居住、古典古宅住宿或高空住宿、水底住宿等等。

树屋是一种盖在树上的房子，充满童话梦幻和森林原野的气息，特别受年轻消费群体和家庭的欢迎。在瑞典北部拉普兰地区，风景迷人的哈拉斯村就有一个非常有特点的树屋酒店，这个奇思妙想来自奥格森的一部纪录片《Treelover》，影片讲述三个人从城市逃离，开始寻根之旅，因为对家乡的热爱，他们共同建造了一座树屋。树屋的神奇体验对于游客来说属于完全另外一个世界的感受，满足大男孩的儿时梦想，满足少女们的魔法幻境。

而洞穴居住又是另外一种神奇的体验。现代都市生活烦嚣，旅行时总会想返璞归真，如果能够回到原始人的生活方式，住在穴居的岩洞内即是一种神奇的体验，这样有特色洞穴酒店在沙漠和山地地区比较盛行，要求是当地的气候较为干燥。英国一家媒体评选出全球最具原始风味的洞穴酒店，其中包括有一家澳大利亚由矿井改装而成的洞穴酒店，诞生在世上最豪华的矿井内，酒店内有50间套房，清凉的地底洞穴房间可谓最佳避暑胜地；以及一家在牙买加的，被誉为最古色古香的洞穴酒店，这家洞穴酒店居于沿海岩层上，客户可以直接到海岩下的游泳池去游泳；还有一家在土耳其的洞穴酒店，这间酒店隐身在岩石之间，恍如置身世外桃源。洞穴套房装饰得很具浪漫格调，酒店房间有"精灵"的美誉。房间的四周还有不同形状的洞穴分布。

古典古宅在我国近年来发展火热，它的突出特点是"修旧如旧""古材新用"以及"旧景新造"，酒店选址于当地有浓厚历史感的旧古典住宅，在经过一番深度、刻意的修复之后，使之以全新符合现代人审美需求的空间布局、灯光布景方式呈现给现代消费者体验。最具典型的便是"花间堂"，花间堂在传承与保护当地人文特色方面有自己独特的古典做法，以两座江南花间堂为例，苏州花间堂·探花府落址于咸丰二年探花、晚清重臣潘祖荫的老宅之中，同里花间堂·丽则女学同样选择位于历史轮回里的，其脱胎于民国初期江南古镇第一所女子学校的丽则女学，每一处花间堂仿佛都在诉说着一段流光溢彩的往昔岁月。

古典古宅在我国近年来发展火热，酒店选址于当地有浓厚历史感的旧古典住宅，在经过一番深度、刻意的修复之后，使之以全新的符合现代人审美需求的空间布局、灯光布景方式呈现给现代消费者体验。

（二）旅游小镇住宿的人文感

小镇住宿自古便是一个富有人文感的产业，追溯最早的小镇住宿模式可以至古代的驿站时期，古代驿站可将全国各地区联系起来，过往驿站的文人墨客、朝贡使者、商贾官人，通过驿站来往各地，可以使得各名族的习俗相互交流，吸收与融合，并随着驿站的不断发展延伸，不仅使得我国的内部文化得到融合发展，甚至跨越了国界，东西方文化也得到了积极的促进和发展。具代表性的古代丝绸之路就是促进文化交流的典型代表，其沿途设置非常多的驿站，跨越多个省份，从古代的政治文化中心（唐朝的长安）一直延伸到邻国他乡，人们日夜兼程，在驿站中休憩、交流，甚至贸易。

"一驿过一驿,驿骑如流星;平明发咸阳,暮及陇山头……"唐代诗人岑参的《初过陇山途中呈宇文判官》,形象地记述了唐代驿站的繁忙景象。古时的驿站为各地交互的物流重要通道,带动着人口的流动、聚集,以及商贸的发展,在其发展史上起着文化交流、商业交汇、文化聚合的重要作用,这与如今的商业客栈从某些程度上来说,功能是一致的,现今小镇的客栈表象功能是提供商业、旅游人士过夜的住宿场所,从深层的社会功能和文化功能意义上来说,也与驿站意义相同。

小镇住宿的人文体验可以表现在小镇在规划客栈时的原始创意,结合小镇本身的历史文化、特色文化,传承并展示文化的特色,使人们入住的时候能第一时间感受到本地的人文风貌,并能快速融入;此外,客栈的人文还表现在为入住的客人营造更多人文交流的机会、场所和服务,如今我国很多旅游城市的客栈都非常具有促进交流的特点,有的客栈会非常注重酒店大堂的个性化和人文设计,会考虑将大堂设计得比较窄,成一个院子或温馨的读书吧,使天南地北的客人坐下来能相互看见对方,并且产生相互交流的欲望。

(三)旅游小镇住宿的个性化服务

80后、90后的年轻消费群体已然不太在意高级五星级酒店的奢华场景和千人一面的服务模式,他们对于机械化、条理性、标准式的服务不太在意了,这也是近年来大型五星级酒店市场份额下降的有力证明。年轻群体更加乐意接受有温度、有厚度的服务模式,他们更希望入住规模较小的,能清楚的知道掌柜是谁,是什么性格,用什么样语言交流的小型客栈或酒店,并且他们希望服务员与他们交流的方式更加平等,具有个性化的语言和独特的服务,这或许也是两年来 Airbnb 分享式住宿获得高速增长的原因。

针对年轻群体的个性化要求可以做哪些尝试呢?"酒店+X"会是一个非常可行的执行概念,"X"是一个未知元素,可以代表与酒店相关的任何新生事物和关联产业。比如为情侣入住打造酒店+影院的模式,提供不同主题的私人电影客房,做电影与酒店的跨界融合,使酒店成为一个有"故事"的酒店,这样的酒店客房还能开主题派对，做电影发布会，拍摄电影及搞电影主题美食活动等等；为有童话梦想的孩子们打造酒店＋梦幻仙境的主题酒店，围绕孩子们喜爱的动漫IP、传说故事打造能够变换场景的梦幻酒店，让孩子如同住进了动画世界里；为有音乐喜好的年轻群体打造酒店＋音乐的模式，住在酒店可以进行音乐Party，看演唱会，参与酒店组织的音乐活动等。

小镇住宿要重视内容的创造，个性化的预订、个性化的布草、个性化的餐饮、个性化的布景等均需关注到。

具备以上三点的小镇住宿从一定角度上来说，达成了被现代消费群体"喜爱"的基本条件，但是如果要受到游客的热烈欢迎甚至痴迷如同"中毒"一般，客栈还需具备更多的元素，这些元素需对真实的消费客群和消费场景进行深入的分析和模拟，并绝对熟悉了解入住的客户群，尤其以80后、90后为核心群体的消费群，这是一群跟以往酒店消费者有极大区别的人群，独立的意识形态和消费触点令他们如此与众不同，而他们中也会分化为各种类型的群体，如文艺一族、屌丝一族、"丧"文化一族、颜值一族等等，对这些人群的再细分将有利于客栈在经营中占领更加细分的市场，客栈需要令它的潜在消费群体真正地喜爱到近乎"中毒"的状况才能赢得巨大的市场份额。

三、小镇应为人们提供更有温度的"行"

大如小城，小如街市，远离都市繁华，却不乏市井里弄的韵味，虽偏居一隅，却从不乏人气，这是世界各地特色小镇留给旅游者们的最深印象。特色小镇设施齐全、景色动人，又各自蕴涵丰富的文化内涵，在它作为一种人类居住形态和生活方式呈现的同时，它还被视为一种宝贵的旅游资源和文化形态，备受青睐，引得游人纷至沓来，乐而忘返。但是，不能忽略一点，人们感知小镇形态和景观的方式，80％需要依靠双脚来丈量，用行走的方式贴地、紧凑、实实在在地感受小镇的温度和内容。

与大城市相比，小镇之所以小，除了整体体量的微观，在道路系统上也更为简单而直接，大城市中有高速要道、城市主干道、环城快速公路以及形形色色的宽大的主干道，错综复杂。而小城镇往往只有几条供到达小镇区域的主干道，一般来说为国道或省道，但当道路抵达小镇主要出入区域之后，进入小镇的方式似乎应该将车辆停留

传统旅游的六要素——吃、住、行、游、购、娱在新的体验经济下将发生巨大的变化，在旅游活动中，游客需求的不再只是物质结果，而是一种不同寻常的经历或感受。

在外面，而更换为人的步行或更加绿色环保的交通工具（如自行车），这样的道路模式才属于小镇。

此外，小镇鲜明的特色与强烈的地方文化除了取决于建筑风格、独特的自然环境、城镇格局、城镇轮廓景观、日常和季节性的活动之外，城镇的道路系统，人行开放空间以及道路景观也是起决定性作用的内容。

"城市和广场构成了我们所称的公共空间，这是对公众福祉的实体展现，当公共空间遭到侵蚀，公众福祉便受到损害。"——詹姆斯·霍华德·孔斯特勒曾经说道。城镇设计起始于街道设计，要造一座好的城镇，便需要好的街道，充满人文和温度的街道空间，使人们乐于行走在其中的空间中，街道也应当是安全而舒适的，应当有趣、美观，街道本身就是场所，这样的场所承载起了整个城镇文化的始末，有温度的行走空间拉近的是城镇冰冷的建筑载体和人们内心的距离。

街道是人们行走在小镇上最常用的空间,也是建筑与建筑之间的空间,是公共空间中最基础的开放空间,同属开放空间的还包括广场和公园。大部分的传统城镇设计艺术和城镇规划都需要明确一件事:将公共领域塑造和规划成一个行人愿意置身其间的地方。这样的空间需要场所营造的艺术,场所营造可以将街道空间打造成为一个民众乐居其间的舞台,只有当民众置身其间时,城镇街道才可称之为街道。

街道拥有一系列的意象和含义,也同样拥有一系列不同的文化,街道文化是空间温度的一种载体。文化也是城镇个性化的表现,世界上很多城市都不断致力于让街道更具个性化和人性化,在纽约,标志性的时代广场的一部分被改造成为了步行区。为了个性化,街道上的创新也层出不穷,在洛杉矶有人在公交车停靠站旁边的热闹人行道上安装了一张咖啡桌,桌子上海摆放着插着鲜花的花瓶。在人行道上的直立杆上安装可向下翻折的座椅,将路边的停车位改造成为可供人们逗留或让孩子们玩耍的空间。还有那些被允许在街道上兜售冰激凌和蛋卷的美食车,无不将街道文化彰显得更加人文、个性。

同时街道应有的感官刺激也能构成一个有温度的行走空间,所谓感官刺激主要是指街道两边建筑物以及其他固定的、半固定的和可移动的物品在街道上发出的听觉、嗅觉和视觉等多方面的感官因素,也包括建筑物内和街道空间内的各种活动。东方城镇街道和西方城镇街道在感官刺激因素上存在一些主要区别:东方街道主要提供听觉、味觉、触觉和动觉的感官刺激,而西方街道则主要提供视觉感官刺激。常规所说的有温度的感官刺激具体内容可体现为街道的风铃声、鸟叫声,街道两旁街道的叫卖声或店内的音乐声、人们交谈的声音、自行车的铃声等;还可以是街道上多种多样的气味,包括花卉和熏香带来的舒心的味道、香料和油的芳香、食物的味道以及偶尔混杂着人们香水和宠物身上散发的多元味道。同样,视觉方面,在拥有各种视觉形式的街道上让各种元素的形状、大小、图案和颜色做文章,比如在建筑体上的霓虹、墙面的彩绘、巨型的人偶、广告灯箱等等。人们需要在行走的街道上有这样的一系列的感官刺激，但是感官刺激并不是随意设置的，为了让街道有一个和谐的、具有识别性的外观和氛围，街道管理者还常常需要对街道上的感官刺激因素加以控制。

关于具体如何打造有温度的小镇街道，我们将会在后续的章节中做详细阐述。

除了有温度的"行"，更加多元化的"行"则能体现出旅游小镇的新奇体验。在旅游小镇里，很多"行"本身就被打造成了一种旅游产品，比如常常出现在土耳其格雷梅小镇上空的热气球就是一种观光旅"行"的独特产品，格雷梅小镇是世界上最美热气球之旅的三个目的地之一，乘坐五彩斑斓的热气球在小镇的上空中漂浮，这种感觉令太多人难以忘怀并趋之若鹜，在"行"这种体验开发上，格雷梅小镇打造出了它自身的独特特色，并受到了世界各地游客的欢迎。

索道是我国很多旅游景区或旅游小镇较为常见的一种旅游观光之"行"，坐上缆车索道往往可以短时间内跨越峡谷、高山、林海、雪原，通过索道可以领略很多地面交通无法观看到的景观，可以缩短景点与景点之间的距离，还能有效地提升景区或者小镇的游客接待水平，增加当地旅游收入，非常有利于游客的体验感提升和当地的旅游可持续性发展。

潜水也算是"行"的一种类别，很多在海边建设的度假目的地或小镇可以提供这种"行"的服务。在浩瀚的深海里深潜或在清澈的浅海里浮潜都是不可多得的旅游体验。而临近海小镇还能提供摩托艇、快船、游艇等具有多功能旅游意义的"行"，行的内容可谓多种多样。

随着科技的进步，更多虚拟的"行"开始出现在主题旅游区，通过 4D、5D 的技术营造，让人们在一个巨大的屏幕前，通过观看大屏幕技能感受到虚拟的穿梭时光、穿梭空间的"行走"感，而这样的行走方式可以突破空中飞机、海底潜艇的视角，真正地带领游客感受上天入海无所不能的"行"体验。

四、小镇"游"体验的多姿多彩

到访小镇，本身即是一种"游"。游览小镇的模式又可以分为很多种，有的人以当地的建筑特色和风土人情为需求点，着重观光旅游体验；有的人以当地提供的主题游乐设备为需求，着重体验机械游玩、设备娱乐；还有的人是综合性的，追求复杂的旅游体验，比如寻找更多户外的刺激，不可思议的旅程，或者仅仅是为了住一间客栈。"游"的范围很广，涉及体验感的其实都可以称之为"游"的内容，不过为了区分小镇其他功能，我们将由小镇延伸，及与小镇相关的参观或游玩景点、模式作为游的重点阐述内容。

小镇街道或小镇本身就应是人们游玩的核心景点。小镇本身是文化的代表，任何小镇一般都有深厚的文化作为其内涵，文化表现在小镇已有的建筑形态，如古老的书院、景观楼、具有历史人文意义的各种建筑，这些建筑形态就构成一个小镇的观光内容，不管从视觉角度、听觉角度均可以打造成游客体验观光的点。事实上，小镇也的确需要这样考虑，为游客提供文化观光应作为很多小镇的建造初衷。

小镇周边的自然资源应加以开发成游玩景点，除了观光建筑之外，小镇的某些独特的自然资源或相关联的景观也是提供游客观光旅游的内容。如小镇附近的森林、河流、山川、瀑布以及各种天然景观，这些在小镇周边的自然资源无疑将成为小镇的瑰宝和财产。在北欧，世界各地的游人酷爱造访当地离北极圈更近的小镇或村庄，仅仅是为了近距离观看诱人的北极光，如罗瓦涅米北极圈圣诞老人村就是一个如此特别的地方。同样，人们选择到访加拿大和美国的尼亚加拉城也都是为了去世界最著名的瀑布——尼亚加拉大瀑布看看，美丽独特的自然景观是尼亚加拉城引人入胜的地方。

小镇的人文风情和庆典活动是游玩重点。观看街道上的表演是小镇上最典型一种游玩方式。对许多人来说，公共空间的街道就像一个舞台，人们可将其作为一个游玩项目参与其中，也可以在这个舞台上扮演自己的角色，展示自己的才华和技能，是一种非常好的互动游玩平台。尤其当举办特殊活动时（诸如庆典活动，游行活动），小镇上精彩纷呈，一片欢乐的海洋，游客参与其中能获得超乎预期的快乐体验和角色体验。

笔者从业旅游多年，并在主题公园、度假区的经营管理中得出非常多类似经验，往往一个主题公园每天最热闹、最繁华的活动，也是最多人共同参与的活动就是主题游行活动，这样的主题游行活动包括花车游行（如宋城主题景区长期举办的活动）、庆典游行（如迪士尼的庆典活动）等，可见旅游者无论是个体还是团队组合都非常喜欢这项游玩体验活动。

在巴西乃至很多其他国外城市主办的大型狂欢节及与狂欢节有关的大型庆典游行活动，参与人数往往最多，而且这样的活动举办经久不衰，甚至一年比一年更加盛大，庆典活动能激发整个旅游小镇的热情并获得全面的关注。小镇要有大型的庆典游行活动，尤其是以旅游作为核心主题的小镇，盛典游行活动将聚拢人气，使人们度过一段欢乐的时光，并在时光中记忆深刻。

小镇里的游乐设备将为游客提供机动游玩的体验。随着我国主题游乐园的不断增多，游乐型主题公园正在逐渐饱和，现代消费群体出游对于游乐设备的体验需求已经降低了很多。但是，有些旅游群体仍旧希望在小镇目的地除了有特色的地方文化外，还能有游乐设备的存在，尤其是年轻群体及年龄更小的儿童群体。在机动游戏设备中可以体验到惊险刺激的肾上腺素飙升的感觉，特别是当小镇里配置了跳楼机、过山车及矿山车等机动游戏设备的时候，无疑将成为年轻消费群体的争相体验的游乐方式。

年轻群体对于刺激的追求越来越热烈，西方传统的万圣节和中国传统的鬼节都已成为主题公园、主题游乐园必然提供的一种惊悚体验，鬼屋、魔法屋、妖魔鬼怪的游行等方式都已得到了市场的验证，事实上，很多主题公园也在这些节日里的营业收入都是高速增长的。

五、小镇提供有形和无形的"购"体验

小镇旅游的商业化从某种层面上来说是一个比较敏感的话题，因为商业也需要分模式和体验感，我国有太多被高度商业化毁坏了原有体验感、意境的旅游度假小镇，典型如丽江，原来的小桥流水和雪山情愫逐渐被高度商业化的灯红酒绿、义乌卖场替代，每一条街都高度商业化，售卖的内容重复而无新意，满街的小贩吆喝和售卖的环境，令人为之心痛。

提供适当的商业本身也是一种旅游体验，但是太商业化，毫无体验感的商业则会是一种痛。

旅游小镇的商业场所起着一个非常重要的作用，即为小镇居民、到访游客们提供相遇、相知、相识的场所，所创造的偶然的相遇应该引起对话、闲聊、沟通和短暂的低强度接触发生，在这样的接触过程中，游客们可以获得文化、时尚和独特生活方式的认知、学习和解读。所起的作用是促进小镇与游客的互相了解，并且引发游客的高度认同，将商业环境、商品、商业服务与小镇整体融合为一体。

游客的小镇"购"应该分为两种，一是有载体的购物，能够体验地道的商业服务环境，买到独特的商品。

小镇购物不能是大卖场，大型商场、超市本身是属于生活配套、城市配套的内容，如果出现在旅游小镇则会显得格格不入。事实上，小型甚至微型商铺能够更好地体现小镇的商业温度，相比大型的连锁商超，小型商铺的社交和空间特征能够让街道环境显得更加友好、时尚、有趣，更具吸引力、更有利于社交活动的展开，小型商铺甚至可以说是决定小镇社交性和活力程度的关键因素。

人们更喜欢小商铺的原因不仅仅是因为小商铺里的商品和服务质量更佳、更具多样性，店员更加友好，同时还因为它的独特性，整体外观、氛围、文化感以及它们作为社群聚集场所的角色，很多时候，小商铺的特色基本代表了一座小镇的全部特点。

对笔者来说，了解一个城镇最直接的方法，除了食物就只有那些街边的商店了，无论中外，称它们为"城镇的门面"一点儿也不为过。每个城镇的特点基本可以通过浏览街边的店铺而获得大致的了解，比如在成都的街头，走进宽窄巷子，除了地道的美食之外，还有很多拥有成都特色的小商店或街边小铺，这些小店销售具有成都特色的商品，如兔头、采耳以及核桃雕等。去到丽江，感觉又变了，这里有街道上轻快而又清脆的手鼓声，街道上的手鼓店众多，同时当地的美食——"玫瑰花饼"也是别的地方所没有的，而极具民族特色的服饰，如蜡染也独一无二，以及本地非常有特色手工艺坊，比如当地的东巴纸坊、纳西独有的马帮铃铛手工艺坊、铜锅坊、皮匠坊等等，这些都在别的城市看不到。

　　同样在纽约街头，作家 James and Karla Murray 的图书《STORE FRONT》清晰地描绘了"纽约的门脸儿"，记录了一个时代的记忆。它们有着漂亮的字体设计、个性的涂鸦，夜晚后还有着绚丽的霓虹灯效果，各种样式的橱窗设计，每一个门面都犹如一幅生动的海报，尽情地为店铺做着宣传，有快餐店、咖啡厅、发廊、杂货店、酒吧……具有独特的纽约范。

　　小型商铺更有生命力，更具温度，显得更加友善，更有相互交流的欲望，店铺内的商品陈列，甚至商铺门口的街道上的空间都得到了更加精心的打理，这些特征让街道更加有趣，并能为人们逗留和与朋友会面创造更好的条件。

　　随着互联网经济的发展深入，现代商业社会也已有了非常大的变革，常规的那些无个性特色、无文化特点的普通的商铺正在经营困难，房租上涨和网上商店的崛起造成普通商铺的营业额下滑严重，一些更具重要人文意义的商铺和具有自己独特个性的商店（如独立书店、手工商店、特色咖啡馆）逐渐在街道上出现，而这种现象在旅游主题小镇更加明显，这样的商铺如果在体验感和个性化上加以雕琢，便可以成为非常具有特色的情景式商业。

　　情景式商业比普通的小商铺确实更加受人

情景式商业比普通的小商铺确实更加受人们的欢迎，因为其颜值更高，独特性更强，吸引力更佳，更为亲切，更加周到。

们的欢迎，因为其颜值更高，独特性更强，吸引力更佳，更为亲切，更加周到。情景式商业通常提供独一无二的服务和商品，典型如丽江的大研古城小镇，这里的每一条街道都布满了情景式商业，每间店铺出售的商品和服务都具有自己的风格和特色，它们营造了浓厚的独创性和文化氛围，进入到每一家店铺都像进入了到了一个个性化的体验空间，带给顾客的购物体验都是无法取代的。这些情景式商店以独特的风格经营和服务人们，成为了人们向往的地方，也增添了小镇街道的多样性和吸引力，为人们提供更精彩的商品、服务和环境选择。

关于小镇"购"的另外一种模式，我们称之为精神层面的购物体验，也叫无形消费。这类体验往往与实体商业无关，即人们买不到可以带走的，能装入行李箱的商品，人们将买到一种感觉、文化盛宴抑或是观看了一场演出。

除了实体商业外，更多精神层面的商业形式活动也可以在小镇上发生，它将强化游客们对于小镇文化的体验感，也能强化记忆。比如与文化、时尚相关的发布会，即时尚发布仪式、时装展、婚庆时装秀及其他类型的发布秀，秀场的策划与发生将构成小镇的一场隆重的活动，这类活动将引发小镇上的所有人的集体关注，并将围绕活动的主题、内容互相交流，发表自己的意见，并参与其中。秀场从某种意义上来说，又会返哺小镇的繁荣，为小镇带来强大的人气和生命力，如同小镇的剧场秀一样，它也可能成为一个单独的品牌。就好比如法国戛纳小镇每年都会举办的各种世界级时尚活动，也是世界著名的文化派对，这些活动已经为戛纳起了顶级的品牌背书作用，对小镇的发展起了巨大的作用。

而小镇的表演秀、演艺是游客可"购"买的另一种独特体验。很难说，旅行的意义到底是什么，但有一点可以确定，游客需要在一既安全又有氛围的环境里，真正放松下来，放空自我。游客花费时间、精力、金钱所购买的就是这样的一个体验过程，并希望增长文化阅历、知识阅历。旅游演艺即是提供"阅历"体验的一种最直观的方式，旅游演艺项目所售卖的，首先是演艺作品，一部演艺作品由编剧、视觉、舞美、音乐、人物、情景等多元因素构成，还包括观看环境营造，将小镇所在区域的文化、地理以视觉、听觉、嗅觉等综合的体验方式呈现，为游客创造欢乐，创造记忆，创造新奇独特的体验感，旅游演艺是一个提供新鲜体验和丰富阅历的可"购"产品。

但是，小镇的演艺又不同于常规剧场式、舞台式的大型演艺，它更重要的使命是让普通游客获得互动欢乐和文娱享受的心灵体验之旅，演艺过程中与观赏者互动成为了小镇街道演艺的重要使命。演艺范畴的互动方式包括空间互动、人影（像）互动、体验式观演互动及活性演出互动四种不同的类别，我们将在后文小镇演艺的章节中做细致描述。

提供无形消费是小镇创造游客价值的重要手段，小镇任何的环境、氛围都在为游客提供无形的消费内容。比如颜值高、社交指数高的咖啡馆就不仅仅是一个卖咖啡的地方，它能促进小镇的持续社会行为关系，咖啡馆往往有非常令人舒心的布景，在街景与商业环境的布置上苦下功夫，为人们营造了适宜持续交流的场所。不管是恋人、朋友还是亲人共聚在咖啡馆，在一个舒适的环境下，都可以敞开心怀交流。这种无形消费带给人们感受人文温度的体验。

人文温度可以从爱情、亲情和友情的角度来细分，无形消费仅仅围绕人们的情感来开展，也能发展出更多有形产业，使小镇的可"购"内容更加丰富多彩。

从爱情的角度看，人们常说有爱情的城镇，才有灵魂。诸多经典的电影，如《罗马假日》《卡萨布兰卡》《苏州河》《重庆森林》《巴黎我爱你》《泽西女孩》《迷失东京》《西西里的美丽传说》《魂断蓝桥》《布达佩斯之恋》《爱在暹罗》《托斯卡纳艳阳下》《Kaili Blues》《广岛之恋》《再见，金华站》，这些经典永恒的爱情电影让我们记住了一个城市或城镇。没有爱情，城镇就像没有星星的天空一样暗淡，拥有爱情，城镇就像星空一样璀璨。

具有爱情指数可以说是对于一个小镇非常高的评价，且是浪漫主义的一种评价。这样的评价说明小镇在为人们最美好的一种情感发生营造了非常适合的温床，这种无形消费最受欢迎。小镇的爱情消费可以有很多种，以爱情的阶段分类，可以分为相识、相恋、结婚等三种基本阶段，为每一种阶段设置相应的体验内容能使小镇拥有完整的爱情消费产业链。

相恋阶段的恋人有增进相互了解的需求，希望共同营造美好回忆。小镇为满足游客的这种无形需求，可以设置更多情景商店、电影院、舞台剧院等产业内容。旅行本身也是增进爱情的一种重要形式，小镇多姿多彩的情景式商业将会成为恋人们非常美好的去处，在小镇的街道上购购物，闻着小镇芬芳的花香，你侬我侬，情感升温，或在小镇剧院里看一场演绎爱情美好的秀，看一场爱情主题的电影，或是在小镇的手工艺坊里共同制造一个属于他们独特记忆的手工艺品，这些都将成为人们爱情的美好回忆，在未来，他们将在回忆中记得小镇的美好，极有可能携带爱情的结晶——子女们再次回归小镇，重新感受曾经的温存。

到了结婚阶段的人们来到小镇，需要小镇帮他们完成爱情的长跑，小镇的确具备这样完整的婚庆服务产业发展基础，从新人的婚纱摄影到婚庆庆典，均可以在小镇完成。简单如婚纱摄影，小镇在营造街道环境和氛围的时候即可以考虑从高颜值的方式切入，营造唯美的环境，打造甜蜜小镇、异域风情，并配套花园、花海、教堂等相关内容，小镇的年轻新人可以在小镇上就获得非常漂亮的婚纱摄影素材。

日益增长和爆发的婚庆市场，让很多小镇看到了未来婚庆旅游的爆发力。当下，很多小镇沿着既定的目标，开启了婚庆产业链的一站式服务整合，以"蜜月"度假模式为主导的婚庆产业链打造正在如火如荼进行中。

第二是关于亲情，亲情已经越来越受到人们的重视，家庭成员的和谐与爱的感情也可以通过小镇上的"购"体验来获得增进。想象一下当下时尚大热的亲子游，如果一家人（携带着可爱的孩子）来到小镇，他们会需要什么样的服务和内容呢？

具有传统家庭观念的我国消费者往往特别重视孩子的需求，一次旅行如果带上孩子，则必须考虑他们的娱乐和玩耍，他们的角度非常重要。儿童对小镇的理解不同于成年人，儿童们更喜欢在小镇街道上嬉戏玩耍，儿童绝对不是为了购物或者休憩而来到小镇上的，他们的目前简单而单纯，就是为了玩耍。所以小镇应该在儿童玩耍的需求下配置必要的游乐场或娱乐天地，游乐场里的海盗船、碰碰车和小型跳楼机都将是儿童们喜闻乐见的大玩具，在这样的场所里玩乐是他们一天中最开心的时光，也将是父母陪伴孩子的快乐时光。

除此之外，如果小镇上有符合儿童期望的卡通 IP 形象也将会是一个非常不错的内容。就好比如日本熊本县的"熊本熊"，显然，这只熊现在已经超出了儿童喜爱的界限，更多年轻人和大人们也都喜欢这只熊，但是儿童们对它的喜爱却更加的真实和天真无邪，如果每一个小镇都有一个自己的形象 IP，那么这些小镇也就拥有了独一无二的知识产业和品牌知名度，一个动漫 IP 也会产生非常庞大的商业"购"体验内容，诸如商品、玩具的开发，主题餐厅等等。

第三是关于友情，从友情的角度出发，需要更加关注年轻群体的社会行为，年轻人一般会三五成群的邀约到访小镇，或在小镇生活。友情是年轻人最重要的一种社会关系，其社交领域里，往往会将友情排在第一。而年轻人的友情社交在小镇里又可以怎样体现呢？

更多的娱乐休闲场所是他们培养友情的重点，前面说到的咖啡馆也是年轻群体沟通友情的一种重要场所，除此之外，年轻群体也需要互动交际的地方，诸如手工艺坊，餐厅，图书吧，小酒吧等。这些场所的消费将为年轻群体提供更加丰满的社交体验。

六、小镇需提供多时间维度的娱乐体验

小镇中的"娱"体验有时候与"游""购"容易产生混淆，事实上，"娱"体验也伴随着游玩和消费的产生，很难在严格意义上对三者进行区分。但是游客对于"娱"的需求，从出发点来说又与前两者有很大的区别。"娱"虽然也属于小镇体验的一部分内容，但是"娱"更强调休闲和娱乐，属于人们在游玩或购物消费体验之外的，拥有更多自由支配时间的娱乐休闲体验。

比如，在小镇游玩观光的过程中，游客经历了一整天的过程，已经产生了视觉疲劳和身体疲态，待回到小镇住宿的时候，他们期盼有休闲娱乐的场所能够缓解疲态；在人们小镇购物之余，人们希望能有其他独特的体验方式能够得到放松。前文中我们提到了酒吧和咖啡馆，从其功能意义上来说，这些都是属于"娱乐休闲"体验的重要

场所。

如果按照时间维度来区分，人们在小镇的娱乐体验可以分为白天和黑夜，白天的娱乐休闲与小镇提供的基础休闲服务设备相关，如小镇的娱乐城、游乐场或游乐设备，体验超级炫酷的VR\AR体验馆，完成一次过山车之旅，甚至坐一趟海盗船都属于白天的娱乐内容。小镇的电子娱乐系统也是构成小镇娱乐的核心内容，如电竞娱乐。电竞娱乐随着当下时代的发展而正在快速发展，互联网、虚拟现实、生物科技、无线网等基础助力电竞产业有无限想象空间，而且电竞娱乐已然成为了目前年轻群体的主要娱乐载体。小镇的电竞娱乐模式主要有三种。其一为电竞娱乐场所的经营，为年轻群体营造更多电竞娱乐环境（不只是简单的开设网吧），诸如引进VR、AR等虚拟现实的相关娱乐设备和电竞游戏，让年轻人在这里自由发挥。其二是电竞赛事，引进或自己经营电竞赛事也是年轻消费群体选择娱乐的一种主流方式。举办电竞赛事现在已经是欧洲很多小镇的一种新的产业，电竞赛事甚至会吸引全球各地的年轻群体的关注，2015年英雄联盟全球总决赛的比赛地点就分布在巴黎、伦敦、布鲁塞尔周边的一些小镇，赛事引入了全球级别的媒体直播，可以说是一个盛大的活动，小镇的人流也是百万级别。其三是发展电竞延伸产业，诸如电竞直播、电竞游戏开发、电竞经纪等相关产业，试想一下，如果一个小镇发展成立了自己的独立战队，就好比如欧洲足球赛事的队伍一样，它将获得小镇年轻群体的热烈拥戴，并引发氛围关注，为小镇的年轻群体提供富足的话题，利于年轻群体的多维娱乐方式的开展。

小镇的晚上娱乐则内容更为丰富。首当其冲的便是前文中一再提到的旅游演艺，演艺通常是现代旅游规划运营者为游客规划建设的重要娱乐内容，也是构成旅游目的地夜间娱乐的核心产业。以法国狂人国来说，其主体娱乐内容便是演艺，白天演小场，夜间演大场，白天的演艺秀非常多，如有《胜利的符号》《圆桌骑士》《凡尔登的爱人》《长矛的秘密》等，其白天演艺可供游客选择，不同的时段可以选择观看不同的演出，也能在同一时段选择不同的演出。但是当夜晚到来的时候，其演出便成了唯一，其夜间秀《火之风琴》大受欢迎，演出在湖面进行，演出者伴随着巨大的喷水头、古典乐、芭蕾舞女演员和喷火的风琴，这个演出被称之为到狂人国必看的演出，夜间的上场率几乎达到百分之百，预订票务要提前三个月甚至更久。

演艺作为娱乐体验，还有非常多样的表现形式，也可以融合其他产业内容，如与"吃"的融合，"吃"本身也可以作为一种演艺形式进行展现，将吃的菜品的制作流程进行分解展示，结合艺术和演出的表现形式，在吃的现场展现给游客们看，就是一种"吃"的演艺。演艺也能与"住"相融合，将演艺与客栈相融合的方式多种多样，比如客栈大堂的表演，游客可以在大堂就看到体现出当地文化特色的茶道、棋道、书法绘画艺术的表演，或在客房过道、客房里的阳台就能看到情景剧目式的表演，并能邀约客户共同参加。

夜间娱乐体验除了演艺之外，还包括电影娱乐、酒吧娱乐、温泉 SPA 娱乐等多种类型，不一而足。

综合来说，吃、住、行、游、购、娱所呈现出的内容均与体验不可分离。体验经济时代，如约瑟夫·派恩和詹姆斯·吉尔摩所言，经营任何产业都好比如经营着一个巨大的舞台，每一幕、每一个道具、每一个演员都需要考虑观众的需求，"工作即演出"的观点强调，要对小镇里的每一项工作赋予表演的性质，最大程度地展现在游客面前。体验经济赋予了小镇吃、住、行、游、购、娱与众不同的发展形式和内容，小镇经营者需给予足够的重视并谋划通盘考虑，关注小镇真正的体验人群，关心人们有什么样的行为需求和情感需求，打造符合现代人需要的小镇内容。

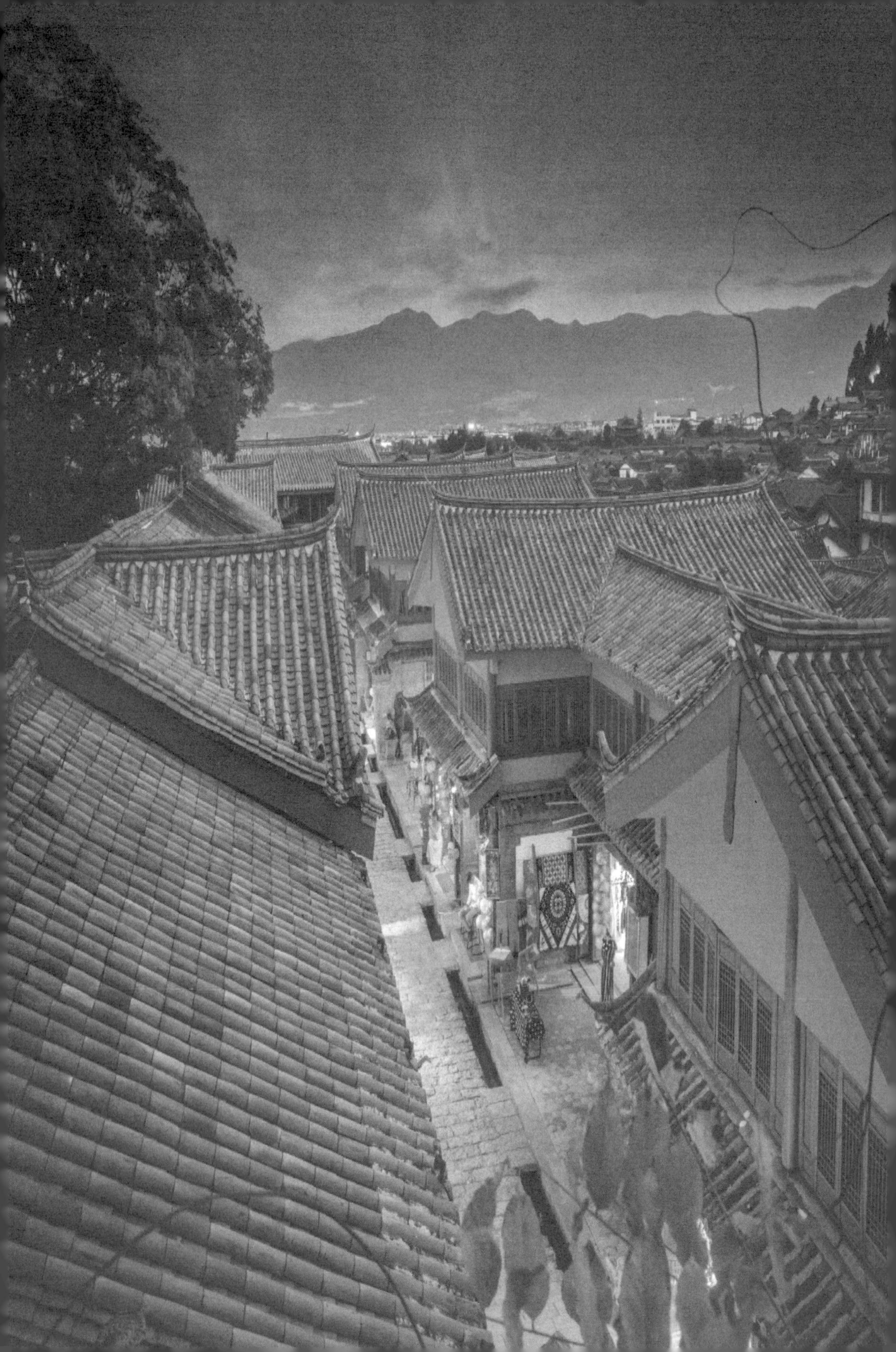

第四章　小镇设计

　　小镇，是一个有故事、有情怀、有底蕴、有吃喝玩乐的地方。小镇的设计，是对文化进行传承和保护，融合特色鲜明的产业形态，注入丰富多彩的产品体系，完善便捷舒适的设施配套，让文化、游憩、生活相得益彰，打造集生态、生活、生产于一体的"三生综合体"，最后形成三个大世界：一个"博采众长并别有风情"的文化世界、一个"陶情适性并流连忘返"的游憩世界、一个"黄发垂髫并怡然自乐"的桃源世界。

小镇，是一个有故事、有情怀、有底蕴、有吃喝玩乐的地方。小镇的设计，是对文化进行传承和保护，融合特色鲜明的产业形态，注入丰富多彩的产品体系，完善便捷舒适的设施配套，让文化、游憩、生活相得益彰，打造集生态、生活、生产于一体的"三生综合体"，最后形成三个大世界：一个"博采众长并别有风情"的文化世界、一个"陶情适性并流连忘返"的游憩世界、一个"黄发垂髫并怡然自乐"的桃源世界。

　　在打造小镇的过程中，设计既是灵魂又是血肉，有风格、有文化、有特色是小镇的灵魂，有动线、有空间布局、有清晰的组团设计就好比如小镇的骨架和血肉，想要真正打造一个符合人们预期，并且能满足现代人消费需求的小镇，必然需在设计上苦心雕琢。

旅游小镇的三个世界

　　旅游小镇是一个生命体，是一个生命鲜活的生命体，它有骨骼、相貌、血脉、呼吸和灵魂。其中小镇的肌理结构是骨骼，建筑风貌是相貌，业态是血脉，生活和旅游活动是呼吸，文化是灵魂。任何小镇的规划建设都要有清晰明确的目的，与文化密切相关，离开文化的旅游小镇就缺少了生命力。与游憩功能诉求相同，小镇是所有人游玩休憩的最终场所；与社区生活不可分离，小镇既是旅游的景区，也是生活的社区。从这几个种层面来说，打造一个旅游小镇就是打造三个独特的"世界"空间。

一、文化世界

借天时地利之势，融合自然资源、人文资源和功能资源。

寻找出小镇独有的文化特色，这个文化特色必须是能引起游客共鸣、具备人格魅力、能形成产业生态、且能不断变化更新的。而旅游小镇所拥有的本土文化特色，能转化为旅游小城镇独特的品牌形象。众多的古村落、古建筑群就是能生成小镇形象符号的文化载体，建筑中所特有的元素让游客感受到地域的独特性和唯一性，此元素就成为了小镇的形象符号。就如同看到"黛瓦、粉壁、马头墙"等建筑特征就想到徽派建筑一样。

除了建筑中的文化风景，还有商业中的文化风景，商业设施除了承担吃、住、游、购、娱等基本功能，还承担文化展示、文化体验、互动交流、游览体验等复合功能。每一条街区，都是一幅人文画卷，每一个店铺，都是一个人文景点，都是鲜活的文化存在。

二、游憩世界

强化特色文化内涵和外延，融合音乐、影视、动漫、游戏、文学等泛娱乐产业链，加上精彩的故事情节和有吸引力的表现形式，通过把传统产业注入新鲜活力，丰富血脉，提高小镇的凝集力。发展主题娱乐、科技旅游等新兴业态，融入有吸引力的游乐产品体系、有品质的旅游服务体系、丰富的旅游消费内容、精彩的旅游节庆活动，打造观光、度假、休闲、游乐的游憩世界。

小镇要力求"活而新"，不能沿用老思路、老办法，必须在探索中实践、在创新中完善。

三、桃源世界

做好城市级设施配套，改善居民生活环境，完整化社区生活。

特色小镇的打造，须与产业规划统筹考虑，小镇的繁荣，须有产业去支撑。壮大实业，提升地方经济实力，也让当地居民便利化就地就业，以提高居民生活水平。

小镇的规划设计，既要讲好故事和概念，又要组织好功能和路线。除了故事元素的诠释和组织，小镇的塑造需要时刻关注游客的体验感，因此，规划层面的结构和尺度把握显得尤为重要。在景观打造与建筑设计方面，大体系与小细节缺一不可，目之所及和手之所触才是一个真实存在的小镇。自然景观与人工建筑必须要浑然天成地融合，这样，厌倦了大都市生活压力和喧闹的人们，才会选择在一个小镇发呆、游玩几日，享受那里的淳朴与恬静。

小镇的框架

关于框架，有两种定义，一种是整个或部分系统的可重用设计，表现为一组抽象构件及构件实例间交互的方法；另一种定义是可被应用开发者定制的应用骨架。前者是从应用方面而后者是从目的方面给出的定义。

从小镇的角度来看，首先，框架是为了小镇的发展和战略规划服务的，框架的搭建可以有序地进行规划；其次，框架是可以让小镇拥有的骨架，建筑和街巷得以串联。框架能够采用一种结构化的方式对小镇进行描述，也能将小镇固化。

旅游小镇的框架理应由一条主心骨街道连接各次街、小巷和建筑物，就好似人的脊柱一样，一条主心骨连接着颅骨、髋骨和肋骨，使得躯干得以支撑、内脏得以保护，形成一个完整的人体结构。肌理结构也是小镇框架的一种形式，结合文化主题的历史和地域特征，打造旅游小镇的肌理结构同样是构建小镇框架的核心内容。

以中国最经典的人文小镇为例，商铺、街道、祠堂、宅院、书屋、祠庙、戏楼等

构成了小镇的肌理要素，青石路面，蜿蜒街道、公共建筑与住宅紧凑有序又疏密结合的布局构成了小镇主要的肌理结构。欧洲中世纪小镇的肌理特征则是以教堂为中心向外进行自然布局。符合文化主题的肌理框架结构是旅游小镇人文底蕴的重要组成部分。

小镇道路规划设计

小镇鲜明的特色与强烈的地方文化除了取决于建筑风格、独特的自然环境、城镇格局、城镇轮廓景观、日常和季节性的活动之外，城镇的道路系统，人行开放空间以及道路景观也是起决定性要素的内容。

小镇道路的规划设计是如此重要，道路在小镇框架中的作用就仿佛人们体类骨骼的伸长作用，其铺设在小镇的各个角落，错落有致也错综复杂，小镇的道路既承担核心交通导流，也影响着小镇商业和各功能空间的布局。旅游小镇的道路是多功能的，它们相互之间有时甚至会相互矛盾，在规划时，需有统一的规划，按功能的主次进行协调。而旅游小镇的道路规划运用最广泛的，是在城镇发展史拥有长达几千年历史，无论中外，从近现代再到当代，都得到广泛采用的网格化布局方式。什么样的网格，包括路网密度、路幅宽度、地块大小等。才能够更好地适应小镇发展，则需要更加切实根据所在地域及地块特色来理解分析。

　　网格，又称为格栅或棋盘，是以两条垂直相交的坐标轴为基准的格状图式。城镇网格以网格状的道路正交规划为原则，划分城市的各个组成部分，街区为纵横走向，是典型的城镇形态之一。网格的使用可追溯至公元前 15 世纪，古代中国便有使用网格规划的传统，这种网格规划一直并至今都影响着我国城市的规划格局，这个传统可谓历史悠久。

　　在西方世界，城镇规划对方正网格的运用也非常早，从西方城镇发展史的研究中就不难发现，网格的运用几乎存在于每个历史时期。从公元前 5 世纪，希波丹姆（古希腊繁盛时期的著名的建筑师）第一次对几何状的棋盘式路网规划结构进行最早的理论表述开始，经过后来大规模设立城邦的希腊时期，古罗马营寨城的建设，到中世纪后期欧洲新城的大规模建设，以及文艺复兴时期网格与棱堡状城墙的完美结合，再到巴洛克时期古典主义将强调动感和景深的设计元素置于稳妥的网格基础上，至 19 世纪初期北美方格网城市的建设都能清晰地看到网格发展的历程。在西方世界里，以方格网的道路系统为骨架，以城市广场为中心，可以充分体现出民主和平等的城邦精神，这与我国的网格化道路设计的初衷有较大的区别。

　　在我国古代，城镇中运用网格最为典型的是古代都城的规划。如唐朝的长安、元朝的大都等，它们是中国古代最伟大的都城，网格的布局体现的是皇权至上、等级严格的宗法思想。都城多方正规则布局，中轴线对称，宫殿居中，左祖右社，前朝后市，旁三门，道路系统呈规整的方格网状，形成一套严整的规划制度。与西方密集网格模式不同，中国古代城市中虽然也大量运用网格，并且其相互之间表现出很强的相似性，府城、州、县城一般也都按同一制度布局，差别只是城市规模大小不同，功能区多少不同，但是其网格的模式却完全不同与西方密集网格模式。

世界各地城镇的道路规划均受到了古代传统规划建设的深刻影响，到了近代，人们对道路规划要求多从商业利益出发。许多初期城镇均依照商业利益布局打造，这种思路下的网格被视为一种高效简洁的方式，能轻松地将空地划分为边界明确的矩形地块，而且对于土地的规划利用具有可预见性。

对于网格这一典型的道路形态，在做小镇规划时，很多人存在一定程度的误解，如：认为方格网街道布局只是在马车时代下，资本主义应付工业与人口集中的应急之策，不适应现代城镇的打造，这种理解是片面的。实际上，网格布局对于小镇道路设计具有非常广泛的实用性。

首先，网格布局在塑造开发小镇时带来了可预见性，这是它的一大优势。可预见性的意义对于小镇的土地利用和格局发展来说具有非常重要的意义。可预见性能让小镇建设者在做完道路规划时纵览全局。最典型的就是对于小镇整体业态的把握，有助于做各种区块组团的功能分布设计，并可以预见未来的人群聚集与分散模式。如，1811年，纽约市的创建者在曼哈顿岛上铺开了一张网格，当时曼哈顿岛上基本都是农田、林地和湿地。与众多因商业利益而创立的美国城镇一样，纽约的网格布局也让地块的测量和销售非常清晰简洁、直截了当。土地投机迅速跟进，到了19世纪末，曼哈顿一地的人口就增长了近13倍。

其次，网格布局能为小镇带来有温度的生活空间。网格化的布局常规来说将区分主街和次街，并在此基础上可以延伸出非常多的坊和巷，人们生活于城镇之中需要有温度的街道，而有温度的街道往往是由巷、街组合构成。以唐朝都城长安为例，长安的城镇道路分为四个级别，分别为朱雀大街、城镇一般主要干道、坊里内部主要道路和坊里内部的坊曲道路，也就是巷。呈现的整体形态为纵横交错，网格化铺排，东西大街 11 条，南北大街 14 条，互相直角相交。其中朱雀大街是最高级道路，这条道路也可以称之为行政级道路，用于皇帝出行及接待外宾；其它贯穿于城门之间的 3 条南北向和东西向大街是主干道，各条大街都笔直端正，长而宽广，这些大街主要是军队和商贾之路，供军人、商人用的马车行走。此外，各坊里内有十字街或者一字街，属于地区性道路，亦即第三等级道路，主要供行人使用，其间还有许多小路，通道每户，称为坊曲，属于第四等级道路，是真正有温度的街道。全部道路的宽度皆有固定的规律，如朱雀大街宽 150m，第二等级道路从 130m-40m 不等，也有 25m 的。各坊里内十字街或者一字街道路宽度远远小于其他道路，大概为 15m，坊曲道路是最窄的，仅为 2m。纵横交错的网格道路将整座城镇分作了 110 坊。各坊的面积还不一样，南北长在 500-838 米之间，东西宽在 550-1125 米之间。且每座坊的四周都筑有围墙，大坊一般开四门，内设十字街，小坊则开东西二门，设一横街，街宽都在 15 米左右。

而普通的百姓往往就生活在坊曲道路的两旁，人们在这里生活，交往，做市集买卖，非常富有人文温度，只有在当国家有重大外事活动和重要节庆活动的时候，人们才会走向第一、第二等级的大街上。

小故事

让网格化道路更加美好

既然网格化道路运用这么广泛，而且又非常适合小镇的规划建设，那么到底怎样可以让网格化的道路更加美好呢？从以下几点便可以做到。

1. 利用树荫、天棚来软化网格，使网格更加生动且错落有致。树荫和天棚也是城镇里非常经典的景观。

2. 多样化的街道类型和街道宽度搭配短街区和广场，能够丰富一整片网格区域。

3. 如果是身处地形平缓起伏环境中的城镇，那么设计出呼应地形、路径微弯曲的街道可软化网格布局，而且形成布局的独特之美。

Tips: 一个传统的城镇街道设计技巧，就是仅在与其他街道交汇时，才改变其坡度或方位。这样做能营造十分美丽的空间效果。

4. 如果城镇内有剧烈起伏的山坡，比如美国的旧金山或者我国的重庆城市区域，大体可以将网格上下铺展在山坡之间（搭配轻微变形），可营造有趣的外观和体验。构建网格时削平了山坡，小镇长街中最怡人的部分往往是整合了山坡与高地的区域，在这样的路段上，视野可以从望不到边的远景中偏离到两边的景观。

5. 可以考虑错开网格铺设街道，使某些街道仅延伸三四个街区，增添丰富性和多元性。

6. 可在网格中加入对角线，然后在对角线中的显著位置巧妙纳入重要的建筑物，如纪念碑、大牌楼等，可平添许多意趣，例如皮埃尔·朗方的华盛顿规划方案。不过，网格中的对角线也可能会打乱方位感，构成形状尴尬的地块，这是一种需要量身定制的建筑设计。

7. 向周边区域延伸的街道可以将景观纳入城镇之中。

街道本身是相关联的，而不是隔离或者悬浮存在的。它们是小镇中完整的一部分，和小镇里的其他街道以及公共空间、建筑物等构成一个整体的系统。人们对一条街的理解，无法与它所在的场所及特定细节区隔开，小镇街道就像一个汉字，需结合相应的语境方可获得完整的定义。而这样的语境可能是指紧邻的另一条街，或更广大一些的层面，指街道所在小镇的历史，或城镇的本身。

小镇设计规划师在做小镇的设计工作时必须同时思考每个单项街道的设计，以及该街道将在更宏观的环境中如何运用的问题。探索各种有关联的，互相能产生交融的街道设计，既包括历史街道和新建街道；也包括成对和成组的、网格的、模式化和网络化的街道。在这样的情形下，政策要求与设计要求将不可避免地碰撞交织。设计规划师需要有全盘考虑的思维方式，每一个思考都举足轻重，比如移除一些破坏性的内城干路，打造新的参观大道，插入一些新的街道以构建更多的步行路径，并为相近的街巷群重新规划，衡量一些社区是否适宜步行，以便做出改善，这些，都是需要整合思考的内容。

规划设计师还必须非常清晰地知道，小镇中不同的道路将承担不同的功能。按功能性划分，常规的道路类型包括干道、集合路和地方公路等，这些并不足以打造适宜步行的小镇。很多著名的历史小镇实例告诉我们，对道路进行分门别类，应依照其造型，而非服务水准，才能帮助构建起一套通用的街道设计语言。对于超越功能性分类的街道类型，可分为11种：贯通大道和多用途贯通大道、局部大道和多用途局部大道、漫步长廊和兰布拉大道、主街、下城街道、社区街道、错车道、园林街道、步行街、行人过道和阶梯路、公园道。

小镇道路设计也可以分为内部道路和外部道路两种。内部道路包含主街、次街、巷道、花车巡游道、后勤道等适宜步行的道路，主要是居民或外地游人进入小镇的游览道路；外部道路主要为城镇车行道路，即市政道路。

适宜步行的道路是有轮廓、舒适、安全、连通、有趣味、有记忆点的。首先是美丽而特别的场所，是需要亲和而非沉闷的场所，而一些期许的美好，或许是主街道中一条规整轴线框定一座宏伟建筑，或许是一条安静的街道中一个茂盛的大树喷薄出春天的色彩。那些丰富、有质感、有风采的场所是游客喜欢的，那些有设计感、立体的几何场所是游客希望走过的，以惹人眼或者含蓄的方式，营造一个如戏剧场景般徐徐展开的街景。其次要有空间围拢，主街、次街、巷道的建筑和街道间距要达到一个舒适值，若建筑之间过于宽阔，无法带来围拢感时，或当墙壁上存在缺口时，可利用街道树来框定空间轮廓。最后适宜步行的街道是一张完整的道路网络，理想情况下，道路网络内会有许多小街区，多种路径供游客选择。另外，在小镇人行道路上，结合自然落差设置灯座、花坛、座椅，使原本单调的行列式街道呈现出宜人的庭院感，既可为行人小憩提供方便，又丰富了室外空间，也可通过建筑退台，增加视线空间的开阔感，或者将商业低层架空，采用柱廊形式，延伸街道的宽度感。

小镇的风格设计

传统上，城镇规划和街道设计有三种主要类别：规整规划、如画规划，以及融合两者的混搭设计。不同的历史时期对规划风格的侧重各异。在前文中我们提到了城镇的网格，简单网格的使用至少可追溯至公元前15世纪，而在古典世界开启以前，许多人类的定居城镇均以非规整风格规划和建造。而直到古罗马和古希腊时期，网格开始使用，古典建筑往往同时涉及规整布局和非规整布局。随着文艺复兴波及广大的西方世界，设计取向趋往规整，但到19世纪之后，钟摆又开始朝向折中主义、浪漫主义及如画风格的一边。虽说这些风格的运用大部分理论总结于西方世界，其实在我国城镇的规划也早有运用其理，只不过我们的说法不一样。不过为了更好的方便我国小镇建设规划者们借鉴，我们不妨从西方的世界整理的各种风格设计中汲取营养，看是否可以运用到国内的小镇设计中。

一、规整视效

规整视效是一种简单的，而且行之有效的小镇设计风格，方方正正，却也有触及很多建筑与美学的融合。这种设计风格主要体现在网格运用上，简洁的网格一般出自测量员和工程师的手笔，该网格具有明显的方方正正的规整性，但它亦经常触及许多规整的古典设计原则。这些古典原则包括：秩序、和谐、平衡、可识别性，它们对伟大城镇和建筑造型的塑造指导已有数千年时间。在19世纪末，美国的城市美化运动力图以欧洲古典建筑和城市史中的规整秩序类型来重塑美国的城市和乡镇。这场运动的大多数发起人都曾在巴黎美术学院学习建筑和城镇设计，他们都见识了建于十八十九世纪的伟大的巴黎大道。这些学生们也研究和走访了古希腊和古罗马的地标，意大利文艺复兴时期的城市和建筑，以及西欧的巴洛克建筑。

他们把这些都带回到美国，展现在被他们称为市政艺术（Civic Art）的形式之中，其中整合了城市设计、街道设计、建筑设计，以及纪念碑和雕塑的设计和选址。他们喜欢并构建美国的网格布局，将之作为了起始点，他们令规整视效看起来丰富多彩。相对来说，我国的小镇建设者更加偏爱使用规整风格，一是因为由来已久的中国历史，自古小镇的布局都参照着严格的等级制度或宗法思想，如果一座地道的中国文化小镇，那肯定逃不开这样的规整设计，每一处建筑都有预先安排；二则是由于规整的风格本身的魅力，方方正正的规整模式对于城镇的管理确实更加轻易。

二、如画设计

我们常常在欧洲看到运用这种视效的小镇街道，比如威尼斯的水道和巷道，都是中世纪和如画风格视效规划的缩影。

现代如画风格城镇规划之父卡米洛·西特（Camillo Sitte）曾谈及圣马可广场，说道："如此多的美统合在这一小片独具一格的地面上，从没有一位画家梦到过什么能超越它的东西。"在描述了构建这座广场的元素和细节后，他又说："然而，正是对这些元素的巧妙编排，构成了对整体布局的决定性贡献。假如依照现代方法，将所有这些艺术品单独散布开来，排成直线，构建几何式的中心，毫无疑问，它们的效

如画风——英格兰高街

果就将大打折扣。"

　　这位伟大的城镇规划设计大师为撰写《依照艺术原则的城市规划》一书研究了如此多的中世纪城镇，他借此发展出了如今被称为如画城市设计的基础原则，这不是为了模仿中世纪的设计，而是以令西特愉悦的中世纪街道和城镇空间为基础所做的全新的设计。他将该思想展现在了文字、平面图和透视图上，他强调，这所有的目标不是要重建一个古老场所，而是打造与最好的中世纪设计体验相当的新场所。理解如何打造有参与感的三维空间，是创建如画城镇的关键。

　　相对我国小镇的建设来说，我们并不是要打造一些仿欧式建筑的街道或者小镇，我们只是借助其打造如画设计风格小镇的理念，并结合我国城镇所需要的文化特色和本身已有的文化内涵，在风景、街道、格局的配置上借鉴一下西方的思想。

要呈现"如画"风貌的小镇，首先要设计出如画式的城镇构图，其次要设计出非对称的动态平衡构图，而非静态的、向心的和规则的。但有必要记住，西特的单幅绘图本以手翻书（flip-book）的方式来翻阅，如今的设计师往往需要一个街区一个街区地将平面图"走"出来，构建街面高度的视野画面，然后调整角度和组成元素，营造更为愉悦和如画的效果。

高街（High Street）在英格兰的牛津郡，是英格兰备受挚爱的街道之一，也是远景偏离的一个精彩案例。这种街道的建筑都是欧式的，但是其低矮错落、蜿蜒多曲的街道模式确是我们可以借鉴的。

三、混搭风格

混搭的运用非常广泛，设计混搭风的理论由来已久。在 1909 年，影响广泛的英国建筑师和规划师雷蒙德·欧文爵士写出了日后成为 20 世纪中一本最重要的城镇设计类指导书籍——《城镇规划实践》。他在检视过许多不同的城镇平面图后，意识到，城镇的设计可以划分为两个清晰类别，称之为规整和非规整。规整派城镇设计师们认为，城镇设计处理方式应呈现规整和规则样貌；非规整派则认为，非规整性才是值得追求的，两方的信念都同样坚定。通过观察这两派设计师所构建的城镇，几乎可以断言，每种方式都达成了高度的美。最后，有一种风格终于将两个派别融合在了一起，那就是混搭风格。

美国人欧文是参与过花园城市（Garden City）运动的一位城镇规划师，这场运动即将规整与非规整风格整合在了混搭规划方案中。混搭视效风格通常为新城镇而做，其中有规整的中心区域，而越向城市外围延伸，街道越呈现不规整风貌。混搭规划风格通常阐释新城镇主义，很多新城镇设计师也常常打造类似的基于过渡的混搭设计。

美国森林小丘花园（Forest Hills Gardens）位于纽约的皇后区。通过画面可以看到，沿着从前景中的车站广场延伸出去的绿道的轴线，行人可一路见证两个不同过渡区域的开发情况。

规整、如画和混搭设计都能造就好或不好的设计。有人更喜欢莫扎特，有人更喜

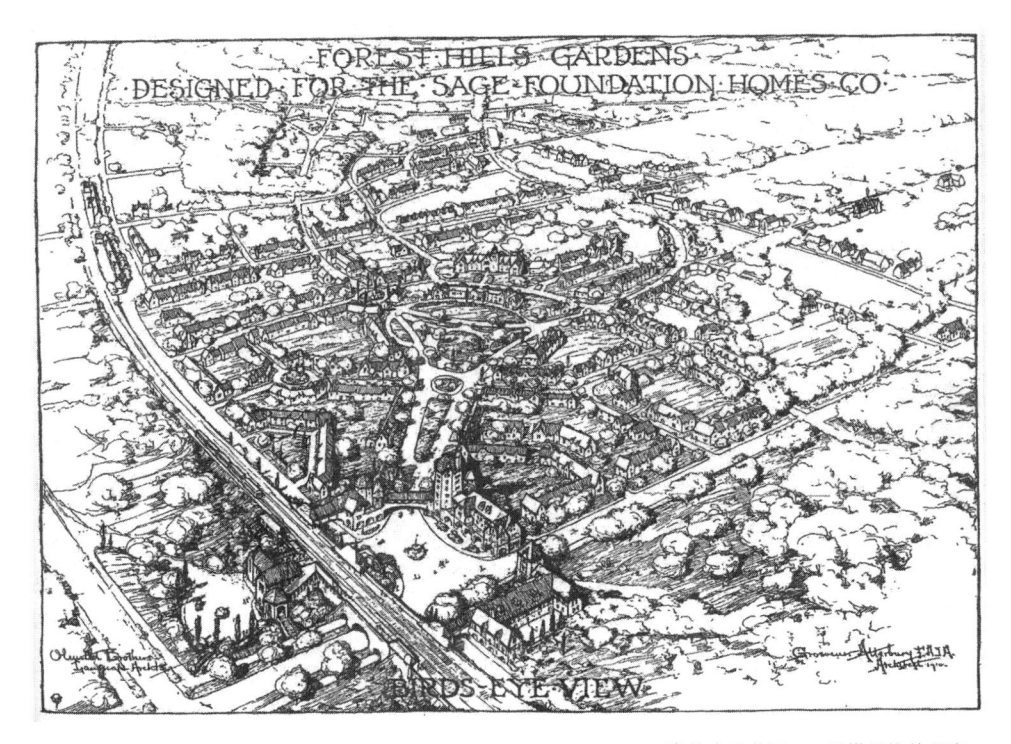

森林小丘花园——混搭风格的代表

欢瓦格纳，但两位都是音乐天才。引用艾灵顿公爵的一句话："世上有两种音乐，好音乐和其他音乐。"这句话对城镇的设计同样适用。

人们认为美生于观者眼中，因此要准确界定什么会让个体感到美，是不可能的。而最近的研究表明，让一些个体沿一条规定的城镇路线步行，并在地图上标出喜欢和不喜欢的场所，最终他们给出的结果呈现高度的一致性。这说明关于什么是美的，什么是丑的，关于面对美丑时我们会如何反应，都是存在共识的。样本足够多时，结果也会呈现带有明显差异的模式，比如有人偏爱规整的空间，有人偏爱如画式的街道，但大家最喜欢和最不喜欢的场所仍会保持一致。而如果考量小镇设计、街道设计，本身就是一种对美的欣赏，任何群体都将所看到的空间表达出自己的喜好，一个好的小镇将会受到更多人的欢迎，游人也会络绎不绝，一个不好的小镇，显然也会被人冷落。

小镇的动线设计：对居民而言，动线表述了人们的行动轨迹；对游人而言，动线组织了他们的旅游行为；对经营商而言，动线联系着业态，调配了空间资源；对设计师而言，动线是空间组织的灵魂；而对小镇而言，动线就好比是人身体内的血管，上、下、左、右都必须保持畅通，不能有任何堵塞的地方。

完善的通行动线、合理的平面空间布局、空间组织、界面处理、照明和标识等是小镇提供人性化服务的基础。其中，合理的平面空间布局包括入口、动线、分区和引导。小镇商业建立在人流聚集的基础上，因此旅游小镇的环境有赖于便捷完善的通行动线把游客引入商业环境，环境也应明确地传达可以进入的信息。同时，小镇内部交通流线也应体现出人性化的内涵。

动线设计可以说是小镇设计的核心，小镇空间是流动的空间，存在一定的序列关系，这种关系应与游客的行为模式和动线相契合。小镇的动线设计要在了解游客动线规律的前提下通过环境诱导与分区安排，设计一条符合游客游览需求的动线结构与形态，有意识地对游客行为进行科学的组织和引导，使小镇的空间组织与游客的游览相协调，使小镇业态功能得到充分发挥，创造小镇整体价值。概括地说，小镇的动线设计即为游客游览引导系统的设计。好的旅游小镇将环境因素作为理解空间的线索，去迎合游客心理、行为、文化价值观等方面的需求，通过设计适当的刺激点、清晰的意象格局与舒适的环境设施，唤起游客空间体验的兴趣，使小镇空间充满人文主义的关怀。

古镇基本资料分析							
	乌镇	西塘	周庄	同里	甪直	南浔	单位
核心景区面积	0.72	0.52	0.47	0.33	0.45	0.50	km^2
主要游线长度	2.1	2.2	1.8	2.0	1.6	1.9	km
客群游览时间	1-3	2-3	1-2	1-2	1	1	d
住宿总量	740	1120	230	110	30	40	家

六大古镇旅游动线分析：江南六大古镇游线长度以甪直最短，1.6 km；西塘最长，2.2km，游览时间根据游览动线长短分别是 1-3 天。

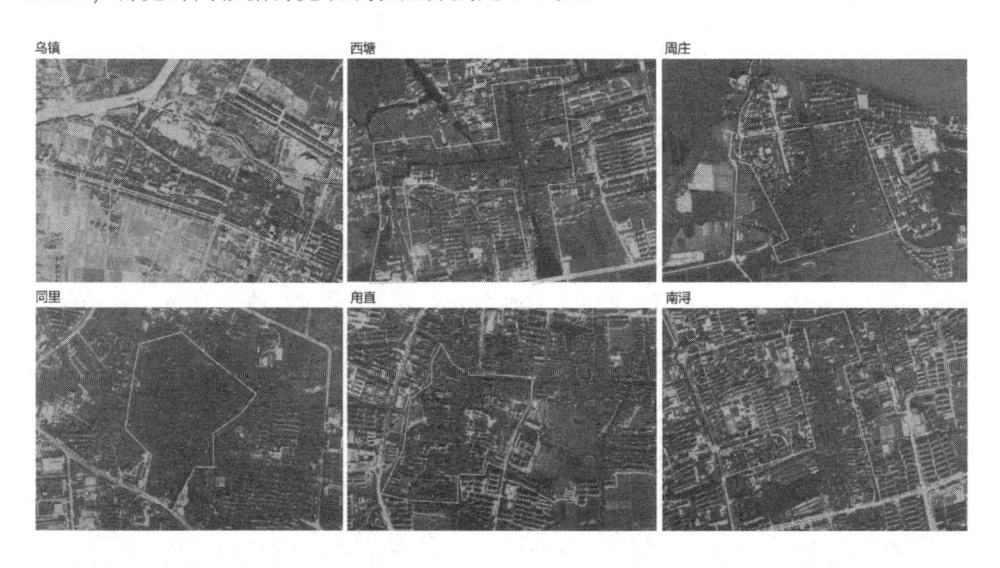

小镇的空间尺度

尺度最根本的量度标准是"人"本身。托伯特·哈姆林在《建筑形式美的原则》一书中提到:"建筑的尺度感,能在人体尺寸或人体运动尺寸的体会中,最终分析清楚。""因为建筑物的存在,是为了让人们去使用去喜爱,当建筑物和人类的身体以及内在感情之间建立起更加紧密和简洁的关系时,建筑物会更加有用、更加美观。"因此,尺度的实质是反映人与建筑之间关系的一种性质。

日本当代著名建筑师芦原义信认为,人在进行步行行为活动时,一般使得身心不累、愉快的步行距离为 300 米。也有研究表明,在有遮蔽物的环境中,人能承受的愉快活动街道长度为 750 米,步行时间为 12 分钟;在人工创造的空间条件下,人的愉快步行长度可达 1500 米,步行时间为 22 分钟。由于各个国家地区的自然条件和人的适应度不一样,所以各国的步行街规模有所不同。商业步行街平均长度为:日本大约 500 米,美国大约 680 米,欧洲则为 800 米。从我国实际情况出发,一般认为步行商业街长度在 600 左右。

通过对传统街道的宽度(D)和街道两侧建筑外墙的高度(H)之间的比值 D／H 和视觉的分析,不同的比值会引起不同的心理反应,影响人与人之间的交往。当 D/H > 1 时,随着比值的增大会逐渐产生远离之感,超过 2 时则产生宽阔之感;当 D/H < 1 时,随着比值的减小会产生接近之感;当 D/H = 1 时,高度与宽度之间存在着一种匀称之感,显然 D/H = 1 是空间的一个转折点。

小镇街巷之于住宅的意义,不仅承载了交通,还是体验建筑艺术的动态场所,人们可以散步,可以与其他人不期而遇,街巷承载的是人的行为活动,是精神层面的诠释。小镇最合适的主要街道的宽度一般为 3.5-5 米,沿街建筑高度 H,当为一层时,约为 2.5-2.8 米;当为两层时,约为 5 米;小镇的次街在 2-3 米;小巷可以最小到 50 公分,让人与人之间产生相遇、碰撞,增加更多的趣味性。

图示	条件	感知
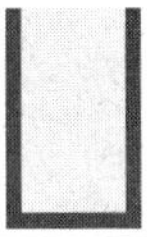	D/H < 1	视线宽度受到约束； 空间活动尺度狭窄； 给人压抑感。
	D/H = 1	视界受限感减弱； 空间内聚力强； 产生安定又不压抑的感觉，是一种最佳尺度。
	D/H > 1	视线空间感宽阔； 心理上给人更多的自由感和安定感； 产生内聚、向心的街道空间感。

通过对传统街区的空间样板进行切片研究，能够得出出现频率最高的几个街巷空间比例关系，据此作为我们对街巷空间控制的依据。可以复建 1:1、1:1.5、1:2、1:3 四个尺度控制。沿街界面形态选择传统 8-12 米的适宜尺度，选择多种商业组团和院落形式来营造小镇特色。

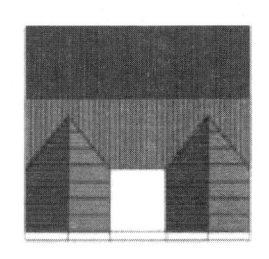

三合院　　　　　　　　　二合院 　　　　　　　　　四合院

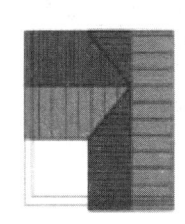

第四章 小镇设计

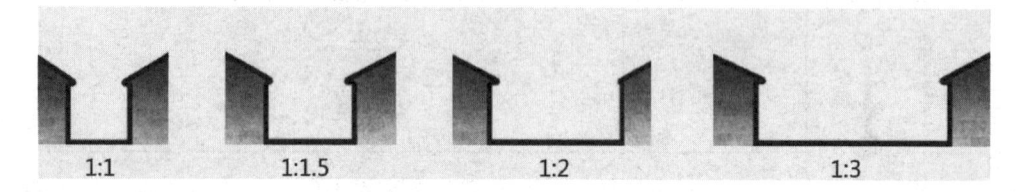

街巷尺度分析图

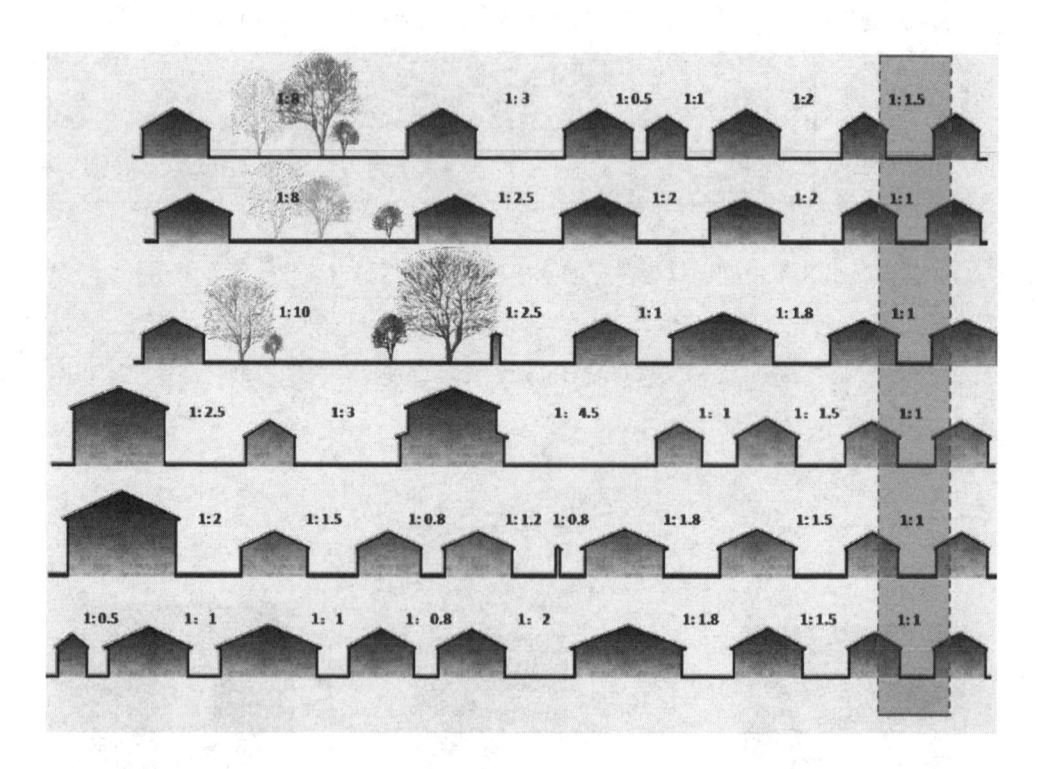

对传统街区空间样板的切片研究

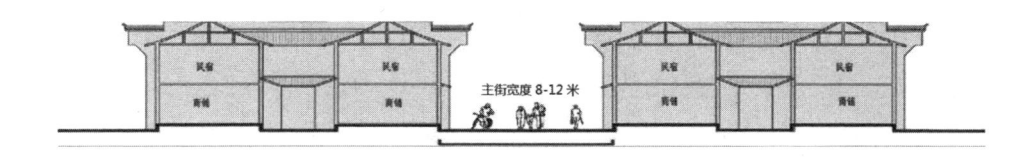

沿街界面形态选择传统 8-12 米的适宜尺度

多种内院形式

小镇建筑的组团分析

建筑组团，主要是指如何把若干建筑组织成为一个完整的建筑群。

若干栋建筑摆在一起，只有摆脱偶然性而表现出一种内在的有机连续和必然时，才能正式形成为团体。这种有机联系主要受两方面因素制约，其一，必须正确反映各建筑物之间的功能联系；其二，必须和特定的地形条件结合。

建筑组团应做到：1.各建筑物的体型之间彼此呼应，互相制约；2.各外部空间既完整统一又互相联系，构成一个完整的体系；3.内部空间和外部空间互相交织穿插，和谐共处于一体。

建筑的类型很多，功能特点也各不相同，群体组合的方式也是千变万化的，但其组合手法可以分成两大类，对称的和不对称的形式。对称的易于取得庄严的气氛，不对称的易于取得亲切、轻松和活泼的气氛。分散的和集中的形式，分散的是将公共建筑划分成若干单独建筑进行组合，使之成为一个完整的室外空间体系。可以争取更好的通风、朝向和功能区划。集中的：以一种综合体的模式出现。公共建筑群体室外空间环境的组合方法：功能分区，交通联系，使群体空间的布局联系方便，紧凑合理；结合周围环境及规划的特点，运用各种形式美的规律；运用绿化、雕塑及各种小品等手段，丰富空间环境意趣，以取得多样统一的室外空间环境效果。

　　建筑设计不能一味地追求特立独行、标新立异，要从实际的角度出发，以简约的形式构图，这样才能使建筑设计更加美观、更加经济。建筑空间的组合有多种形式，不同的空间组合可以体现建筑更多的功能。现代社会，人们的生活水平越来越高，对建筑质量与功能的要求也越来越高，提高建筑设计的质量，可以更好地满足大众的要求。设计师在进行建筑设计时，要深层次考虑建筑空间的组合形式，这样才能推动建筑行业更好地发展。

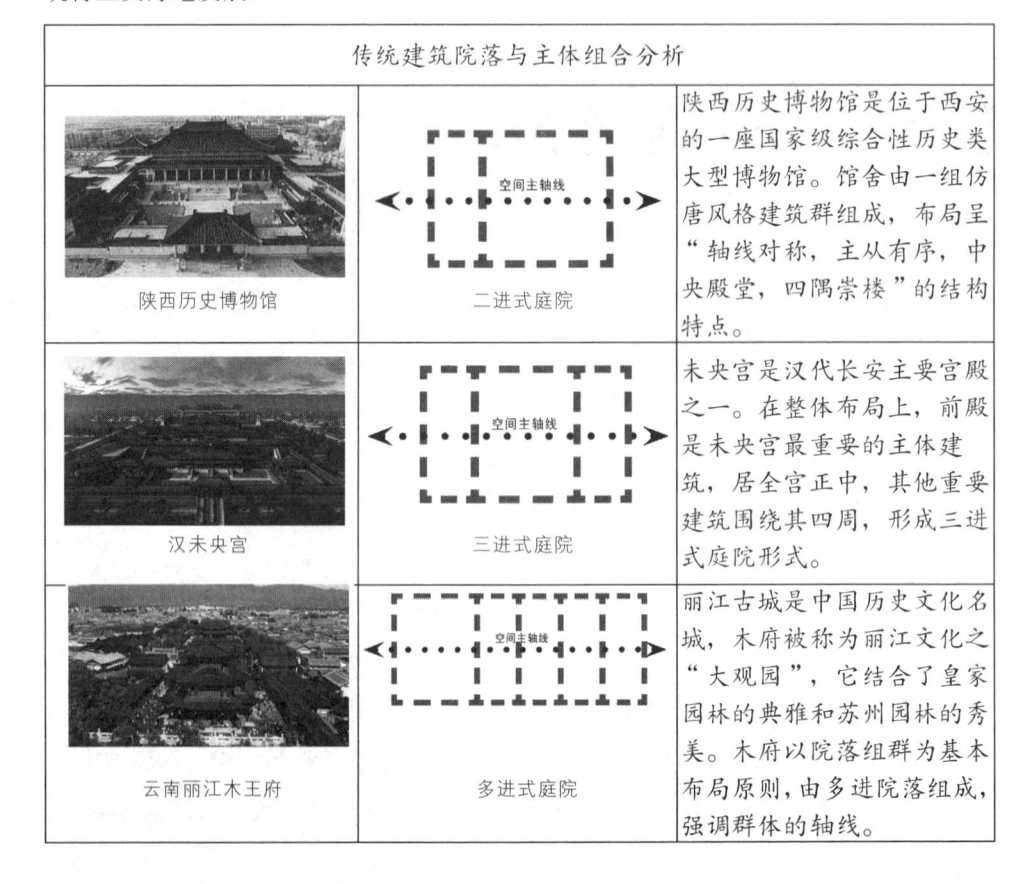

传统建筑院落与主体组合分析		
陕西历史博物馆	二进式庭院	陕西历史博物馆是位于西安的一座国家级综合性历史类大型博物馆。馆舍由一组仿唐风格建筑群组成，布局呈"轴线对称，主从有序，中央殿堂，四隅崇楼"的结构特点。
汉未央宫	三进式庭院	未央宫是汉代长安主要宫殿之一。在整体布局上，前殿是未央宫最重要的主体建筑，居全宫正中，其他重要建筑围绕其四周，形成三进式庭院形式。
云南丽江木王府	多进式庭院	丽江古城是中国历史文化名城，木府被称为丽江文化之"大观园"，它结合了皇家园林的典雅和苏州园林的秀美。木府以院落组群为基本布局原则，由多进院落组成，强调群体的轴线。

图片	布局图	说明
陕西历史博物馆	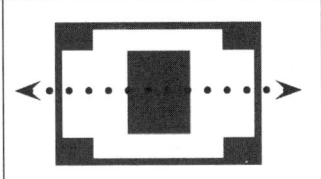 中央殿堂，四隅崇楼	陕西历史博物馆的主体建筑布局呈"中央殿堂，四隅崇楼"的结构特点，主次井然有序，高低错落有致，气势雄浑庄重。
 颐和园	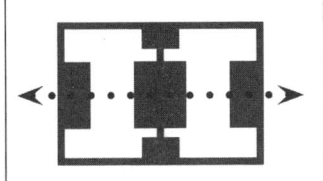 主体居中，附属两侧衬托	颐和园是中国现存规模最大、保存最完整的皇家园林。佛香阁建筑群是全园的中心建筑群，它的布局方式是建筑结合山势和水景，主体建筑居中布置，附属建筑在水平方向上衬托主轴线。
 云南丽江木王府	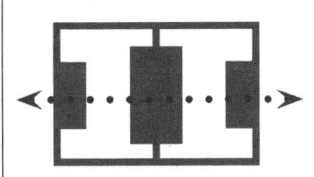 主体居中，附属纵深串联	云南丽江木王府以院落组群为基本布局原则，为了强调主体的轴线，建筑都根据中轴线布置，主体建筑居中，附属建筑在纵深方向上串联。其布局秩序均为左右分立。

链接上建筑群落组织形式分析：可分为街式（内静外动）、街院式（内聚外散）、自由式（内外一体）三种建筑群落组合形式。

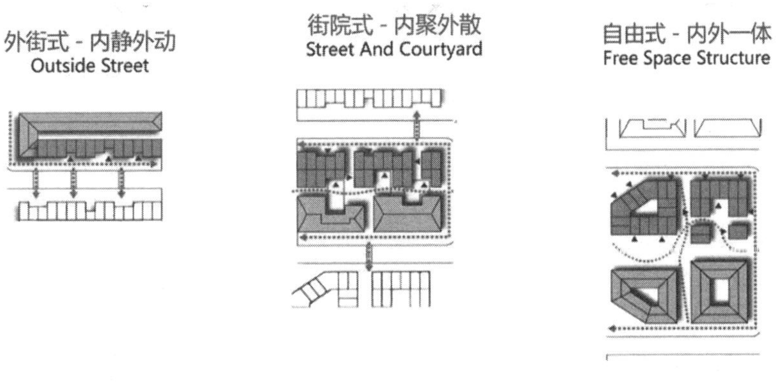

外街式 - 内静外动
Outside Street

街院式 - 内聚外散
Street And Courtyard

自由式 - 内外一体
Free Space Structure

小镇的色彩设计

色彩的心理感知

感觉		特征
冷暖感	暖色系	暖色调使人感觉温暖、高贵、热情，如红、橙、橙黄、黄、紫
	冷色系	冷色调使人感觉凉爽、素雅、冷淡，如绿、青绿、青、蓝、黑
距离感	近感	暖色系的色相在色彩距离上有向前及接近的感觉，如红、橙、黄；同一色相，彩度大的则近前，最明色调及最暖色调近前
	远感	冷色系的色相有后退及远离的感觉，如绿、青、蓝；同一色相彩度小的退远，灰色调退远
运动感	强感	橙色系相伴随的运动感觉强烈；同一色相的明度高、明色调的运动感强，互为补色的两个色相组合时，运动感最强
	弱感	青色系伴随的运动感较弱；同一色相的暗色调、明度低的运动感弱，如灰、黑等
面积感	胀感	暖色系及明度高的色彩有扩张感，如红、橙、橙黄、黄
	缩感	明度低、特别在冷色时有收缩干，紫色为最

色彩的表情感知

感觉		特征
轻重感	轻感	色彩的轻重感主要决定于明度，高明度有轻感。同一明度、同一色相的条件下，彩度高的色彩感觉较轻
	重感	明度越小越感到重。同一明度、同一色相的条件下，低彩度感觉重

软硬感	软感	柔软或者坚硬与明度和彩度有关。明浊色柔软，灰色是柔软色
	硬感	彩度高的纯色和暗清白色感到坚固，无彩色的白和黑是坚固色
疲劳感	疲劳感	彩度高、显艳性强的色，对人刺激较大，易使人疲劳。一般暖色较冷色疲劳感强

色彩的记忆

色的属性		人对色彩的记忆
色相	暖色系	温暖、活力、喜悦、热情、积极、活泼、华美
	中性色系	温和、安静、平凡、可爱
	冷色系	寒冷、积极、沉着、深远、理智、休息、幽情
明度	高明度	轻快、明朗、清爽、单薄、软弱、优美
	中明度	无个性、随和、保守
	低明度	厚重、阴暗、压抑、安定、个性
彩度	高彩度	鲜艳、刺激、新鲜、活泼、积极、热闹、有力量
	中彩度	日常的、中庸的、稳健、文雅
	低彩度	无刺激、陈旧、寂寞、老成、消极、朴素

色彩的象征性

颜色	年龄、性别			
	青年（男）	青年（女）	老年（男）	老年（女）
白	清洁、神圣	清楚、纯洁	洁白、纯真	纯白、神秘
灰	阴郁、绝望	阴郁、忧郁	荒废、平凡	沉默、死亡
黑	死亡、刚健	悲哀、坚实	生命、严肃	阴郁、冷酷
红	热情、革命	热情、危险	热烈、卑俗	热烈、幼稚
橙	焦躁、可怜	卑俗、温情	甘美、明朗	欢喜、华美
黄	明快、泼辣	明快、希望	光明、明快	光明、明朗
绿	永恒、新鲜	和平、理想	深远、和平	希望、公平
蓝	无限、理想	永恒、理智	冷淡、薄情	平静、悠久
紫	高尚、古朴	优雅、高贵	古朴、优美	高贵、消极

我国各民族色彩喜好与禁忌

民族	爱好的色彩	禁忌的色彩
汉族	红、黄、绿、青	黑、白多用于丧事
蒙古	紫红、橙黄、绿、蓝	黑、白
回族	黑、红、绿、蓝	丧事用白

（接上表）

藏族	以白为尊贵的颜色，爱好黑、红、橘黄、紫、深褐	
维吾尔族	红、绿、粉红、玫瑰红、紫、青、白	黄
朝鲜族	白、粉红、粉绿、淡黄	
苗族	深蓝、墨绿、黑、褐	白、黄、朱红
彝族	红、黄、绿、黑	
壮族	天蓝	
满族	黄、紫、红、蓝	白
黎族	红、褐、深蓝、黑	

色彩的功用

情感作用	色彩的导向性来自对人们心理、情感动态的认识，它是建立在审理、心理学基础之上的。由于人的心理因素十分负责，对于同一种色彩，可能产生出不同色彩心理感受。
保健、康复作用	色彩对人除了有一定的生理、心理作用外，还有一定的保健、康复作用。
识别作用	主要指园林景观中的小品和构筑物的色彩，可用作标识和区分的手段，或显示其不同的功能和用途。
文化作用	主要是指文化的象征性，不同的色彩环境，体现着一定民族、地域、宗教、民俗的习惯，在不同程度上反映出文化的特性。
美感作用	能产生视觉上的美感是色彩作为一种造型语言在园林景观运用中发挥的最主要的作用。

色彩是情绪的产物，当游客进入小镇首先映入眼帘的就是建筑和街道的色彩，色彩作为最具视觉信息传达能力的要素，传达着小镇的感情。当游客漫步在小镇街巷中，穿梭于各建筑之间，色彩不仅影响着游客对小镇的印象，更影响着游客在游玩过程中是否愉悦，是否有舒适的心理感受。

小镇设计的众多因素中，色彩对人产生最直接、最丰富的视觉刺激。实验研究证明：人们获得外界信息中87%是通过视觉完成的，而首先引起视觉反映的就是色彩，其次才是形状、质感等。因此，良好的小镇色彩设计会收到事倍功半的效果。优秀的小镇色彩能增强小镇艺术的表现力和感染力，能创造小镇的新形象，展示小镇的个性，为小镇增光添色。而且色彩也是其较好控制一个元素，是小镇中最廉价的装饰品，像是小镇的一件衣服，能以最低的经济条件发挥最大的效益。

色彩是情绪的产物，当游客进入小镇，首先映入眼帘的就是建筑和街道的色彩，色彩作为最具视觉信息传达能力的要素，传达着小镇的感情。当游客漫步在小镇街巷中，穿梭于各建筑之间，色彩不仅影响着游客对小镇的印象，更影响着游客在游玩过程中是否愉悦，是否有舒适的心理感受。欧洲的小镇尤其注重色彩对于人们的情感引导，以哈尔施塔特小镇为例，花朵、盆栽是这里运用最多的色彩载体，街道两边无论是商铺还是其他建筑设施、人们的屋顶窗台等，本身色彩就丰富，加上鲜花的陪衬，更是鲜艳夺目，令人流连忘返。

英国著名建筑设计师布莱恩·克拉克说，"色彩和建筑密不可分。即使是晚期现实主义的单色建筑，也从有意识的色彩排斥来获取力量。色彩作为具有诗意的心理上的桥梁连接两个不同的世界——实际的世界与想象的世界。"

每种色彩都能营造出独特的情绪，色彩与色彩之间的搭配运用代表了产品设计中的和谐情绪。人们立于建筑之前或之侧，观察色彩，其实就是将三维的现象转化为感觉体验，建筑设计是把感觉刺激的多个方面转化为色彩现象。一幢建筑框架在没有色彩之前像是一张没有表情的脸，色彩会赋予这张脸以生动的表情，或粗犷热烈，或恬淡平静。

在已知的各种视觉要素中，色彩是最富有表情的要素，色彩在建筑设计中具有不可替代的作用，既可以用来表达建筑设计思想，也可以用来加强丰富建筑造型，弥补造型上的不足，还可以用来体现当地建筑的地方特色及暗示建筑的功能与区域特征等。如果色彩的运用与建筑空间形态相一致，那么建筑的逻辑和色彩的诗意会发挥最好的状态。即便建筑色彩在很多时候取决于材料本身，但是设计师对建筑色彩的运用却要基于人类的理解，从而提升、强化和彰显建筑本身的结构和环境的氛围。

在小镇设计中，色彩因素作为与形式、体量、材料等同的设计手段之一服务于建筑设计和街道设计。旅游小镇的建筑色彩主要提取地域或历史的文化元素，并融入现代建筑风格中，比如，打造一个以战国文化为体验的旅游小镇则应提取战国期间的各国文化色彩，最典型的比如各国的军队旗帜色彩，旗帜色彩可以反应一个国度或一个地域的色彩大调。再根据战国期间的各种文化特征，演变出建筑色，然后融入建筑设计中。除了文化元素的融入，还代入现在建筑的多元化色彩。街道色彩从路面铺装到植物景观、外部装饰、标识标牌等，打造出无法复制的新小镇形态。

小镇的美陈设计

美陈是环境的美化和陈列的展示，比如楼梯间、橱窗、屋顶等。成功的美陈设计不仅可以美化环境、吸引消费，而且可以带来即时传播的作用。这一传播过程首先来自于你的静态美陈让游客偏爱，愿意去停留，去分析结构，去拍照分享，去利用移动设备传播。这一过程包含了品牌内涵的理解、与受众互动、商业传播力量等。

美陈设计的要点

第一，重视主题环境的营造。

主题环境的营造，既可以使整个小镇环境保持一定的整体性，又可以渲染增强环境气氛，使游客在置身于小镇空间的过程中激发出一种想象和联想，从而达到一种美的境界，获得一种美的愉悦，进而激发其游览欲望。

第二，重视光影效果的应用。

作为眼球经济推动下产生的新型产物，视觉效果始终是美陈设计所追求的最终产物，而作为视觉元素中最容易、最快被感知的媒介是灯光、投影以及更为科技化的视觉产品，光影效果的运用更贴近人们当前对于数字生活的要求。

第三，避免喧宾夺主。

一个好的美陈设计，一定要做到张弛有度，以免喧宾夺主，切忌乱用、滥用，最好能够在与环境风格相协调的前提下尽量变换造型、材质的组合应用，让人感到耳目一新，同时又多样统一。

小镇的绿化设计

广义的绿化泛指增加植物，改善环境的种植栽培园林工程等行为。绿化设计就是园林景观、室内空间等一系列的绿化植物装饰和景观化打造。

小镇的绿化设计可以从室内绿化设计和园林绿化设计两个方面展开。小镇中的绿化设计可以看作是白裙上点缀的花朵，在小镇街道、建筑内外、屋顶等地方绚丽绽放。绿化不仅美化了小镇空间，还可以让人身心愉悦，回归自然。

首先，关于室内绿化景观效果的打造。室内绿化的发展历史悠远，最早可追溯到新石器时代，从浙江余姚河姆渡新石器文化遗址的发掘中，获得一块刻有盆栽植物花纹的陶块。河北望都一号东汉墓的墓室内有盆栽的壁画，绘有内栽红花绿叶的卷沿圆盆，置于方形几上，盆长椭圆形，内有假山几座，长有花草。在西方，古埃及画中就有列队手擎种在罐里的进口稀有植物，据古希腊植物学志记载有500种以上的植物，并在当时能制造精美的植物容器；在古罗马宫廷中，已有种在容器中的进口植物，并在云母片做屋顶的暖房中培育玫瑰花和百合花。至意大利文艺复兴时期，花园已很普遍，英、法在17~19世纪已在暖房中培育柑橘。20世纪六七十年代，室内绿化已为各国人民所重视，引进千家万户。人们把自然界中的植物、水体、山石等引入室内，在室内环境中进行自然景观的再创造，而且运用范围不断普及，规模日益扩大。

室内绿化设计的理论研究无论从美学角度、人体工程学角度还是植物形态学角度来说都是一门综合性的学科，只有充分了解掌握了美学原理，人体工程学原理，植物形态学原理，才能更大地发挥绿色植物在室内设计空间中的装饰作用，减少不必要的资源浪费，既美化了室内环境又陶冶了人们的心情，达到互相兼顾，相辅相成。

旅游小镇的室内绿化设计需要更多地顾及观赏性和情景化。因为旅游的本质是体验经济，让游客进入到一个封闭的空间能体验到什么是旅游小镇打造者应该关注的。很多种绿化方式可以选，比如绿化植物墙体、绿化植物廊、绿化色彩空间以及室内盆景营造。在室内设计绿化植物配置中，应充分考虑植物的生态特征，合理选择植物种类，形成结构合理、功能健全的自然景观。在室内绿化中，室内空间条件与植物的生存需求是互相兼顾的，需要具体问题具体分析。依据不同的室内空间标准以及植物的生存环境条件，可以在室内空间中选择是草本植物还是木本植物，是观花类植物还是赏叶类植物，是群植还是单独种植，是喜阴植物还是喜阳植物，是喜水喜温类植物还是耐寒耐旱类植物，是高大类还是矮小类等等。这些不单单只是视乎室内的设计风格以及空间环境决定，还要充分的考虑到植物生态学中的植物的各种生态习性以及其本身的生存条件。

其次，园林绿化与景观效果。园林绿化对于旅游小镇、主题公园的营造效果是如此的重要，以至于很多旅游主题公园在营造自己的核心竞争力的时候，不得不考虑园林景观与其他竞争者的差异化。迪士尼主题度假公园在园林绿化与景观效果营造方面所具备的深厚功底反映出的是对待园林绿化那种精心至极的工匠精神，对园林绿化和景观效果有着近乎苛刻的要求。比如在精度方面，上海迪士尼给园林景观设计及运用者上了生动的一课，因为如果按照国内的习惯，只需要在施工时按照标准操作差不多就可以了，然而迪士尼却严格地要求苗木误差必须控制在 1cm 之内。

迪士尼对草皮的平整度也有十分严谨的追求。首先挑选的草皮必须为平整无杂草、无碎石的优良品种；其次选择有着 5 年以上种植经验的厂商供货；最后在种植环节，为了保持草皮的新鲜度，其要求必须在 36 小时之内完成采集、运送、铺装等整个流程。

甚至在迪士尼的景观中，每一棵树木、每一块石头、每根木头都有其故事性，建设人员必须要深刻领悟相应的时代自然环境、人文环境，并按照历史事件的生产方式、材料使用的时间长短，去还原现场。比如其为了营造出完整的加勒比海盗氛围，按照我国最讲究的做法，一般也就是做出船体、海岸、栈道、柱子等被海水浸泡以及风雨腐蚀的效果。但迪士尼的要求却是：加勒比海盗的故事发生在 1730 年左右，他们使用的船都是用了十年的老船，工程师必须需要了解，使用了近十年的船体经过海水浸泡是什么样子？木纹还是一般的船体木纹吗？船舱应该被腐蚀成怎么样了呢？船上的东西被海风吹了十年会是什么效果，哪怕是绳索又会产生什么样的变化？迪士尼的这种工匠精神基于其创始人华特·迪士尼，在 1952 年他就设立了"幻想工程部"这么一个部门。幻想工程师的工作就是做深入的研究，研究地域，研究历史，研究工艺，包括园林绿化和景观营造都是他们需要深入分析的内容。他们与当地的艺术家、设计师和技术人员一起工作。这些幻想工程师有不同的文化背景和领域，他们的工作就是"幻想"，且极具责任感，正如他们所说，"我们非常想重新呈现我们在加勒比地区看到的一种特殊的红蓝砖，所以我们就特地找到一位在这边的一个陶瓷专家，他整整花了一年的时间才达到我们这个要求。"

恰恰是这种专注精神和工匠技艺，让很多人步行在迪士尼的美国大道或者其他景观大道上，能非常愉悦地看到两边灌木丛中有完全由绿植打造的米老鼠和唐老鸭，还有冰雪奇缘的美丽公主、美女与野兽的两个主人公，以及七个小矮人和白雪公主等等各种各样的奇特植物造型 IP 形象。

常规旅游小镇打造园林绿化并营造出景观效果应学习迪士尼的专注精神和工匠工艺，但是在细节上有一些区别，小镇的营造还需更具生活、人文气息。有一个非常实际的做法，使用五层垂直绿化景观，营造出富有灵动生命气息的生活体验。第一层，使用高 7-8 米、胸径 20 公分的大乔木勾勒天际；第二层，使用高 4-5 米的小乔木、大灌木增添层次；第三层，使用高 2-3 米的灌木；第四层，使用花卉、小灌木，是层次最为丰富的部分；第五层，使用草坪、地被，供人近赏。

低矮的灌木和地被植物形成开敞空间

修剪的绿篱围合成半开敞空间

大乔木形成的覆盖空间　　　　　　　各种植物组合形成完全封闭空间

大乔木、小灌木形成封闭垂直面、开敞顶平面的垂直空间

小镇绿化设计中要突出游客色香味形全感官接触体验。色，植物搭配上四季有花，夏天清雅、冬天鲜艳；香，闻得到花香，可选择梅花、腊梅、紫薇、桂花等香花植物；味，全冠移植保证植物原汁原味的生长形态；形，树形要美，达到360°无死角的观赏效果。尤其是曲径通幽的景观小径和笔直的街巷，利用鲜花精心布置街道，营造出独有的私密感和温馨感。

小镇的环境设施与小品设计

环境设施与小品可分为纯景观功能类、游憩类、交通系统类、服务系统类、信息系统类、照明系统类和游乐系统类等7类，其特点和主要形式见下表：

环境设施与小品类型及其特点和形式

类型	特点	主要形式
纯景观功能类	纯粹作观赏、美化，一般没有使用功能，却极具有精神功能，可丰富空间、渲染气氛、增添情趣、陶冶情操表现出强烈的观赏性和装饰性	雕塑、水景等
游憩类	主要为人们提供休憩、观景的场所，并成为园林景观的一道靓丽风景	亭、廊、榭与舫、绿廊、园桥、树池、花钵等
交通系统类	以交通安全为目的，满足交通需要	停车系统、候车廊、地道出入口、地面铺装、交通隔断等
服务系统类	是一个地区、一个国家文明程度的标志之一，直接关系到空间环境的质量和人们的生活	座椅、垃圾箱、饮水器、洗手器、售报亭、书报栏等
信息系统类	作为信息的媒介，对政治交通、传达商品信息、提高人们生活品质发挥着积极的作用	公共电话亭、各类标志、邮箱、电子广告屏幕等
照明系统类	创造环境空间形、光、色的美感，通过灯具的造型及排列配置，产生优美节奏和韵律，起强化艺术效果的作用	高杆路灯、院灯、造型灯、地灯、草坪灯等
游乐系统类	满足不同文化层次、不同年龄人的需求，深受人们的喜爱	各类儿童游乐设施、体育运动设施和健身设施等

环境设施与小品具有整体性、科学性、艺术性、文化性和休闲性等特征，各特征的设计原则有：整体性原则——满足人们的行为需求；科学性原则——满足人们的心理需求；艺术性原则——满足人们的审美要求；文化性原则——实现艺术美、满足文化认同；休闲性原则——力求与环境的有机结合。

各类园灯的特征和适用范围

类型	特征	适用范围
高杆路灯	采用强光源，光线均匀投射道路中央，利于车辆通行。高度4-12米，间距10-50米	城市干道、停车场等地段
塔灯	多采用强光源，光照醒目，辐射面大，有较强的标志作用。高度20-40米	城市交通枢纽、站前广场、露天体育场、立交桥等地
园林灯	造型有现代和古典两类风格，应与树木、建筑相映成趣，高1-4m	一般设置在庭院小径边
草坪灯	灯光柔和，外形小巧玲珑，充满自然意趣，高0.3-1m	一般安装在草坪边界处
水池灯	灯光经过水的折射和反射，产生绚丽的光景，成为环境的亮点	池壁或池底、河滨堤岸
地灯	含而不露，为游人引路并创造出朦胧的环境氛围	埋设于园林、广场，接到地面的地位路灯
霓虹灯	色彩、造型丰富，可弯成各种图案和文字	应用于广告、指示灯照明以及艺术造型照明中

小镇的标识系统设计

标识系统最能直观向游客传达小镇品牌文化的基本思想与内涵。所以小镇标识系统的设计要提升应用效能和人文趣味，从旅游体验角度出发进行设计——凸显体验至上、游客为本的理念，把优美的小镇环境和特色文化内涵作为重要体验元素，打造生动互动的游客体验。

设计上结合实际，从游客的角度分析标识的设计要素、视觉、文化特性，然后根据标识的功能、环境特点，合理规划标识的空间布局、制作材料和安装维护。设置上结合小镇的边界、出入口、道路岔口、功能区、重要景点、景物、游径端点和险要地段，设置明显的导游标志，以示界限、指导方向、阐述须知、介绍情况、提示警告、传达信息。从公路到小镇，建立广告和标示导视系统。在游客中心、服务点、主要出入口位置设立小镇全景图或导览图等导游设施设备。

标识的色彩和规格，应根据设置地点、揭示内容和具体条件进行设计，并与景观和环境相协调。应采用中、外文说明；公共设施标志应采用国际通用的标识符号。

标识必须达到完整的功能性，面貌完整、文字及图案内容清晰、直观，品质、韵味高尚，造型、风格适当，设计风格要突出生态性、文化性、艺术性、多样性和功用性；并因应类型不同，区分色彩的冷暖、强弱、软硬、轻重，区分形状的明快与恬静、华美与质朴，使之适合小镇环境；其标识材质、外观和风格要与小镇特色、环境协调一致，设计各种类标识时，要按照不同功能区分系统，并建立各系统之间的有机结合。

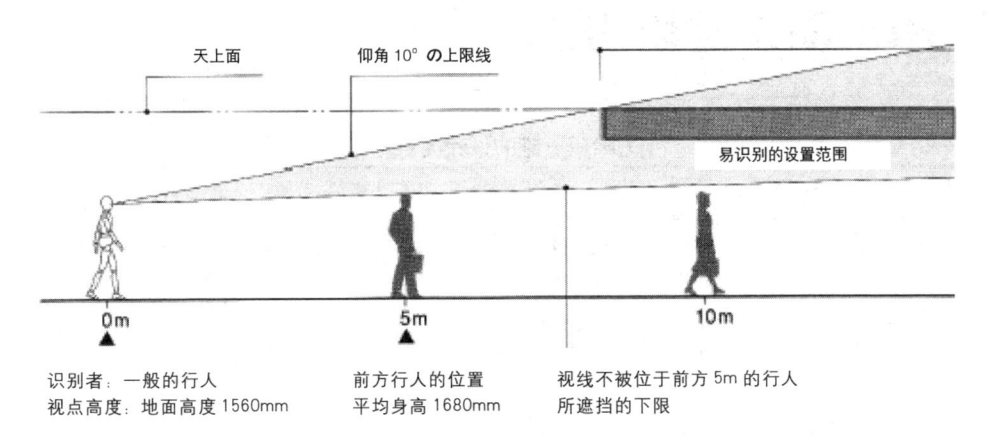

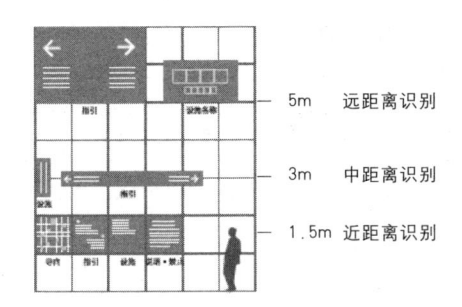

识别者：一般的行人
视点高度：地面高度1560mm

前方行人的位置
平均身高1680mm

视线不被位于前方5m的行人
所遮挡的下限

5m 远距离识别
3m 中距离识别
1.5m 近距离识别

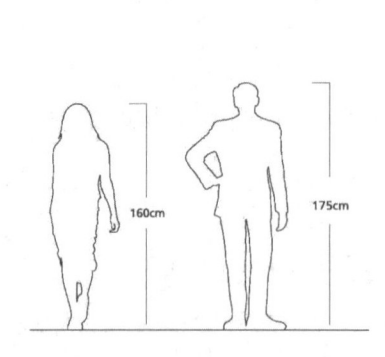

以成年男性与女性的身高比例为导视牌的高度依据

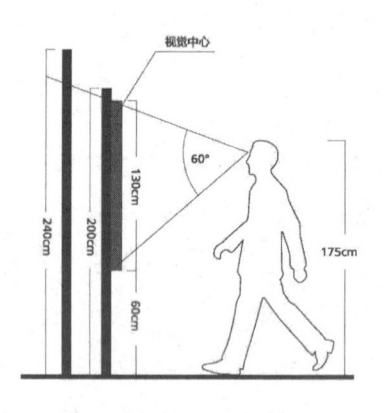

以成年男性视野范围来分析
导视牌的重要信息的焦点处

小镇的无障碍设计

无障碍设施的设计要点

无障碍设施	设计要点
盲道	纹路凸出路面的高度；连续铺设，避开障碍物，其他设施不得占用盲道；盲道表面应防滑；色彩宜与相邻人行道铺面形成对比等。
无障碍出入口	出入口地面应平整、防滑；排水；无障碍出入口上方应设置雨棚；注意门完全开启时所需净深及门框间距是否便于轮椅通行等。
无障碍坡道	轮椅坡道宜设计成直线型、直角形或折返性；坡道的净宽度；坡道高度与坡度；坡道扶手；轮椅回转空间等。
无障碍通道	无障碍通道宽度；排水；地面平整、防滑、反光小或无反光等。
无障碍楼梯、台阶	宜采用直线型楼梯；踏步宽度和高度；两次均设扶手；踏步起点和重点设提醒盲道；不应采用无踢面和直角形突缘的踏步等。
无障碍电梯、升降平台	无障碍电梯的候梯厅设计要求；无障碍电梯轿厢的设计要求；无障碍升降平台的设计要求等。
盲人指示牌	盲文牌材质；扶手；立柱等。

无障碍入口

建筑入口设有台阶时,必须设置轮椅坡道和扶手,入口平台最小宽度为1.5-2.0米,大中型公共建筑和中高层、高层住宅入口平台最小宽度为2.0米,小型公共建筑和低多层住宅宿舍入口平台最小宽度为1.5米。

无障碍坡道

无障碍坡道的最小宽度为1.2米,保证坡道上可同时有1辆轮椅和1个人侧身通行,坡道的坡度不应大于1:12,1:10与1:8的坡度只适应于受场地限制的改建建筑。

当坡道高度大于0.75m时,应设深1.5米水平休息平台。

坡道两侧应设扶手,扶手高0.85m,设二层扶手时,下层扶手高0.65m,扶手起点和终点应水平外伸0.3m,并向下再延伸0.1m以上或拐向墙面。扶手截面为35-45mm。

坡道的起点与终点的水平深度不应小于1.5m。

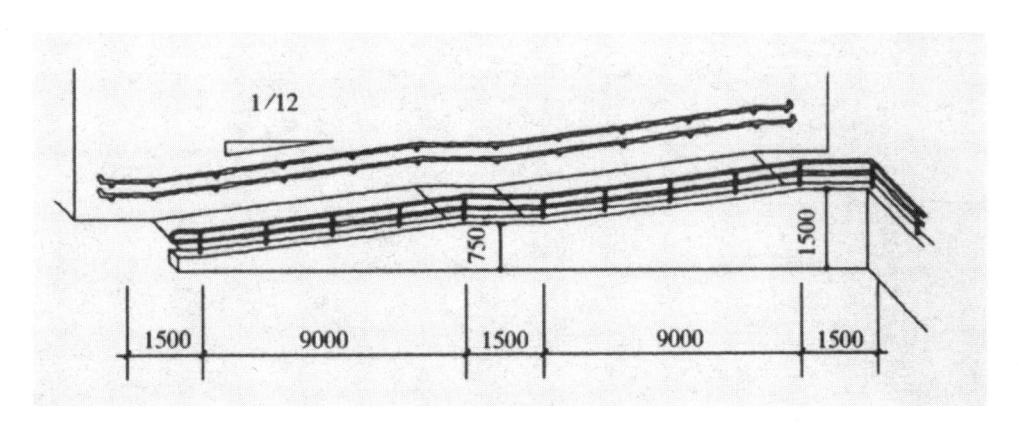

1:12 坡道高度和水平长度

无障碍通道

走道设计应符合下列规定:

1. 一辆轮椅通行最小宽度为 0.9m,大型公共建筑走道宽度应不小于 1.8m;

2. 向走道开启的门和窗以及向走道墙面突出大于 0.1m 的设施,应设凹室或防护措施。

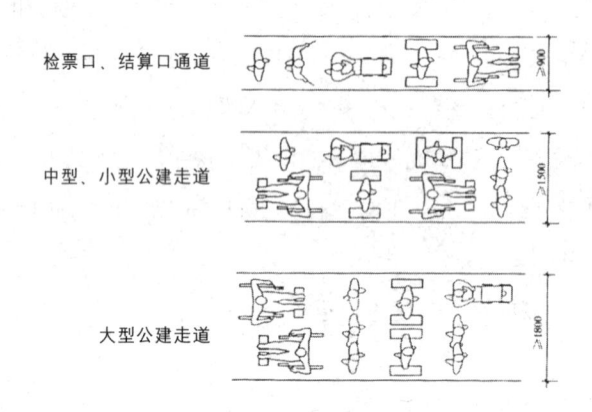

走道、通路最小宽度

无障碍楼梯

楼梯扶手应符合下列规定:

1. 楼梯两侧设扶手;

2. 扶手起点与终点应水平延伸 0.3m;

3. 扶手抓握截面为 35-45mm;

4. 扶手侧面与墙面距离为 40-50mm,并与墙面颜色要有区别。

5. 公共建筑主要楼梯的宽度不宜小于 1.5m,梯段起点于终点宜设提示盲道。

6. 楼梯间宜设乘轮椅者的避难位置。

7. 栏杆式楼梯,在栏杆下方的踏面上,设高 50mm 的安全挡台。

无障碍电梯

多层、低层、高层公共建筑与居住建筑需要设客用电梯时，至少应选用一部无障碍电梯。电梯厅有关设施要求如下：

1. 电梯厅宽度不宜小于 1.8m；
2. 电梯厅按钮高度为 0.9-1.1m；
3. 电梯门洞外口的宽度不宜小于 0.9m；
4. 电梯厅应设电梯运行显示和抵达音响；
5. 电梯入口处宜设置提示盲道。

电梯轿厢无障碍设施与配件要求如下：

1. 电梯轿厢门开启净宽度不应小于 0.8m，门扇关闭时应有安全措施；
2. 在轿厢侧壁上设高 0.9-1.1m 带盲文的选层按钮；
3. 在轿厢三面壁上设高 0.8-0.85m 的扶手；
4. 轿厢在上下运行中与到达时应有清晰显示和报层音响；
5. 在轿厢正面壁上距地 0.9m 至顶部应安装镜子；
6. 电梯轿厢的规格，应依据建筑性质和使用要求的不同而选用。最小规格为 1.4m×1.1m（轮椅可直进直出电梯），中型规模为 1.7m×1.4m（轮椅可在轿厢内旋转 180°，正面驶出电梯），医疗与老年人等居住建筑应选用担架可进入的电梯轿厢。

有楼层的医疗建筑、交通建筑以及大型商业服务建筑、文化纪念建筑等应设电梯。

无障碍电梯的位置应设国际通用标志。

无障碍厕所

小镇中的公共厕所，至少应设两个无障碍厕位（男女各一个），两个无障碍洗手盆（男女各一个），一个无障碍小便器。公共厕所无障碍厕位应符合下列要求：

1. 厕所入口、通道应方便乘轮椅者进入和到达厕位、洗手盆，并能进行回转；
2. 地面应防滑和不积水；
3. 无障碍厕位的门应向外开启，门的净宽度不应小于 0.8m。门扇内侧设关门拉手。

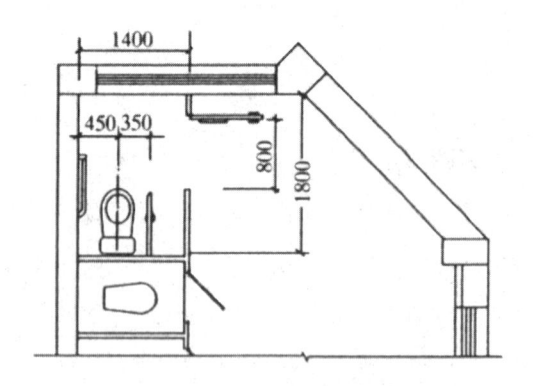

厕位面积不小于1.8m×1.4m，设0.42-0.45m座便器，并在两侧设安全抓杆和高1.2m挂衣钩。

小镇的材料

材料作为营造建筑的基本物质基础，在建筑设计和建造之中拥有着至关重要的地位。

"建筑的根本在于建造，在于建筑师利用材料将之构筑成整体的创作过程和方法的评论。" 建筑史学家及评论家肯尼思·弗兰姆普敦一直以建筑的材料为重点，在进行他对于建筑的评论。

富于变化的肌理，变幻的光泽和透明度，良好的触感都是材料最为丰富的表情，会在遭遇建筑形象，进入建筑空间的一瞬间给人带来最为直观却不易察觉的心理感受。这种感受甚至会超越材料所依附的空间形状，而成为以材料感知为基础的，对建筑整体的体验。

"所以一张制作精良的柔滑绸缎或一块久经风雨的布满痕迹的石头同样都会吸引我们的目光，摇动我们的思绪。"

翻阅人类文明发展史，会清晰地发现，人类文明的进程多以材料为依托。新旧石器时代、青铜时代和铁器时代等都体现材料与人类的出现和进化有着密切的联系。钢铁、玻璃、塑料、纤维、橡胶、合金等新材料的运用，也给现代设计带来新文化符号，也在撰写现代文明。中国古代自古以来就有"天人合一"的思想，要求人类应当和自然平等和谐相处。这也是现代设计师对建筑设计和室内设计追求和反思的问题。人与自然的平等映射人与万物的平等，人和自然是相互尊重的。人都有不同的性格和表情，我们也应体会到材料和人一样具有不同的性格和表情。

从建筑学的角度看，不同的建筑材料表达了不同的建筑语言，从设计的角度看，设计的过程就是材料被重新组合的过程，被赋予新文化的过程。

旅游小镇的材料设计，首先应对所在地区的材料进行分析研究，尽量选用就地取材的结构材料、饰面材料，比如要在香格里拉地区造小镇，就应该考虑运用当地的毛石、木材、石片瓦、木片瓦、外墙涂料、布缦、彩绘等建筑材料，如果在西安、千岛湖等地区则可以考虑运用稻草顶和瓦顶的建筑材料，这些具有地方特色的建筑材料的选择是体现小镇历史文化的视觉印象。但是小镇的材料不能仅仅用地方特色材料，还需要把现代新型材料与地方材料融合，组合出带有地方韵味的现代时尚小镇。

小镇的灯光

小镇的灯光设计专业术语叫泛光照明或投光照明，它采用投光灯来照明场景或物体，使它们的亮度比周围环境高出许多，使建筑物在夜间也产生亮丽迷人的效果，可以充分显示建筑的艺术性。美丽明亮的小镇是受人欢迎的，它不仅能吸引游客，诱发他们的观光兴趣，也可以促进商业的繁荣。

建筑物的泛光照明是夜晚用灯光照亮建筑物的外观，展现建筑形象的一种照明方法。在小镇中设计灯光，不仅可以创造良好的夜视环境，展示建筑的美感和城市的文化风貌，给人们的夜间活动和旅游者的游览创造气氛。此外，霓虹灯广告招牌和橱窗照明设计，以及建筑立面的照明交相辉映，共同创造着小镇的夜景环境。小镇的灯光设计是建筑设施不可缺少的组成部分。建筑物的灯光设计，可以通过光线照射的明与暗、动与静及点、线、面、色彩与图案的变化，使建筑物在夜间光彩夺目，是照明设计与美术设计的完美结合。

外部反射与内部透射相结合。外部反射就是将投光灯设置在建筑物外部，将光从外部投射到建筑物表面，使其产生反射，表面上产生亮度。对于一些只有反射而无透射性质的材料，如瓷砖、马赛克、铝合金扣板等，采用此方式效果好。对于玻璃幕墙这样的透光性材料，采用从内部透射的照明方式效果更佳。所谓内部透射就是使人们视线范围内的室内表面（墙面或平顶）达到一定的照度，让人们在室外观看玻璃幕墙就会觉得它具有一定的亮度。

点、线、面光源及照明器具的运用。对于一些比较复杂的建筑物泛光照明，需要采用多种照明光源及器具才能充分表现建筑物的整体形象。光导纤维发光点对于一些曲面及球体的表现有其独到之处。当这些发光点被均匀地布置在曲面及球体的表面时，从不同的角度看过去，发光点的亮度和密度会有所不同，这种亮度差和密度差造就了曲面和球体的立体感。如果建筑物的外形轮廓比较丰富，可以用线状照明设备勾划来表现，这些照明设备主要有霓虹灯和发光光纤。对于建筑物表面平直的部分，采用狭、中、宽光束投光灯照明就可以达到较好的效果。

动与静的结合以及色彩与图案的变化。静态照明是一般泛光照明不可缺少的主要部分，它使主体明亮。但静态照明无变化，如果用光导纤维或霓虹灯沿建筑物的轮廓设置或组成一些其他图案，并按一定程序作明暗和色彩变化，就会使建筑物脱颖而出，起到意想不到的效果。另外，还可以在建筑物的四周设置一些可以转动的探照灯，或在其顶部设置一些花灯、霓虹灯，或者采用激光发生器在大楼的上空影出各种预先设置好的图案。凡此种种，都能活跃建筑物的气氛，给建筑物带来生气，让人们心情愉悦。

小镇的泛光照明采用先进的智能控制系统，具备平时、周末、节假日模式的控制模式，方便管理人员集中管理及有效节能。美丽明亮的小镇是受人欢迎的，它不仅能吸引游客，诱发他们的观光兴趣，也可以促进商业的繁荣。

小镇的信息化设计

类型	项目名称	系统简述
园区弱电	弱电综合布线	所有弱电智能化系统所需的线材、设备等
	视频监控系统	安防视频监控平台（含项目主出入口客流统计）
	WiFi无线上网信号覆盖	项目全覆盖
	停车场管理系统	停车场收费系统，岗亭＋闸机＋收费机
	后勤门禁一卡通	门禁一卡通系统,包括办公、后勤管理用房门锁、读卡器
	剧院票务管理系统	票务平台（含在线预订支付、现场售票），包括验票闸机、窗口售票机、自助售票取票机
	酒店客房智能客控	客房智能客控系统，RCU控制器、智能终端、智能门锁
	电子巡更系统	电子巡更系统，覆盖整个项目的巡更点、巡更棒
	电梯通话设备	电梯五方通话设备，集中连接消控中心
	无线对讲系统	含主机、信号放大器及无线对讲机
	背景音乐公共广播	对商业街、酒店公共区域、游客服务中心、停车场等区域进行分组广播
	机房及弱电间的装修及设备	房间装修、应用系统服务器、网络设备及配件、UPS不间断电源等

（接上表）

旅游管理应用系统	税控系统及发票打印	税控软件及专用打票机
	公安上传系统	公安上传系统软件及专用硬件
	信息发布系统	LED 屏信息发布管理及控制系统（不含屏幕）
	酒店 PMS 系统	酒店管理系统，包括酒店预订、支付、前台管理、营销管理、仓库管理、报表管理功能，基本会员功能、税控接口开发等
	酒店 CRS 系统	酒店中央预订系统，包括中央渠道管理、中央预定、基础分析报表、基础客户关系及会员管理，接口开发
	酒店系统二次开发	增强分析报表、增强仓库管理、表单流程定制、功能定制
	集团后勤系统软件授权	财务软件、人力软件、预控软件、办公软件
商业管理	POS 收银系统	方案 A：零售系统前台及后台软件，服务器，移动 POS
		方案 B：零售系统前台及后台软件，服务器，台式 POS 机
	商业管理系统	商业运营管理系统，包括基本功能、商铺管理、品牌库管理、招商管理、合同管理、财务管理、基本物业管理、基本报表分析、基本会员功能、接口开发
	商业管理系统二次开发	增强物业管理、增强分析报表、表单流程定制、功能定制

一、弱电智能化设计

（一）综合布线系统

小镇设置综合布线系统，作为小镇建筑内部及外部语音、数据、数字图像、显示信号及多媒体信号的传输通道，结构化布线系统能满足现阶段大数据量、语音、视频、多媒体等信息传输需求。设计更考虑今后5-10年的智能建筑通讯及宽带网络发展的需要。综合布线系统采用弱电综合管槽，作为整个智能化系统线缆敷设的主要载体，有效避免各弱电子系统出现各自为政敷设管槽的现象，使智能化系统线缆能够做到统一管理，减轻日后维护压力。

（二）机房建设及计算机网络

小镇的信息核心机房、消防监控中心等机房的建设，保证了信息应用系统核心设备的稳定可靠运行，满足计算机系统以及工作人员对温度、湿度、洁净度、风速度、电磁场强度、电源质量、噪音、照明、振动、防火、防盗、防雷、屏蔽和接地等要求；充分发挥了各信息化系统的功能，延长机器寿命，确保机房内工作人员的身心健康。

计算机网络系统主要由交换机、服务器、防火墙、路由器及用户终端等组成；其中，无线WIFI网络主要由AP、无线控制器、服务器及网络交换、管理、传输设备等组成。计算机网络系统是实现小镇自动化办公、自动化通信、数据存储与安全、智能化集成管理等系统的基础。

（三）信息发布系统

信息发布系统基于计算机网络TCP/IP数字化传输，能够对文字、图像、音视频等多种信息媒体进行编辑制作、网络传输和控制播出，同时向无限个显示终端（电视机、显示器、监视器、投影机、LED屏幕、DLP拼接墙、触摸屏等）以自由组合分屏效果发布通知、公告、图片、广告、视频、动画、字幕，如酒店、剧场、客栈、酒吧、餐饮、商铺等服务项目介绍，可以提高小镇的服务质量及品牌形象。

（四）背景音乐及公共广播系统

公共广播系统能为小镇提供背景音乐及广播服务，系统具备分组广播、寻呼广播、选区广播、信号源切换等功能，平时系统播放背景音乐，事故时利用火灾事故广播切换器实现紧急广播优先使用功能，消防时利用火灾事故广播切换器实现消防广播优先使用功能。

（五）无线对讲系统

无线对讲系统具有机动灵活、操作简便、语音传递快捷、使用经济之特点，是实现生产调度自动化和管理现代化的基础手段。小镇建设无线系统对于保安部等各个管理部门的各项管理工作带来极大的便利。可实现高效、即时地处理各种事件，最大限度地减少可能造成的损失。尤其是紧急事件发生时，一套覆盖整个小镇（包括楼梯、电梯、地下室）的无线对讲系统，无处不通，一呼百应，呼之即来，能够快速组织调动人员，进行逃生、抢险、救援等工作，有效实施应急预案。

（六）无线WIFI网络

无线网络系统主要为小镇办公网、外网、设备网（预留）无线系统，点位采用全室内外覆盖的方式。办公网无线用于业务系统的使用，外网无线用于租户、工作人员、游客日常Internet访问。支持全网范围内的无缝漫游，具有全面的安全、服务质量支持能力，自动射频管理，用户负载均衡。小镇的无线WIFI网络还具备广告宣传，业务推送、移动支付等功能。

（七）视频监控系统

小镇大部分区域均属于开放性公共场所，到场的人包括游客、外部单位人员、工作人员、租户等，甚至一些社会闲散人员等，人员身份的复杂程度较高。采用视频安防监控系统，可以对小镇公共场所、往来人员等进行合理有效的监控和管理，保证现场人、财、物的安全。

（八）电子巡更系统

电子巡更系统保障小镇的日常运营，对保安、工程、运营管理人员的巡查路线、方式及过程进行管理和控制。

（九）门禁控制系统

小镇设置门禁控制系统，对各种门锁的状态监测及开关控制，保证消防控制中心、信息机房、弱电机房、换热站、生活水泵房、消防泵房、变配电室、柴油发电机房、财务室、重要物品库房等重要房间的安全。

（十）停车场管理系统

停车场管理系统利用车牌识别技术，高度自动化的机电控制设备，可以对小镇停车场进行安全、有效的管理。停车场整体系统采用数字架构设计，管理中心定于安防控制室，管理人员可根据实际情况和时段的需要，调整道闸管理控制策略，应对各种特殊情况的发生。

（十一）电梯五方通话系统

垂直电梯设置五方对讲系统，在电梯机房、电梯轿厢、电梯轿顶、电梯井底坑各设一部呼叫电话，在消防控制中心设置一部对讲管理机，实现五方对讲，可以有效地处理电梯应急事件。

（十二）客房智能控制系统

小镇的高级客房设置客房智能控制系统，为酒店提供门锁、窗帘、空调、新风、门显等客房设备智能控制，支持微信、APP等远程操控，支持多种场景模式设置，提升游客居住体验。

（十三）剧院门票系统

剧院门票系统可实现在线注册会员、浏览剧目信息、在线选座购票、在线支付等完整功能，系统操作便捷、稳定、安全，实现了对票务自动化管理，使票务管理工作走向全面自动化、规范化，对信息及时发布和进行会员管理，从根本上提高了票据管理效率和对客户的服务质量。

（十四）远程抄表系统

远程抄表系统由带远传功能计量表、数据采集器、通讯总线、服务器和管理工作站组成，能将计量表上的数值正确识别，并准确地传输到中控室显示；可进行批量或个别选择抄表；可进行现场或远程用量校对；实现分时段抄表，分时段计费，提升小镇景区管理效率。

二、信息化系统

（一）酒店管理系统

酒店管理系统为酒店经营管理、集团管控提供全方位服务，主要包括PMS、CRS系统。PMS系统需具备房态管理、预订管理、接待管理、后勤管理、餐饮管理、进销存管理、财务管理、营销管理、报表统计分析等功能。CRS系统支持集团管控、会员中心、客户中心、市场营销、经营决策、分析中心、结算中心等功能。

（二）餐饮系统

满足小镇餐厅管理需求，满足订餐、配餐、出餐、食材管理、库存管理、财务管理、统计报表等功能。

（三）酒店公安上传系统

按公安局规定，入住酒店、客栈需上传个人身份信息。

（四）商业管理系统

商业管理系统为小镇景区商业运营活动提供全流程管理，包括组织机构管理、商铺管理、品牌库管理、招商管理、合同管理、财务管理、物业管理、报表统计分析等功能，满足集团管控需求。

（五）POS收银系统

满足POS统一收银需求，支持多种支付方式，与商业系统打通。有效地统计各业态的、各租户的营业状况，以做商业分析、决策。

（六）税控及发票打印系统

按税务局规定，机打发票需配置税控及发票打印系统。

（七）其它专业职能软件

配置财务软件、人力软件、预控软件、办公软件等专业软件，满足办公的需要。

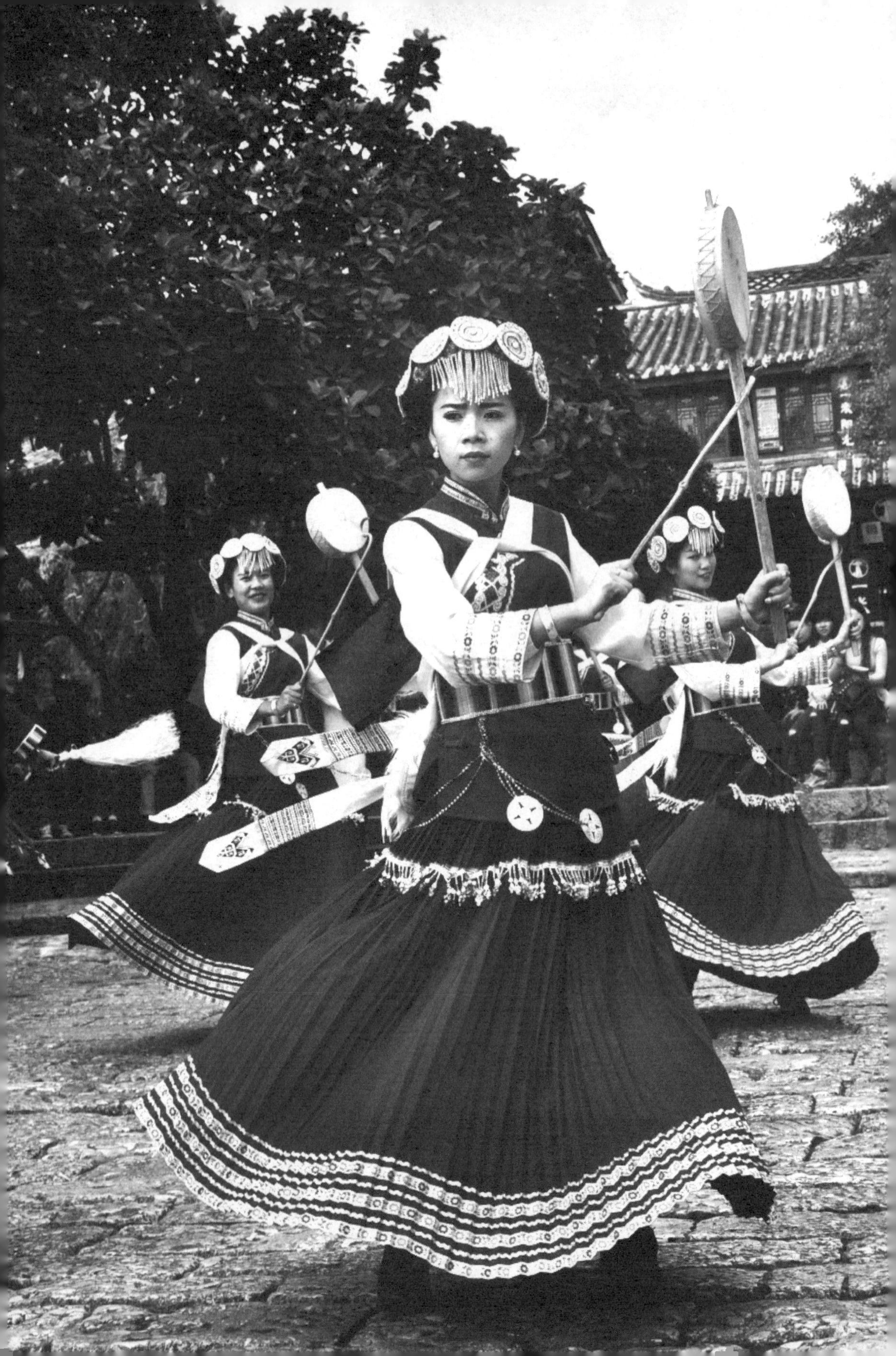

第五章 小镇演艺

"演"字，在古代汉语的源发意义中，首先有"水长流"的意思。木华《海赋》："东演析木。"其次，有"扩大、推演"的意思，如司马迁的《报任少卿书》："盖文王拘而演《周易》，仲尼厄而作春秋。"除此之外，它还有"阐发""运用""延续"等几个意思。但，无论是基于上述哪一种意思，"演"字在中国文化传统中惯常的指代，通常都是在表达一种以具体事物为"蓝本"的发展、变化。"演"，是一个永远迸发生机与探索无限可能的状态，它就寄身在宇宙万物的形神间，连接单一的原始，贯通万有的无穷。

"演"字，在古代汉语的源发意义中，首先有"水长流"的意思。木华《海赋》："东演析木。"其次，有"扩大、推演"的意思，如司马迁的《报任少卿书》："盖文王拘而演《周易》，仲尼厄而作春秋。"除此之外，它还有"阐发""运用""延续"等几个意思。但，无论是基于上述哪一种意思，"演"字在中国文化传统中惯常的指代，通常都是在表达一种以具体事物为"蓝本"的发展、变化。——"演"，是一个永远迸发生机与探索无限可能的状态，它就寄身在宇宙万物的形神间，链接单一的原始，贯通万有的无穷。

"演艺"这两个字，也正是因此，不单单应该在字面上被标定成所谓的"演出艺术"，而更应该在这种深广下，被视为一种"活态"（Living）的文化演出，以及"活态"的人文遗存。

"激活"小镇演艺

要"激活"小镇演艺，首先要搞清楚，何为"活态"的小镇演艺？顾名思义，它是对业已司空见惯的旅游演艺在小镇的运营范畴中进行一种翻新与再创造。至于这个"活"字缘何为"活"，就是要去规避种种过往旅游演艺行业的僵弊与死局，这一"激活"的方法，虽说并不是在捕一条"活鱼"，但总归还是有点异曲同工的意思。细细考量，"激活"小镇演艺，至少应该基于如下两点来谈。

第一，"演艺"相对于"小镇"这个"冰硬"的地理聚落而言，它应该是"鲜活"的。

小镇的存在，在社会形态上，正好比是一座缩小了比例的城市，也好比是一座增添了市集的村庄。小镇的特性，其实就正在于这种饶有趣味的"中间性"。在欧洲，在东南亚，在我国南方环覆的深山或者缠绵的水乡，我们往往就会看到，一座拥有了上百年历史，各类文化遗存也保护完好的小镇，就能同时体现出仿佛精致的小城市般的巧致与依山傍水，纯出于自然的田园风光。

这，正是旅游小镇所应一力追求的返璞归真的兼美。

然而，创建一座小镇，我们可凭藉的当地文化历史或者遗韵沧桑，毕竟还是借自那几卷箱底覆土的残书，或者眼面前百年未倾的古楼——就算对当地环境和风物还能够不断做出"历史复现"，且依据时尚的标尺实时续作出独到阐释——最终所呈现的趣味也仍然只是静态的，始终未能脱离构筑环境的冷格局和硬表皮。这诚然远远不够。一座合格的旅游小镇，骨子里更应该突显出一种"不一样的"文化表述与传承。一种既能把雕梁画栋与小桥流水的环境美与情趣美做兼收，又能把十分引人耳目的人生俚俗、世间百态用来传达的表现形式。于是，活生生的旅游演艺，在小镇策划课题之上，呼之欲出。

活生生的小镇演艺，应该盛开在小镇"土生土长"的那根需求藤蔓上。它的"活"，是一种小镇的自发成长，是一种为小镇量身定做，是一种小镇的绽放升华。

第二，小镇"演艺"相对于各类传统景区演艺的旧势能、旧格局，它应该是"灵活"的。

在我国，自从1982年陕西省歌舞剧院《仿唐乐舞》问世起，旅游景区演艺的业

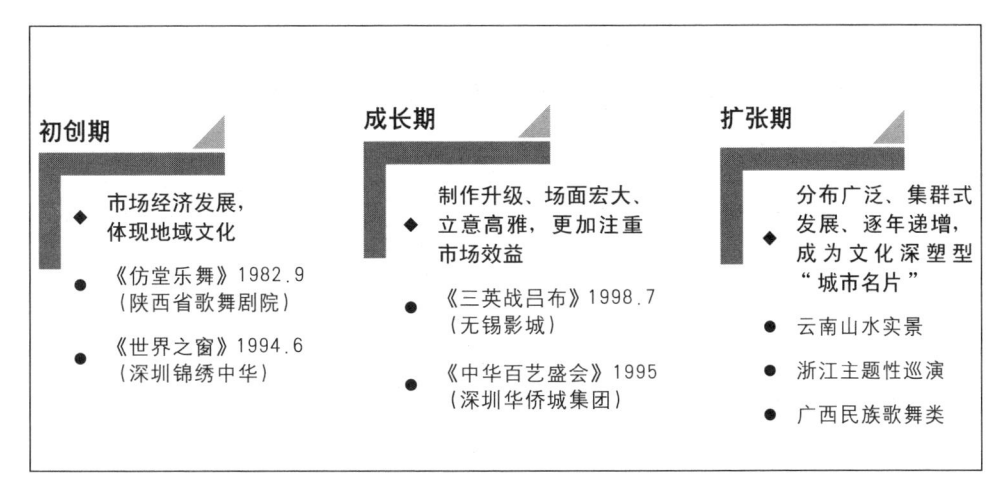

初创期	成长期	扩张期
市场经济发展，体现地域文化	制作升级、场面宏大、立意高雅，更加注重市场效益	分布广泛、集群式发展、逐年递增，成为文化深塑型"城市名片"
● 《仿堂乐舞》1982.9（陕西省歌舞剧院） ● 《世界之窗》1994.6（深圳锦绣中华）	● 《三英战吕布》1998.7（无锡影城） ● 《中华百艺盛会》1995（深圳华侨城集团）	● 云南山水实景 ● 浙江主题性巡演 ● 广西民族歌舞类

中国旅游演艺的发展历程回顾

态发展及其呈现形式至今已经历了三个阶段的变迁。如今，从自然类到人文类再到主题公园类的各色旅游景区，早已遍布各种形式新巧、规模不等的旅游演艺。（见下图）

　　三十多年来，旅游演艺的表现形式也在不断地迁延变化，早已经从最初的偏重单一情景式演出，步入到了整合并融，集体探索综合型演艺形式的新时代。（见下图）

单一场景演出	综合舞美演出	综合型演艺探索
● 多为大型节庆情景演出 ● 地方性曲艺杂汇为主 ● 历史人文性厚重，缺乏系统性、创造性和互动性	● 分为四大类：主题公园类、大型山水实景类、剧场类及巡演类 ● 系统性高、综合性强、品牌辨识度高、注重互动性 ● 诞生以来，即迅速成为各地旅游景区奉行的主流演艺模式	● 传统的舞美、音乐、灯光、武术等配以声、光、电等三维视效高科技手段加以呈现 ● 视听语言精益求精，打破舞台时空，表演形式及内容更趋多元，体验性高 ● 代表演艺形态的前沿

中国旅游演艺表现形式的特征迁延

　　综上所述，已经趋于"业态完熟"，蛋糕分竟的整个传统旅游演艺行业，如何在特色旅游小镇开发的大背景下，扶持新鲜崛起的小镇式旅游演艺，使其持续做到冲破旧势能，突围旧格局，并以一种姿态独有的"灵活""新颖"形式呈现于世，长演长红，并最终为自身依托的旅游小镇带来长效增益的综合营收？

　　于此，我们不免需要再一次回头瞻望向古圣先贤，以一种"活捉"式的活学活用，再度启动一番逆向思维。

　　老子《道德经》有云："反者道之动，弱者道之用。天下万物生于有，有生于无。"毛主席在《新民主主义论》中也说："不破不立，不塞不流，不止不行。"而小镇演艺想要在传统景区演艺势能已经趋于固化，演艺类型也呈现出高度同质化的今天，顺

小镇演艺想要真切做到"灵活"破局,必须抛弃野蛮和粗暴的"复制"模式,需根植于小镇当地的本土民间,结合创意轻装上阵,才能够发挥出崭新的优势。

利拔得头筹,脱颖而出,只能是首先对整个行业的演艺发展趋势进行精确的剖析和透视,从而掌握整个行业可能会有的缺陷、漏洞,然后再反其道而行之,用他人所未用,从市场尚有所需,而景区仍无所供的地方,闯出一条新路,脚下果断稳、准、狠地大踏步迈出自我创新的步伐。

纵观国内旅游演出市场的当下走势,林林总总,出现了许多所谓"大投入""大制作""大场面"的高端定位型演出(参见图至案例介绍),其针对指向,也多是以国际旅行社组团引流的东南亚及欧美高端客群为主。但在实际的观众群中,六成以上则为国内游客。国内一些知名的品牌主题公园,以其品牌Copy模式所特有的"流水化"开发手段,迅速在全国各地呈现出了多台大型旅游演艺,但其日均的上座率也仅达到八成以上，而在其观众群中真正居于主流的，仍不乏大量来自近郊市区的活动套票持有者及免票游客。大制作旅游演艺一时间似乎已经陷入了市场定位不明确，国际旅游市场不买账的怪圈。

究其原因，大制作演艺虽然许多是从项目的策划阶段便开始将作曲、灯光、音响、舞美、服装等交由国内外顶级专业人士负责担纲，而且其整台演艺不论从舞台硬件还是内容呈现，也均是精益求精，特别是一些大场面，往往动辄就会动用近千名演职人员。但其整台演出的立意、趣味仍难免是过于局限在小众高雅层面，未能从运营和创意的深处着眼，从一开始便从精良的细节设计上去带动和呼应景区周边的服务配套体系，因此，最终仍旧难以将整台演艺催发出良性的链条式产业带动力。

深入反思这一旅游演艺业界的"高大上"误区，小镇演艺想要真切做到"灵活"破局，就必须抛弃野蛮和粗暴的"资本复制"模式，重新根植于小镇当地的本土民间化及市场娱乐化，轻装上阵，奇兵出击，才能够发挥出崭新的优势。（见下图）

总体说来，所谓"灵活"的小镇表演，就是以小群多路、短小精悍、遍地开花、欢快热烈、参与性强、非舞台化等几个"避重（体量）就轻"的特点出发，打造一系列和小镇环境布局共生共荣，常新常变的常态文化演艺产品。如此，才能创造旅游小镇新的经济增长点，并有效促进小镇周边的多元产业带动，迅速拉动区域旅游经济发展，取得更广泛的社会综合效益。

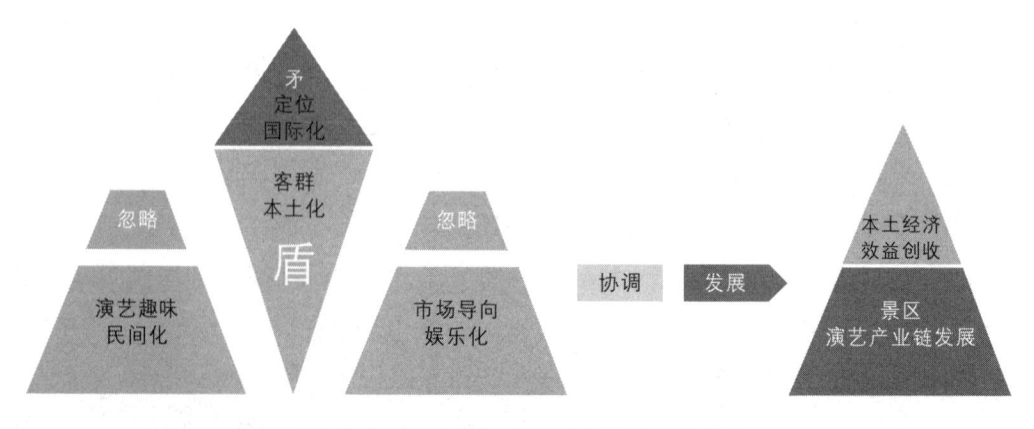

小镇演艺如何破局旅游演艺旧势能、旧格局的思考

小故事

表演艺术的起源：

关于表演艺术起源问题的最古老的理论，始于古希腊哲学家。这种学说认为：模仿是人类固有的天性和本能，艺术起源于人类对自然的模仿。在古希腊哲学家看来，所有艺术都是模仿的产物。亚里士多德认为："艺术模仿的对象是实实在在的现实世界，艺术不仅反映事物的外观形态，而且反映事物的内在规律和本质，艺术创作靠模仿能力，而模仿能力是人从孩提时就有的天性和本能。"继古希腊哲学家之后，文艺复兴时期的达·芬奇、法国启蒙思想家狄德罗、俄国作家车尔尼雪夫斯基等人都不同程度地继承和发展了这一学说。这种理论直到19世纪末仍然具有极大的影响。

而从古希腊戏剧发展的角度，戏剧表演被认为是从一种宗教仪式中演化而来的。这个观点是这样表述的：一开始，人类把世界上的自然力量，甚至季节的变化都看成是不可预料的。他们试图通过各种方式去控制这些未知的、令人恐惧的力量。那些似乎带来了满意结果的手段就被保留下来并且重复直到这些手段固化为不变的仪式，最后产生了能够解释或者掩盖这些仪式神秘性的故事。随着时间的推移，一些仪式被废弃了，但这些后来被称作神话的故事流传下来并且为艺术和戏剧表演提供了素材。认为戏剧从仪式演化而来的人们还认为那些仪式包含了戏剧表演的基本因素，因为音乐、舞蹈、面具和服装几乎经常被使用，而且，必须为演出提供一个合适的地点；如果不是整个社区共同参加演出，经常在"演出区"和"观众席"之间划分出明显的分界。另外，仪式中还有演员，而且宗教领袖通常承担演出任务，因为在仪式的执行中避免错误的发生被认为有相当大的重要性；他们经常带着面具，穿着服装像演员那样扮演其它人、动物或超自然的生灵，用动作来表演以达到所需要的效果，比如打猎的成功或战斗的胜利、将至的雨、太阳的复活。最后这些戏剧性的表演随着时间推移，逐渐从宗教活动中自然分离了出来。

"鲜活"的演艺产品定位

《周易·系辞上》有言曰："引而伸之，触类而长之，天下之能事毕矣。"《论语·述而》又云："举一隅，不以三隅反，则不复也。"这些经典之谈，个中所强调的，其实正是古人处理内涵定位问题的不二法门：触类旁通，举一反三。

确立演艺产品定位的问题，其实也绝不单单是一个点或一条线上的问题。它必然会是一个体系式的联动关系探讨。因为它实质涉及到一个演艺产品内涵范畴的系统确立问题。我们只有站在体系化思维的向度，以综合处理的手法来思考和面对这一问题，才能获得始终贴合小镇风貌，既有主又有辅，既有表又有里，既有阴又有阳，既有神又有形的演艺产品内涵整体成套指标建设，也就是一个始终"鲜活"的演艺产品定位。

在此，对于一个具体的小镇演艺产品，我们事实上可以体系化地将其引申、分解为万变不离其宗的三大定位要素来把握。

这三大定位要素就是：小镇演艺的核心主题、辅助内涵以及其亮点创新。

旅游小镇创建伊始的规划定位，即其主题文化特色，最能体现出当地核心的旅游资源所具备的势能优势，这一势能优势，正是确立旅游演艺产品定位的不二基石，或者说出发点。

而旅游小镇本身的所在地尚拥有丰厚的人文资源，将能供给在小镇演艺体系的建设过程中，居于显隐表里各个层次的辅助内涵，并最终帮助小镇演艺完整融合除核心主题之外的其它文化性蕴含承载。因此，进一步确立小镇演艺的辅助内涵，是实现其产品定位的重要环节。

在确立上述两个定位要素的同时或稍晚，小镇演艺还仍需时刻围绕着一种不断创新，不断刷新出亮点的独有呈现方式来做最终的归依形态，才能真正确立一个完备的演艺体系。

因此，一个小镇演艺产品的定位过程，恰恰需要注重上述三个层次之间相辅相成

的递推关系。现分别以图示的方式,将其表述如下:

核心主题	辅助内涵	亮点创新
小镇特色主题（核心资源优势）	小镇所在地的本土人文资源（包括文学、流行文化、影视文化、历史、民间传说等）	体系化、品牌化借鉴国内外旅游演艺创新精华,不断更新动态文化演艺体系

小镇演艺产品定位的三大构成要素

> **小故事**
>
> ### 中国戏曲的历史钩沉
>
> 　　戏曲（traditional opera,历史上也称戏剧）是包含文学、音乐、舞蹈、美术、武术、杂技以及表演艺术各种因素综合而成的一门中国传统艺术,剧种繁多有趣,表演形式载歌载舞,有念有唱,有文有武,集"唱、做、念、打"于一体,在世界戏剧史上独树一帜,其主要特点,以集传统古典戏曲艺术大成的京剧为例,一是男扮女（越剧中则常见为女扮男）;二是划分生、旦、净、丑四大行当;三是净角有夸张性的化装艺术——脸谱;四是"行头"（即戏曲服装和道具）有基本固定的式样和规格;五是利用"程式"进行表演。中国民族戏曲,从先秦的"俳优"、汉代的"百戏"、唐代的"参军戏"、宋代的杂剧、南宋的南戏、元代的杂剧,直到清代地方戏曲空前繁荣和京剧的形成。
>
> 　　中国戏曲虽然产生得比希腊、印度晚一些,但是早在汉代就有了百戏的记载,在13世纪已进入成熟期,其鼎盛时期是在清代。新中国成立之初,已经发展到300多个剧种,剧目更是难以计数。世界上把它和希腊悲喜剧、印度梵剧并称为三大古老的戏剧文化。戏曲始终扎根于中国民间,为人民喜闻乐见。而在其中,京剧、豫剧、越剧、黄梅戏、评剧依次称为中国五大戏曲剧种。其它各种地方剧种都有其自己的观众对象。远离故土家乡的人甚至把听、看民族戏曲作为思念故乡的一种表现形式。

"灵活"的演艺形式

旅游演艺的形式，本身就是千变万化的。在当今的旅游景区业界，各种规模的演艺形式，几乎也可以说是"应有尽有"了。回顾现有的诸多典范性演艺形式，将仍会有助于我们今后借鉴及创新再生发出新颖、灵活的全新演艺形式。传统的演艺形式大概类型包括：

一、广场类

（一）广场舞台类

以深圳世界之窗每晚在"世界广场"推出的大型晚会为代表。该类演出一般运用先进的舞台灯光技术，采用氢气球、秋千、声控模型、鸽子等占据多位空间，并释放焰火、礼炮配合舞台演出。演出内容既有融杂技、小品、歌剧、哑剧、服饰表演、游戏娱乐于一台的综艺类节目；也有主题鲜明的音乐舞蹈史诗类节目，如深圳世界之窗的《创世纪》《跨世纪》《千古风流》等。

（二）广场巡游类

以深圳中国民俗文化村的"中华百艺盛会"游行为代表。该类演出是一种行进式队列舞蹈、服饰、彩车、人物表演，一般与节庆相结合，在景区广场进行，有的以民俗风情为主题，有的以传统神话为主题，有的以童话传说为主题，音响热闹，喧闹喜庆，服饰夸张怪诞，娱乐性强。如民俗文化村推出的"中华百艺盛会"游行队列，汇集了高跷、秧歌、旱船、威风锣鼓、四大美女等民间文化娱乐；而世界之窗的大游行则汇集了皇家马队、扑克方阵、典礼仪仗、文化彩车等异国文化风情。

（三）社区广场类

在城镇乡村的社区广场内进行，以民俗表演为主要内容，形式多样，规模可大可小。社区广场演出和景区广场演出相比，最大的区别在于其表演者即社区居民。在特定的社区环境背景下，社区居民参与表演，使演出呈现出浓郁的乡土气息，从而带给游客更丰富真实的审美体验。

社区广场演出的特点还表现在它的演出时间主要集中于特定的传统节日期间，是当地民俗活动的重要组成部分。以汉民族众多的舞龙民俗为例，盛行于广东丰顺县埔寨镇的舞火龙，在元宵节进行；四川洛带古镇除了在元宵之夜舞火龙，还在夏季伏旱时节舞水龙；而在广东湛江东海岛的东山镇，每年中秋节镇上居民都会自发组织"人龙舞"，人人积极参与到舞龙活动中。因而，民俗表演与民俗活动密不可分，它在民俗活动中生存、发展，并履行着民俗活动赋予的任务。

二、山水实景类

山水实景演出，顾名思义，是指以自然山水为舞台和背景的演出，以桂林阳朔的《印象·刘三姐》为代表。

实景演出突破了传统的舞台表演的空间限制，将真实的地貌环境转化为演出场地，将当地人和他们的日常生产、民俗民风、生活行为等转化为艺术素材。实景演出的本性，使它天然地具有唯一性和不可复制性。离开了当地的山水，就失去了舞台；离开了当地的人民，就没有了演员。同时，实景演出又是最浪漫的演出。它将现实的山水环境进行艺术渲染，观众置身其中，感觉如梦如幻；它将真实的劳动场景和生活景象进行升华，启迪人们。它的演出内容必须和自然景观相协调，所以它是唯一的、不可取代的。自然环境是演出的一部分，随着一年四季的不同，每天气象的不同，自然景观的变化，这个天然的舞台所表现的视觉感受也就不同，实景演出之魅力正在于此。此外，实景演出尤其重视生活中和演出现场的各种现实乐音和音效，创造性地将非常规的声音元素融入音乐，如将风声、拍水声等一些自然的音效元素纳入进来，成为有机的音乐语汇。

《印象·刘三姐》的成功，带动了国内实景演出的热潮。之后，丽江推出了《印象·丽江》雪山篇，河南嵩山景区推出了《禅宗少林·音乐大典》；杭州也在打造《印象·西湖》。

实景类演出非常重视演出场地的选择。如《禅宗少林·音乐大典》项目选址在距登封市南面五公里的待仙沟，主表演舞台为一片峡谷，山呈竖状排列，近、中、远景层次分明，构成典型的中国山水画散点透视关系。峡谷内有溪水、树林、石桥等，可构成实景表演的要素。山峰的高度和层次适合灯光的运用，山谷内回音不大，对音响设计影响很小。山谷的入口为一片平地，大多为荒地，为大型停车场及项目配套酒店、景区商务、游客集散提供了很好的场所。不远处的马桩水库正好构成景区风光的一部分。具备了中岳嵩山自然剧场所需要的良好条件。

三、剧院类

剧院类是比较传统的演出形式。和前两类演出形式相比，剧院演出受封闭空间的限制，舞台面积有限，因此，为了获得理想的视听效果，带给观众美好的体验，对舞台设施和舞美设计的要求很高。往往要投入巨资，配备高科技舞台设施。如杭州宋城剧院，斥资200多万元引进美国激光效果公司"梦幻色彩"系列15瓦全彩色激光灯。为配合激光演出，剧院还专门从美国引进价格不菲的室内水幕喷头，每平方米达40000点的出水密度真实地在剧院内营造出云蒸霞蔚、烟雾朦胧的场面，使观众体验更加真切。为达到美仑美奂的逼真效果，又斥资200多万元引进世界顶级品牌摇头电脑灯。如此先进的灯光设备使得以往大面积普射、高亮度的灯光布置模式变为突出重点、虚化、烘托气氛的设计模式。除顶级效果灯外，剧院内还有三十多排、上千只PAR灯组成的总功率达700千瓦的灯阵，随剧情的变化营造出魔幻般的强烈灯光效果。最富创意的是舞台采用了最先进的长达100米的旋转幕布景，不仅便于场景的切换，还增加了舞台效果的流动感。

四、宴舞类

以西安唐乐宫的《仿唐乐舞》，丽江玉龙吉鑫园文化饮食城的《木府古宴秀》为代表。宴舞类将餐饮与演出融为一体，既属于旅游餐饮类项目，又是旅游演出的另类。作为旅游餐饮类项目，宴舞之美食要突出地方的、民族的特色，体现旅游地饮食文化的精华。如《木府古宴秀》"集中展示纳西民族的经典大餐"（《木府古宴秀》宣传资料）；《仿唐乐舞》因主要面向海外游客，故集中展示中华美食。作为旅游演出类项目，宴舞之演出要突出表现旅游地独特的民族文化和民俗风情。如《木府古宴秀》展示了纳西族的东巴文化、纳西古乐、摩梭人走婚，以及丽江古城"放水洗街"和"放荷花灯"的传统习俗；《仿唐乐舞》则展现了唐代宫廷歌舞的韵味。

综上所述，小镇旅游演艺的演出形式，应该在充分借鉴上述传统经典演艺形式的基础上，进一步与景区硬件功能等建设规划紧密结合，互为表里，以系统到位的文化重塑、体验承载及氛围营造吸引游客。现根据小镇旅游的四大基本功能趋向：山水观光、文化体验、乡村旅游、欢乐休闲，将与其相对应的基本演艺形式取向界定并归类如下：

山水观光	文化体验	乡村旅游	欢乐休闲
大型山水实景特技特效演艺	民俗文化氛围营造	民俗表演、节庆活动等	高科技演艺、经营性演艺

小镇功能区划与相对应的演艺形式

小故事

舞蹈的起源

舞蹈是人类最古老的艺术形式之一。上古时代,它就充当原始人交流思想和感情的工具。它的起源是随着人类生产劳动而产生的。动作和节奏与劳动是密切相关的,不管是哪一种劳动,人的手脚总是要活动的,手用以拍打,脚用以踩踏,在某种动作连续重复过程中,就产生有规律的节奏,再伴以呼喊或打击石块和木棍,最原始的舞蹈就出现了。

在人类原始部落里,舞蹈具有全社会性,在他们组织散漫和生活不安定的状况下,需要有一种社会感应力使他们团结在一起,舞蹈就是产生这种感应力的重要手段。不论是狩猎还是战争,都是整个部落一起行动,所以原始舞蹈总是集体性的。部落为了有个共同标志,这就出现了图腾。图腾不仅作为部落区别的标志,同时亦是一种最原始的宗教信仰。每逢祷告或庆贺,都对着图腾跳舞,这叫图腾舞蹈。图腾舞蹈在世界各地原始民族中都是一样存在的。北美洲印第安部落跳的野牛舞,他们深信野牛和自己部族有血缘关系,跳这种舞野牛就会出现并让他们狩猎;澳洲土人跳他们的图腾蛇舞时,舞者纹脸纹身,作为对自己部落祖先的纪念。龙和凤是中国古代民族的图腾。由于各个部族互相归并,一个图腾已经不能代表整个部落联盟的共同祖先,于是把几种图腾特征,如以鹿的角、蛇的身、鱼的鳞、鹰的爪综合成龙的形象,以孔雀、山鸡等特征综合成凤的形象,用它们代表最高统治者一姓的祖先,作为"帝德"与"天成"的标识。后来才把龙和凤当作中华民族发祥和文化肇端的象征。

原始社会解体,人类进入奴隶社会,从此,图腾崇拜开始和巫术迷信相结合。因而就产生了巫舞。图腾崇拜和巫术虽然都是原始宗教信仰,但两者性质不同,活动形式也不相同。图腾是原始人类崇拜的偶像,而巫师则是作为人与神之间的桥梁;图腾舞蹈是社会性的集体舞蹈,而巫舞则是巫师的表演。在巫术中,歌和舞被利用为巫术的手段,制造出一种神秘的气氛,以保证巫术的成功。从舞蹈发展的角度上看,巫舞比原始的图腾舞蹈前进了一大步,它从比较粗糙的集体舞蹈转向专业的、个人的舞蹈表演,而且还表现出神话中的人物和故事。中国春秋战国时期的楚国,巫舞十分盛行,规模宏大,形式和内容都相当丰富。

奴隶社会末期，巫舞逐渐向娱君娱众的方向发展。男巫已开始改为女巫。从此巫就失去了原来受崇拜的地位。到了封建社会，宫廷舞蹈大规模地发展；分为祭祖性质的乐舞和宴饮助兴的乐舞。中国的汉魏和隋唐时代，是宫廷舞蹈发展的两个高峰。宫廷内设有专门管理收集乐舞的乐府、太常寺、梨园等机构，训练和培养宫廷乐舞演员和乐员。唐玄宗和南唐李后主等皇帝还亲自参加编制乐舞。东方国家如印度、日本、朝鲜等，同样也有专供皇室享用的乐舞和舞伎。在欧洲，古希腊、罗马的宫廷舞蹈原来也是很兴盛的，自西罗马灭亡后，整个欧洲为教权所统治，娱乐性舞蹈被中世纪教会认为是不道德的而加以禁止，但带有世俗性质的民间舞蹈仍独立于宗教舞蹈之外而发展，直到文艺复兴以后，宫廷舞蹈才重新恢复。

西方17世纪后的宫廷舞蹈，是以社交性质为主的娱乐舞蹈，皇帝也一样参加跳舞。这种舞蹈是向民间吸收了若干种舞蹈形式，由舞师加以改造和传授，以适应宫廷中的社交仪式，这是西方社交舞蹈的起源。

芭蕾是从欧洲宫廷舞蹈发展而来的，首先是属于宫廷中专有的表演，后来转移到剧场中去演出。它制订出一整套技术规范和要求，所以称之为古典芭蕾。古典芭蕾是表演性舞蹈中技巧要求最高和最讲究形式规范的舞蹈，它传播面很广。20世纪初，现代舞在西方兴起，这种舞蹈形式最初是受浪漫主义思潮影响产生的，后来又在现代主义的思想影响下产生出许多舞蹈派别。它总的倾向是反对传统的艺术观念，提倡创新、自由，建立了一套它们自己的表演体系和理论体系。现代舞在德国、美国、英国、日本等国家较为流行。

在舞蹈发展史上，民间舞蹈常常被人忽视，其实只有民间舞蹈才是舞蹈发展的主流。民间舞蹈是人民群众智慧的结晶，它是永远不会枯竭的舞蹈源泉。历代统治者都懂得向民间舞蹈吸取营养，但他们又千方百计去禁止民间舞蹈的活动。民间舞蹈源远流长，它并不因为被禁止而停止发展，也不因为被宫廷吸收而改变其固有的乡土特色，它始终是以绚丽多姿的风貌在民间广泛流传。

"盘活"小镇演艺的五大理念

旅游小镇旨在为本地居民创造一个安居乐业、快乐生活的新型居住小镇，为外地游客创造一个可观光、可体验、可游玩、可享受的文化体验型小镇，小镇的演艺对于游客的感官营造和文化感知影响深入，甚至会起到决定性的作用。

旅游小镇里的演艺将不同于常规剧场式、舞台式的大型演艺，甚至它的市场消费属性也将退而居其次，它更重要的使命是让普通游客获得互动欢乐和文娱享受的心灵体验之旅。因此，"盘活"小镇演艺，核心在于怎样令游客记忆深刻，感同身受。从我国目前的众多旅游的度假区及旅游演艺项目中汲取一些精华，再从国外著名的度假区、小镇演艺中吸收了不少优秀经验，得到我们认为行之有效的旅游小镇演艺的五大理念，分别是：游客互动、唯美展现、体验文化、情节生动和风格多样。

走上街头的艺术表演日趋受到人们的欢迎，现代游客需要能与之互动，甚至能亲自参与其间过把瘾的旅游演艺。

一、游客互动

泰戈尔有首著名的诗，讲述了一个著名的哲学问题，他试问：人与人之间最远的距离是什么？他的回答——不是生与死的距离，而是我站在你面前，你却不知道我爱你。从某种角度来说，这非常精准地形容了旅游演艺和游客的关系写照。作为旅游演艺的观看者，游客从某种程度上对于演艺内容和演艺者是倾慕或者相对关注的，跟一般剧院的观众不一样，游客有被"爱"的需求，有被关注的需要，他们真切地希望能跟演艺或者演艺者产生横向的沟通，哪怕你轻轻地拍拍他的肩膀，从他身后变出一个魔术，妙趣横生的感觉就会从一个游客传达到一群游客。

我国的游客群体现在已经越来越年轻，80后、90后已然成为了游玩的主体，他们的思想更前卫，更时尚，也更开放，较多受到西方思想的影响，也似乎早已打破了中国人内敛的思维表达方式。他们乐于表现自己，同时也更乐于接受与人的互动。那

作为旅游演艺的观看者，游客从某种程度上对于演艺内容和演艺者是倾慕或者相对关注的，跟一般剧院的观众不一样，游客有被"爱"的需求，有被关注的需要，他们真切的希望能跟演艺或者演艺者产生横向的沟通。

么，如何才能真正做好和日益更新的游客主体之间的互动呢？

首先，我们必须了解，什么才是演艺范畴所说的"互动"？互动，顾名思义，即互相推动及互相促动之意。以物理学术语又可谓之："作用力与反作用力之间的相互作用。"演艺范畴的互动方式包括：空间互动、人影（像）互动、体验式观演互动及活性演出互动四个类别。

（一）空间互动

观众参与到舞台空间的层次列属中去，在二到三个表演空间的繁衍变化过程中，形成个体运动存在与实体舞台地面、舞台升华空间对等的关联呼应与上下联动，最终，给予观众整体的空间层次感及立体参与感。

（二）人影（像）互动

观众参与演出，借助多媒体投影、视频技术，甚至目前仍处于前沿的全息投影方式，将观众群体与舞台演员群体合并到同一舞台元素层次，以即时带动观众，全程参与剧情及情感走向的方式，使得观演双方共同铺就演艺的"物我两忘"境界。

（三）体验式观演互动

舞台演艺将扩展到360度的剧场空间中，360度全景旋转舞台，从剧院整体设计阶段，就考虑到要将自然、建筑、演员和观众席融为一体，使得观众在不知不觉中，剧院或观众席本身的运动、旋转中观看完整场演出，这种互动无疑将体验性放大发挥到了极致。

（四）活性演出互动

活性演出互动也是最为传统和生命力最为持久的互动方式。在演艺过程中，演员运用肢体动作、情绪感染、胆量、想象及直接语言及肢体交流的方式，带动游客参与演艺互动。

在内容上，如前面我们说到的魔术表演，便是典型的活性演出实例。

总之，利用好小镇的地理优势，以小众的、不同地段、不同时段、不同舞台形式的方式构建起小镇的演出体系，灵活并娴熟运用上述四种演艺互动方式，让游客无论是在舞台下还是剧院里，广场边还是巷子口，甚至每一个门店，都能接触到演艺氛围的融入诉求，这样从点和面的层次均高度丰满的小镇表演体系，将不会错过任何小的需求区间，在景区演艺的长演长红之路上，历久弥新，百战不靡。

二、唯美展现

小镇的演艺当然不是粗制滥造的，人与人之间都有互相尊重的需求，演艺者更加应该重视观众的观感和感受。表演不仅要有鲜明、细致、富有表现力的外部动作，还需根据演员内心的感悟，依据相应的感情体验，做到内在与外在的有机统一。

（1）首先，外在方面，我们说的"唯美展现"，主要是指服化道的规范性。

如果不是特殊表演的刻意需要，服装的干净整洁就是最为基本的要求。且不说芳香沁人，至少应该是朴质素净的。作为舞台演艺而言，化妆也是必备环节，现场表演及舞台表演各有不同的需求指向。无舞台化的现场表演中，观众会更加近距离地观看到表演者的容貌和质地，所以演员的服化道水准及其形神样态直接影响着表演效果的真实与观众的沉浸契合度。而在舞台表演领域，服化道要求强烈的色彩对冲与搭配原则贯穿始终，以及对舞台形式美感作用的持续塑造。细到某一个演员的具体造型或心理状态着眼点，大到整个舞台空间和整场表演的所有形式元素、向量的协同调度，都需要演艺拥有恰如其分的服化道专业性展现，也即规范性展现。

（2）其次，内在方面，我们说的"唯美展现"，强调的是一种在演员声、台、形、表等基本功展示之外的心理态度及充实的内心思想情感。

演员必须一丝不苟地按照活生生的戏中人那样去展现行动，去"忘记"表演，才能首先获得表演主体自身心理依存上的真实性，继而也才能够释放、表达出来，最终获得与观众的共鸣，演绎出最终效果的唯美。

在演艺的唯美展示方面，迪士尼是一个典型的内外兼修型综合性范例。迪士尼非常注重人们对于其卡通人物（米奇、米妮老鼠等）的唯美印象，在迪士尼扮演这些卡通形象的员工都经过非常严苛的训练，包括服装整洁的要求，迪士尼规定，如果卡通形象的服装哪怕沾染了一小片污渍都必须到后台脱下送到洗衣房去清洗，因为迪士尼不愿意让游客看到米奇洁白的燕尾服衬衣沾染了一丁点污渍。同样，扮演者包裹在厚厚的戏服中是绝对不能跟游客对话的，因为这也会破坏游客对于动漫人物的理解；扮演者还应当忘掉自己的本尊身份，他们要时刻以动漫人物的行为习惯和动作来要求自己。在加州的迪士尼扮演者往往是非常辛苦的，因为加州的阳光非常猛烈，在厚厚的戏服和头套下，扮演者要承受高温的煎熬，曾有一次一个米奇的扮演者因为中暑晕倒，他的同伴们紧急将他送到后台，而在这个过程中却不能摘下他的头套，因为这也会破坏游客们对于米奇的印象。

诚然，有人会说，那么迪士尼就这么不重视扮演者的身体健康吗？事实却也不是这样的，迪士尼有一套非常完整的关于扮演者健康的要求和规则，扮演者如果有身体不适是可以提前发出信号的，而且会得到第一时间的关照，会有其他扮演者马上来接替，加州的那次只能算是一次意外了。

三、体验文化

演艺过程中，有关体验文化的方式是多种多样的。它包括了可观、可听、可闻、可触、可静心融入体会的一切已开掘及未开掘样式。

那么，如何做好演艺的体验文化呢？

（1）做好市场问卷，了解观众喜欢看和体验的是什么。

做好市场没有捷径，只有从市场中来，回市场中去的不二法门。以普遍调查和分析纵观的方式，推导出在具体的演出中，哪几种体验文化是演艺过程中最受欢迎的类型，将有助于我们更加切实地在实际的演出过程中，因地制宜，及时在微观领域做出体验文化的向度调整，同时，持久的微观向度调整，也必将促进正方向的修正过程中，有关量的积累，最终引发出"宏观"向度的质变，对某一类型演艺，某一领域演出的体验文化范式，起到普适性的指导意义。

（2）增加演艺过程中的体验种类，扩张感受与回馈力。

不管有没有坚持做到市场问卷及走访征询工作上量的积累，持续并主动地在某一具体的演艺过程中，不断思考去增添或置换新的演艺体验形式，将是保证演艺演出亮点常新、看点长存,及影响力增益的最佳途径。主动地调整观众对演艺演出的感受性及回馈力,将使得演艺主体自身时刻保持一种积极、主导的文化体验范式探索精神,有益于所有演艺活动的体验文化长久焕发生机。

(3) 以演艺依附的本土性来考虑问题,学会置换优势主题资源。

有的地方性小规模剧场秀表演,往往借助讲述一段当地的经典人文故事或者新鲜趣闻轶事,使得人们在观看过程中,瞬间了解到了演出当地曾经发生过什么,或目前正在发生些什么。其表演过程既是一种形式提纯与文娱展现,也同时是一种"源于生活,却又高于生活"的乡土本真式表演。

比如,浙江著名的滨海旅游城市象山,每年都有盛大的开渔节。作为象山渔民自古以来就有的开捕祭海的民俗节庆,开渔节如今早已上升为一个容纳海洋文化及其周边社会活动的盛大典礼。它集文化、旅游、经贸活动于一体,被赋予丰富内涵的同时,又极具鲜明的渔乡特色。每年的节庆期间,锣鼓齐鸣、千帆竞发的开渔盛况,均能吸引到来自全国范围的数十万游客。再比如茶山小镇的采茶节,小镇在端午节期间独有的赛龙舟活动,甚至是妈祖文化巡游等等的逐年活跃,不一而足,都是一种演艺或节庆依附于本土地缘特征,不断置换优势资源的表现。

四、情节生动

回归到演艺的本质,演艺是以人们的现实生活为载体进行创作,以艺术化的表现形式,通过表演再现生活场景以表达明确的艺术主张。为达成这样的艺术主张,演艺的表现形式是千差万别的,常规舞台演艺在形式运用上可以非常丰富,既有绚丽的灯光,还有多样的服装舞美更替,乃至舞台机械设备的丰富,聚合形成一种令人炫目的声光电体系,从而做到了仅仅通过形式就能满足观众的胃口。然而小镇演艺却不能依靠那些丰富的舞台舞美形式,更多的小镇演艺也许仅仅有服装和道具的支持,这就要求小镇演艺需要内容情节的支撑,没有了声光电,必须用生动的情节打动观众。

懂得运用情节的表演往往是非常具有生命力和感染力的,情节也可以理解为内容,它可以是唯美的故事,很多的抖包袱或者很多的段子,它是一种与人沟通最重要

第五章 小镇演艺

小镇演艺不仅要依靠丰富的舞台舞美形式，更多的小镇演艺同时需要服装和道具的支持。小镇演艺需要内容情节的支撑，用情节的生动演艺打动观众。

的介质，现代社会往往称之为IP。IP是有生命力的，它可以引发观众的心灵感应，也能引发现场的哄堂大笑，还能引导人们黯然泪下。

宋城景区里有一条模拟宋朝时代的街道，有一个烧饼摊位叫武大郎烧饼，武大郎的故事IP大家都熟知，这类IP能轻易地引发游客们的共鸣，于是扮演武大郎的演出者常常在游客们聚集的时候用情节与人们互动，他常常自怜自哀的发问，"金莲跟西门庆走了，我该怎么办啊？我的烧饼生意一天不如一天啊……"这时候周围的游客都笑了，大家纷纷献策，有的要武大郎去找西门庆决斗，有的引导武大郎去告官，有的则提议武大郎应该乐观生活忘掉金莲。总的来说，人们议论开了，互动氛围极为良好，甚至连这个摊位的烧饼生意都火爆到令人匪夷所思。

结合IP运用情景表演的迪士尼更是这方面的高手，迪士尼本身产生了非常巨大的IP文化资源库，他们的动漫形象每天都在景区里表演各种故事情节，如美女与野兽，美丽的姑娘爱上了住在深山城堡里的野兽王子，并最终幸福的生活在一起；如狮子王，小狮子辛巴在众多动物的帮助下打败老虎和野狼，成为森林之主。类似的故事IP还有非常多，如冰雪奇缘、长发公主、爱丽丝等等，这样的IP情节故事每天都在迪士尼上演。

演艺秀应该有内容支撑，现场演艺尤其需要经典的故事情节，情节是一段演艺真实的记忆点。

五、风格多样

风格多样是演艺的形式要求，它依附于演艺的形式，又不同于形式的探讨。风格是更加微观和具象的演艺形式所生发出的感受性状态标定。客观而言，风格相对于形式，更加具有观众视角的情绪审度性及思维延展性。

不论在我国还是国外，演艺形式的千变万化也同时呼吁了与形式相对应的风格的无穷化。小镇演艺的风格趋向于多样，不但能体现出小镇演艺形式的文化聚合力及其承载兼容性，也意味着小镇的策划主体一直在积极地丰富游客的体验过程，刷新游客的审美认同。

立足现实而言，适合小镇的演艺风格是非常之多的。具体如：

（一）游乐体验风格

最常见的表现为百戏杂技表演，包括马戏、木偶、杂耍、特技等等，这类表演时间长短自由，视觉冲击力强，互动方式多样，舞美技术细节要求低，也适合融入小镇的文化情节。

（二）传统文萃风格

这一类风格性演出，以戏曲表演最为典型，包括山东大鼓、甘肃腰鼓、秦腔、京剧、昆剧、越剧、川剧等等南北民俗性、地方性戏剧走进景区常态演出。虽然此类戏曲的内容仍然属于旧的历史积淀，而且其审美口味与现代观众的生活体验也有相对跨度的脱节，但是作为对传统人文精粹的扬弃式继承，及对现代性娱乐文化过度弥散引发的审美疲劳而言，传统文萃性演出反而具有毋庸置疑的文化体验"回血"作用。所以，古典文化如果能够善加创新，并融入当代出色的情景内容，必然也会在小镇旅游中大放异彩，生机盎然。

（三）魔幻惊奇风格

以迪士尼的卡通小品表演类为最典型。再比如大型真人秀或大型魔术表演，如曾经火极一时的柯受良飞跃黄河。这样的表演如果出现在小镇中，也必然会引发游客的无限惊喜和狂热反应。另外，如果将"世界魔术之神"大卫·科波菲尔的魔术也借力搬进到小镇中，那样的表演也是绝对可以赚足游客眼球的。他的表演本身就会构成整个小镇表演中最为出彩的一环，令小镇的风格瞬间变得奇炫魔幻，使游客们深深地沉浸其中，为小镇演艺的风格魅力而喝彩。其实，诸如摩托车车技表演，小轮车高空表演等，本身也就是在向上述方向的一种靠拢，只是其规模及观赏性均有所局限而已。而旅游小镇要塑造自己的时尚潮流IP，则可以尝试在景区的不同时段、不同地点来融入类似迪士尼主题动漫秀一样的演出，也一定会起到事半功倍的效用。

小镇的演艺风格，应该与时俱进，无限繁荣。唯有持续不断地保持着自身的多姿多彩，方能够不断地满足游客们日益细分，日益求新的需求样态。

综上所述，小镇演艺的五大理念必须相辅相成，相互交融使用。演艺不能忽视了与游客的互动，有"爱"的演艺才能营造超预期的满意度，而游客在互动中，也才能真正感受到演艺带来的快乐；其次，演艺的呈现必须是唯美的，这是任何一场演艺基本的素养需求；再次，演艺必须以精塑体验文化为第一主张，体验性是游客感受小镇魅力的一扇必然顾盼期求的窗口；另外，只有真正"融情于理，传情于趣"的良好内容情节，才是真正能够打动游客的介质，它必然是超越一切声光电特效的，游客脑海中根植最深的记忆点；最后，只有坚持发掘和保持风格多样的演艺演出，才能最终诠释出小镇的精彩，强化游客的游园感知，传递出小镇文化特色，赚取至为宝贵的品牌忠诚度。

小镇演艺五大理念缺一不可，也无法绕行，唯有遵循理念，运用规律，才能打造出符合游客需求的，精彩绝伦的小镇演艺。

小故事

世界各地狂欢节的起源及趣闻

狂欢节通常是基督教四旬斋前饮宴和狂欢的节日，原由主节一直延长到四旬节前一天，如今通常只限四旬节前几天。盛行于欧美地区。

许多国家都有一个传统的狂欢节节日，化妆舞会、彩车游行、假面具和宴会是狂欢节的几大特色，它起源于非基督徒的节日庆典，如希腊酒神节、古罗马农神节和牧神节以及凯尔特人的宗教仪式等。虽然这些节日举行的时间不尽相同，但大多数都在2、3月份举行。世界上不少国家都有狂欢节。这个节日起源于欧洲的中世纪。古希腊和古罗马的木神节、酒神节都可以说是其前身。有些地区还把它称之为谢肉节和忏悔节。该节日曾与复活节有密切关系。复活节前有一个为期40天的大斋期，即四旬斋（Lent）。斋期里，人们禁止娱乐，禁食肉食，反省、忏悔以纪念复活节前3天遭难的耶稣，生活肃穆沉闷，于是在斋期开始的前3天里，人们会专门举行宴会、舞会、游行，纵情欢乐，故有"狂欢节"之说。如今已没有多少人坚守大斋期之类的清规戒律，但传统的狂欢活动却保留了下来，成为人们抒发对幸福和自由向往的重要节日。

欧洲和南美洲地区的人们都庆祝狂欢节。但各地庆祝节日的日期并不相同，一般来说大部分国家都在2月中下旬举行庆祝活动。各国的狂欢节都颇具特色，但总的来说，都是以毫无节制的纵酒饮乐著称。其中最负盛名的要数巴西狂欢节。

人们普遍认为狂欢节起源于古代罗马人和希腊人迎新春的典礼。在中世纪，天主教想压制所有异教徒的思想，却未能取消狂欢节，于是就把它纳入自己的年历，即感恩节。在欧洲，尤其是葡萄牙，人们用抛举同伴和戴着面具到街上跳舞来庆贺。后来葡萄牙把传统带到了殖民地巴西。不过有人认为，巴西的狂欢节不同于传统的狂欢节，可能是来源于巴西的非洲黑人对本土文化的崇拜，还有人认为它或许是非洲和伊比利亚两种文化的混合体。

最初，在圣灰（SENZAS）星期三（相当于公历2月的最后一个星期三）之前三天里，人们戴着假面具涌上街头，相互扔臭鸡蛋、面粉和味道恶心的水。

葡萄牙人本来就喜欢这种恶作剧，巴西当地的黑人奴隶也参加了进来，他们用面粉涂白了脸，从主人那里借来旧衣服、旧发套，疯疯狂狂地玩三天。许多奴隶主还给奴隶们三天自由。他们感谢主人的善举，一般不借此机会逃走。

1840年1月22日，一家意大利饭店的老板娘分发了请柬，雇了乐师，用彩带装饰了饭店，准备了五彩纸屑，一大群人到这里跳起了新大陆时兴的波尔卡舞，这种风格的舞会一直延续到1846年。那时从欧洲刚回国艺术家克拉拉德玛斯特罗（CLARA DEL MASTRO）带了一伙戏剧演员，他们在一家剧场举行了当时意大利十分游行的假面舞会。后来，人们很喜欢这种方式，纷纷在其他的剧场效仿。几年后，假面舞会越来越红火，起初还站在一边观望的富贵人家也加入了假面舞者的行列。街上的恶作剧从此销声匿迹了。1879年有一则舞会广告是这样写的：早场舞会上午11时至下午2时，交响乐队伴奏，门票每位1000雷亚尔（REIS），下午场5—9时，地点在乔治广场（GEORGEOUS SQUARE），晚场9点至次日天亮。在NINICHES俱乐部的化装晚会上，人们第一次使用了非洲的AGOGO鼓和巴西黑人爱用的金属打击乐器。后来，由当地的铁匠和采石工人搞出来的化装人物形象大获成功，这是一个打着大号非洲鼓，留着八字小胡须的假面人，他满面春风，热情、厚道，成了倍受喜爱的形象，这就是无人不知的"泽佩雷依拉大叔"（ZE PEREIRA），其实，大叔正好代表了欢快的巴西人在节日里的心情。泽佩雷依拉的歌曲迅速传遍全国，成为当年巴西狂欢节的代表歌曲。歌词大意为："你是个好心的人，泽佩雷依拉万岁！为了今天的狂欢节，我们一醉方休，万岁！"狂欢节最初是作为天主教的主要节日，一般在每年2月中下旬举行，历时三天，现已改为从星期六开始，六、日和下周一、二，全国共放假4天。一百多年来，巴西的狂欢节吸收了黑人的音乐和舞蹈等内容，逐步由闹剧、上层社会的豪华假面舞会，变成了全社会各阶层共同参与，共同分享的生动、热闹的庆典活动。它原有的宗教气氛反而被冲淡了。它已是巴西特有的传统节日，一个民间的节日。今天的巴西人已经把一年的时间分成了"节前"和"节后"这两个时间段，这与中国的农历春节对中国人的影响有些类似。

"做活"小镇演艺体系

近年来，不少业内学者、教授甚至景区的管理者们都围绕着景区演艺活动的体系建设及演艺活动本身对景区的提升作用等课题，展开了深入的研究。许多国内外景区实例表明，一套非凡而成功的景区演艺体系，往往能够使景区的游乐、观光，及其体验过程，甚至于各线路旅游产品之间，形成一种互为表里的联动关系，最终从景区运营的战略制高点，产生出一种文化聚合承载与景区效益增值的双向拉力，促进景区综合效益营收。

基于上述对于景区演艺体系的重要认知，如何解读和认识旅游小镇的成套演艺体系，对于整个旅游小镇的氛围营造、动态体验及其经营运营，就体现出不容忽视的意义。那么，究竟什么才是旅游小镇的演艺体系呢？

一、旅游小镇演艺体系及其构成

一个小镇的旅游演艺体系是指充分运用旅游演艺的整体策划，结合小镇景区现有功能区划、空间布局及旅游市场淡旺季的市场特征，为小镇所量身定制的一系列融入景区各个主题文化区域的多元演艺产品组合及其系统性运营策略。它通常是由核心演艺、重点演艺、常态演艺以及节庆演艺四大部分来共同构成的。

（一）旅游小镇的核心演艺

一个小镇的核心演艺，往往是特指的、单数的。它是指经由旅游演艺策划所呈现出的，在小镇景区的演艺中最具游乐观赏性、演艺创新性及品牌承载性的核心性演艺活动，它是能够将小镇本土优势、特色文化资源与特色主题文化完美融合并集中呈现的主打型演艺产品。

（二）旅游小镇的重点演艺

一个小镇的重点演艺，一般具备两个以上的类同属性。它是指根据小镇内不同特色的分区主题或重点景观的游乐及其体验特性，经由具体的旅游演艺策划所打造的，相对于核心性演艺的中型特色演艺形式，是小镇景区内能够将区域主题特性与景区综合性文化的不同侧重分别彰显的演艺文化产品。

（三）旅游小镇的常态演艺

一个小镇的常态演艺是指小镇景区内最富日常性的表演，具备每日周期持续性。它通常由小镇景区内多个承载着日常表演运营任务的演艺产品统一构成，体现了整个小镇旅游演艺体系的日常运行和实际效应。构成常态演艺形式的演艺产品往往是景区内最富亲和性及互动性的一系列演艺产品组合。

（四）旅游小镇的节庆演艺

一个小镇的节庆演艺是指以景区各类节日、庆典等为具体表演时段或整体演艺周期的特色节日主题型演艺或全年（或季候性）节庆主题的整体演艺。节庆演艺富于针对性地将小镇景区淡旺季的营销策略与不同节日的文化主题相融合，以特色节庆演艺包装结合大型文娱活动助推景区形象宣传、特色品牌营销等目标的实现。它是景区将演艺活动与季候性营销策略进行融合的一种演艺产品组合形式。

演艺体系	演艺形式 呈现方式	演艺形式 技术类型	区位	时间	体量
核心演艺	剧院+实景+广场	大型山水实景、大型影视特技特效	核心表演区	日场或夜场（时长较长，每日通常不超过2场）	大型
重点演艺	剧院+实景+广场+巡游	高科技演艺、实景、歌舞剧、民俗展示等	重点主题区	日场或夜场（时长适中，每日通常不超过4场）	大、中型
常态演艺	巡游+广场+社区+剧院+实景+狂欢	民俗表演、经营性演艺、民俗文化氛围营造、高科技体验	各主题区	日场及夜场（时长短暂，每日通常在8场左右）	中、小型
节庆演艺	巡游+广场+社区+宴舞+狂欢	各技术类型组合演出	各主题区	日场及夜场（时长较长，每日1场）	大型

小镇演艺体系产品详表

二、做活小镇演艺体系之实例——榉木山主题公园演艺体系分析

榉木山主题公园（狂人国）占地 300 万平方米，共覆盖有 15 个村落。在中世纪以及 18 世纪风采的仿古街道上，村庄里的牛棚，村边的小瀑布和磨坊随处可见，游客耳畔回响着经典的传统音乐，一边漫步园中，观赏着一系列以欧洲历史风云为主题的精彩演艺表演。它们或独自成篇，或连缀生彩，每天都吸引着大量游客从世界各地赶来，流连驻足，叹为观止。

（一）整体特征概括

在狂人国景区内，其实并没有像一般游乐园那样，四处堆砌着各种大型娱乐设施，而是凭借着随处可见的各种壮观的跨时代氛围表演，令游客蜂拥入园，流连忘返。许多游客，一经入园，就有机会下榻新颖的"古代"酒店，遭遇随时穿梭在身边的"古代人物"，从而踏上逆回时光之旅，获得不同于其他任何游乐园的非凡穿越体验。而在园区的各式舞台剧中，每一场剧中的真实人物、动物和道具也都再现了历史上的真实场景，同时又充分糅杂了舞蹈、打斗、马术、驯兽、驯鸟等等表演。无疑地，整个园区早已形成了一个统一又繁复，整齐又充满个性的演艺产品组合——也就是一整套强而有力的景区演艺体系。

（二）演艺体系结构及对应剧目介绍

景区核心演艺：《Cinéscénie》

该剧在每日夜间时段演出，号称世界上最大的户外舞台剧。

悠扬的音乐在宁静的夜空响起，伴随着低沉的讲述和儿童稚嫩的声音，法国旺代地区平凡农人们的故事缓缓展开。有古老久远的贵族盛会，有农闲时的喜悦，有战争时的悲伤，化作结尾对自由的致敬。这场完美的结合了灯光、3D 投影以及各种舞台装置艺术，由 2000 多名演员参与的表演，绝对让人拍案叫好。在镜花水月中流连一场，在绝美的舞台中沉溺一世。

景区重点演艺之一：《胜利的征兆》

高卢人与罗马人的斗争在走进巨大的斗兽场时便打响,位置决定阵营,作为观众,在进入时选择的座位就决定了每个人到底是罗马人的同伙还是高卢人的战友。随着斗兽场中激烈的连番角逐,观众也会情不自禁地跟着人群一起加油欢呼!一直不断起起伏伏的人浪,让每个人都能热切地感受到那份来自古罗马时代的如火激情。

最后,罗马总督的见证下,被俘虏的高卢囚徒们为了自由,必须在人与人的生死斗之后,遭遇真正的考验——人与兽斗。当然,胜利总会属于真正勇敢的人类。

景区重点演艺之二:《神矛之谜》

村庄的牧羊女是这个故事的女神,她美丽、聪明,经人稍稍点拨一下便能习得高超的骑术。有一天,战争打响了,村子里的壮丁都随着圣女贞德前赴疆场,甘愿去为法兰西的荣誉而挥洒热血。那么,到底由谁来承担保护家园的重任呢?圣女贞德临行之前,把这个重任交给了年轻的牧羊女,并给了她一把圣矛,告诉她,只要遇到敌人时,挥动这只圣矛,便会获得神奇的胜利。这个看似平淡无奇的故事中,包含了法兰西精湛的马术表演,是绝对不应该错过的一场好戏。

景区常态演艺之一:《幽灵鸟舞会》(驯鸟类表演)

沉睡中醒来的女孩,她的记忆令百鸟来朝,于是巨大的雄鹰从高空翱翔而下,在你面前拂面而过。你看到猫头鹰卖萌地在女孩裙裾间捕食,而后,天空中巨大的滑翔机带着一群白羽毛的鸟儿整齐飞过。它绝对能称得上一场极其盛大的空中舞会。

景区常态演艺之二:《最后的威武》(场馆体验式互动剧)

讲述了一位法国海军军官的光荣命运,他是美国独立战争的英雄,在为了争取自由的抗争中他的故事跌宕起伏,令人唏嘘。这出剧最妙的地方在于,360度不停转换的大场景,座椅悄然地转动,让观众忘掉了自己身处的方位,有种沉浸历史时空,恍惚迷失的感受。

综合评述:榉木山主题公园通过全园区历史时空穿越秀的演艺主题定位,以成套的演艺体系,包含完整的核心巨型演艺、重点特色演艺、常态氛围演艺三重构成,实现了演艺产品的功能多样化,并且,以主动追求差异化的魄力,时时创造惊喜,并以此引领游客群体,不断产生共鸣,最终使得园区的品牌竞争力不断提升,综合效益无限溢价。

小故事

火把节的来历

纳西族

天神子劳阿普嫉妒人间的幸福生活,派一位年老的天将到人间,要他把人间烧成一片火海。老天将来到人间,看到一个汉子将年纪稍大的孩子背在身上,年小的孩子反倒牵着走,他感到奇怪,一问方知背着的孩子是侄子,牵着的孩子是儿子,因哥嫂已死,汉子认为应该好好照料侄子。老天将为这样的人间美德深受感动,想着人们的心地是如此善良,怎忍加害于他们,便将天神烧毁人间的消息告诉给那汉子,要他告诉人们于六月二十五那天事先在门口点燃火把,以此免去灾难。于是千家万户都在这天晚上点起了火把,天神以为人们早已在火海中灭亡,便沉沉地睡去,再也没有醒来。后来,纳西族人民就把这天定为火把节。

拉祜族

山上住着一个善人和一个恶人,恶人专吃人眼。六月二十四这天,善人用蜂蜡裹在山羊角上,点燃蜂蜡后叫山羊去找恶人。恶人看到火花,以为人们拿火枪来打他,便急忙躲进山洞,并用石块堵住洞口,结果被洞里冒出来的水淹死了。从此人们就不再担心恶人来吃眼睛,可以安安稳稳地搞生产了。因此拉祜族人民就把这天定为火把节。

白族

在白族的火把节传说中,还有著名的阿南(即曼阿喃)的传说,故事情节与女性人物传说《曼阿喃》和《火烧松明楼》大体一致,是人物传说与火把节传说交叉衍变的结果。

彝族

很早以前,天上有个大力士叫斯惹阿比,地上有个大力士叫阿体拉巴,两人都有拔山的力气。有一天,斯惹阿比要和阿体拉巴比赛摔跤,可是阿体拉巴有急事要外出,临走时,他请母亲用一盘铁饼招待斯惹阿比。斯惹阿比认为阿体拉巴既然以铁饼为饭食,力气一定很大,便赶紧离开了。阿体拉巴回来后,听母亲说斯惹阿比刚刚离去,便追了上去，要和他进行摔跤比赛，结果斯惹阿比被摔死了。天神恩梯古兹知道了此事，大为震怒，派了大批蝗虫、螟虫来吃地上的庄稼。

阿体拉巴便在旧历六月二十四那一晚，砍来许多松树枝、野蒿枝扎成火把，率领人们点燃起来，到田里去烧虫。从此，彝族人民便把这天定为火把节。

还有另一个传说，罗婺彝家有个漂亮能干的姑娘，与彝家小伙阿龙早就相爱了。但附近十二个部落的男子都纷纷前来提亲，其中有个土官老爷凶狠残暴地说，如果不答应，就要血洗山寨，让全寨遭殃。姑娘无奈，答应在六月二十四相亲。相亲期到，姑娘穿上雪白的衣服、黑色短褂，胸前系一块花围裙，烧起一大堆火。十二部的头人也赶来了。姑娘深深地看了阿龙一眼后，纵身跳入火堆中。阿龙和几个小伙子想拽住她，可只扯下了她的衣角。四面八方的人们赶来，可她已经以死殉情。为了纪念她，十二个小伙抬起大牛推向对方，以推倒为胜。之后，杀牛饮酒、唱歌跳舞。后来彝家就把六月二十四定为火把节，被阿龙扯下的衣角，成了彝家妇女的围腰带，那焚烧姑娘的青烟，化为山寨的晨雾。据说清晨喜鹊鸣叫的时分，彝山的远处就隐隐绰绰地显出姑娘的身影，因此人们称她为喜鹊姑娘。

彝族撒尼支系的《撒尼人的火把节》

善神阿番偷开天门，撒下五谷，使人间的幸福生活超过天上。天神见了大怒，派大力士到地上来出气。阿番恨大力士霸道，与他摔跤，把大力士摔倒在地上，压出一个坑来，后来天雨把那个坑变成湛蓝的长湖（路南淡水湖）。人们为纪念这位人间英雄，于农历六月二十四进行斗牛、摔跤、宰羊、燃火把等活动，以示悼念之情。

彝族阿细支系的《阿细人的火把节》

奴隶主那迢迢把很多的穷弟兄关在牢狱中，穷人阿真等在羊角上绑上火把，冲向那迢迢的府第，烧死奴隶主，同时也烧掉了穷人手上的绳索。为纪念这次胜利，人们举火把游行，相沿成俗。

国内知名的旅游演艺

《宋城千古情》

在世人眼中,杭州宋城主题公园只是一个历史的"仿制品",真正将其注入灵魂的是《宋城千古情》,这个与拉斯维加斯的"O"秀、巴黎"红磨坊"并称"世界三大名秀"的旅游演艺项目,是目前世界上年演出场次最多和观众接待量最大的剧场演出。宋城演艺通过"千古情"系列旅游演艺项目带动了整个主题公园的发展,被业内奉为运营经典。

成功要素一:根植本土文化,用文化串起全剧,带领游客在演出场景中加深对当地的历史文化的了解。"主题公园+文化演艺"的宋城模式,无论是主题公园,还是演艺项目,都必须深挖文化,复原当地文化形象。在宋城集团董事局主席、"千古情"系列演艺作品总导演黄巧灵看来,千古情是一台符合市场、群众喜闻乐见、反映当地风土人情和历史文化的剧目,围绕文化演艺的主题公园则是一个大型预演厅。

成功要素二:以南宋时期杭州历史典故、民间传说为题材,融合歌舞、杂技、武术等艺术形式,通过最先进声、光、电的科技手段将舞台效果完美呈现出来,加上"高、精、尖"艺术人才组建而成的特色演艺团队的精彩表演,极具视觉体验和心灵震撼。

成功要素三:从"旅游演艺产品"延伸"演艺产业链"。从一个演艺项目到项目演出和项目延伸的有机结合,在产业开发上,以表演项目为龙头,建设文化休闲娱乐景观设施,完善餐饮、住宿、购物等配套服务,积极开发衍生产品,拓展经营范围,延伸产业链条,引领产业发展。

《天门狐仙·新刘海砍樵》

故事改编自神话传说《刘海砍樵》,讲述了一段感天动地的人狐之恋。近1万平方米剧场的漫天飞雪、狐狸精在舞台上直接变幻成人型、超大可移动人造月亮、瞬间被流水包裹的5000平米玻璃钢炫彩舞台、60米长高空飞桥、主人公飞升至上百米高空变换成星星消失……由于剧情感人，坐在观众席甚至能看到旁边观众在抽泣，达到视觉听觉心灵的三重享受。

《藏谜》

是一台涵盖了中国藏族各个地区、各种风格的大型歌舞乐表演。藏味纯正而浓郁，是国内首部全景式展现藏民族文化的歌舞乐诗篇。所有演员的演出服装都是依照藏族人民生活着装制作，有些还是演员自己的私家珍藏。

《ERA——时空之旅》

剧目融杂技、舞蹈、戏剧、音乐和世界一流多媒体技术于一体，中国元素、国际制作，打造全新舞台艺术样式，原创音乐、现场演奏、电子投影、数字舞台、超大水幕、巨型镜墙，如梦似幻。堪称"中国娱乐第一秀"。

《印象·刘三姐》

大型桂林山水实景演出《印象·刘三姐》是锦绣漓江——刘三姐歌圩景区之核心工程，由桂林广维文华旅游文化产业有限公司投资建设、我国著名导演张艺谋出任总导演，国家一级编剧梅帅元任总策划、制作人。其标准、风格影响行业深远。

成功要素一：两公里的漓江水域、十二座山峰，构成了《印象·刘三姐》世界上独一无二的天然剧场，身处其中，宽广的自然视野和超然的视听感受，你分不清看的是景，还是演出。这个以天然山水为背景的实景演出，用导演张艺谋的话，就是"它是一场秀"，秀的是桂林山水、民俗风情，秀的是天人合一的境界。

成功要素二：超大规模的环境艺术灯光工程、独特的烟雾效果工程以及隐藏式剧场音响，打造出恢宏、梦幻的视觉效果和听觉冲击。

《延安保育院》

推出时间：2012年7月1日，演出地点：延安唐乐宫，观众容量：648人/场（含36vip座），演出形式：室内剧场（含声光电特效、大型歌舞）；1场/天

通过"回家""成长""转移""东渡"四幕生动讲述了中国革命战争时期，红

军部队在战火中遗留的孩子被送到延安保育院，在保育院院长为首的革命军民悉心关爱、照料下，安全和健康成长的故事，彰显革命情怀、展现人类大爱。

山西平遥《又见平遥》

由王潮歌导演的《又见平遥》讲述了一个关于血脉传承、生生不息的故事，极具中国传统文化特色。平遥人的道义精神，通过悲壮情怀的故事脉络得到淋漓尽致的展现，文学艺术价值颇高。

《又见平遥》是一部融合戏剧、舞蹈、影像、音乐等众多元素的实景演出，却又不同于实景演出。它是在迷宫般的剧场中进行呈现，观众穿过不同形态的主题空间，仿佛游览博物馆一般，观众以看客和亲历者的双重身份在平遥城、镖局、赵家大院等场景中穿行，历经 90 分钟的置身参与，穿越回一百年前的平遥。

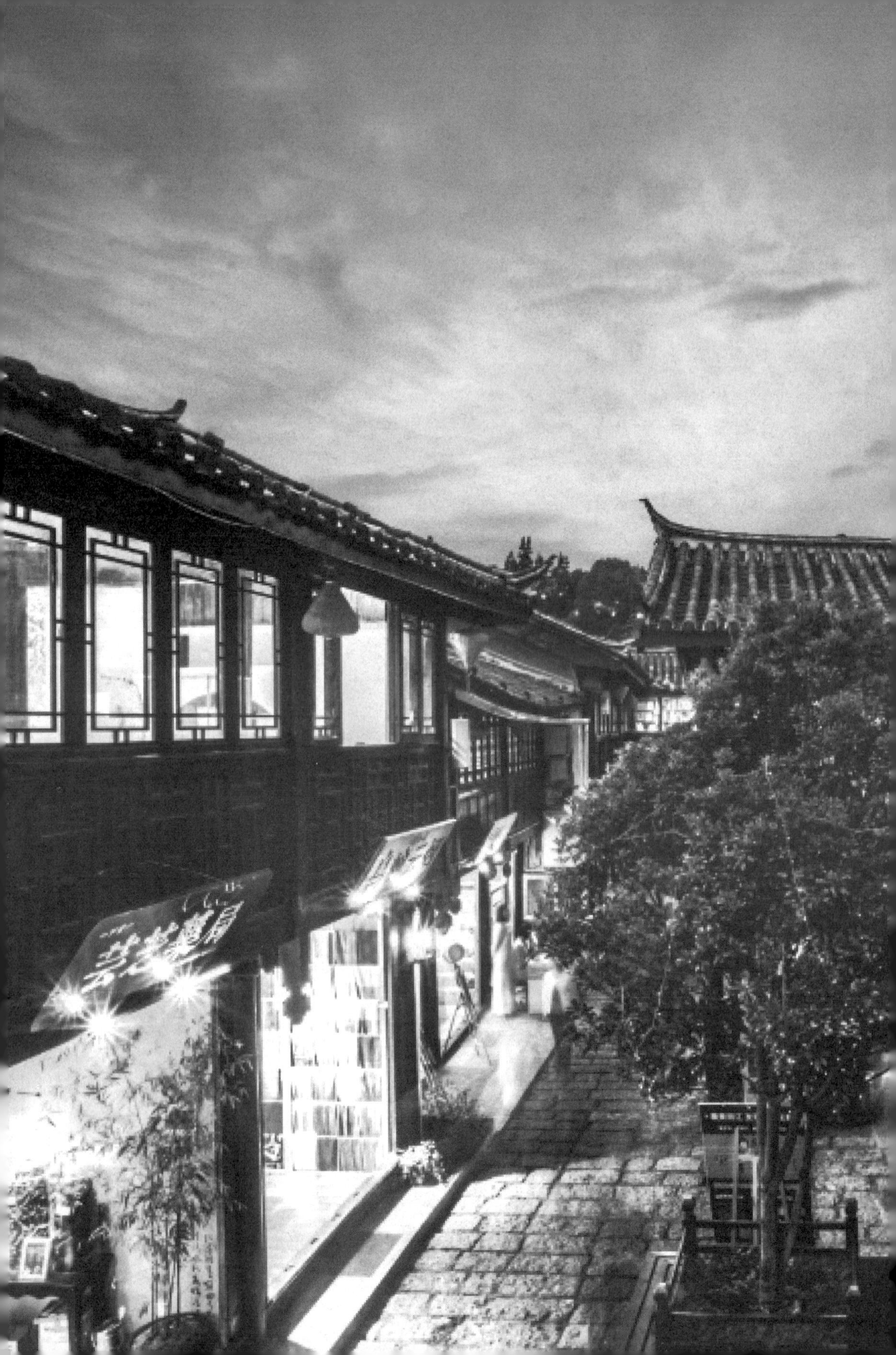

第六章 小镇感觉

　　非常显然,体验经济正在融入人们的生活。如今各个层面的旅游者都已经成熟,他们追求全新的、具有独特性的旅游体验,对旅游内容及体验提供者有着更高的要求。体验旅游与小镇的感觉息息相关,人们到一个小镇所能获得的所有体验与马斯洛人本主义理论息息相关,满足人们的基本需要是一个小镇成功的基础。此外,要创造较好的主题、更好的内容,可以从旅游者观察、感受旅游的五要素出发,这就是视觉、嗅觉、听觉、触觉和味觉,五个感觉诠释了体验的五个维度,从这个五个维度出发,吸引更多旅游者,满足不同旅游者的旅游体验要求,推动旅游业的不断发展,进而促进体验经济时代融入旅游小镇的开发运营当中。

非常显然,体验经济正在融入人们的生活。如今各个层面的旅游者都已经成熟,他们追求全新的、具有独特性的旅游体验,对旅游内容及体验提供者有着更高的要求。体验旅游与小镇的感觉息息相关,人们到一个小镇所能获得的所有体验与马斯洛人本主义理论息息相关,满足人们的基本需要是一个小镇成功的基础。此外,要创造较好的主题,更好的内容,可以从旅游者观察、感受旅游的五要素出发,这就是视觉、嗅觉、听觉、触觉和味觉,五个感觉诠释了体验的五个纬度,从这个五个维度出发,吸引更多旅游者,满足不同旅游者的旅游体验要求,推动旅游业的不断发展,进而促进体验经济时代融入旅游小镇的开发运营当中。

马斯洛需求对旅游运营的指导

马斯洛需求层次理论是人本主义科学的理论之一,由美国心理学家亚伯拉罕·马斯洛在1943年在《人类激励理论》论文中所提出。其将人类需求像阶梯一样从低到高按层次分为五种,分别是:生理需求、安全需求、社交需求、尊重需求和自我实现需求。

马斯洛需求和旅游小镇开发与运营息息相关,现代我国旅游界对这方面的研究尚处于初始阶段,很多人并没有将马斯洛需求与旅游小镇的开发运营相关联。事实上,谈马斯洛需求很多人都了解,也非常清楚马斯洛需求理论的金字塔模型,但是人们并不知道怎样将马斯洛需求运用到旅游小镇、景区或公园的开发运营实践中。

马斯洛需求理论对于旅游小镇的开发运营具有非常重要的指导作用,因为马斯洛需求理论的金字塔模型就是实现游客价值,做好旅游体验的五个要求。

一、生理需求

马斯洛认为,呼吸、水、食物、睡眠、生理平衡和分泌,如果这些需要(除性以外)任何一项得不到满足,人类个体的生理机能就无法正常运转。

人本身的第一需求就是"吃喝拉撒",而旅游小镇实际上就是在"吃住行娱乐购"上满足游客的生理需求,也必须在满足游客以上需求的基础上,才能实现更进一步的游乐体验。

首先说"行","行"指的就是选址,任何旅游小镇的立项首先要考虑的是可进入性,可进入性是指游客抵达小镇的前提条件。

举例说明,亚马孙热带雨林资源独特,风光旖旎,是人类世界的自然资源宝库,占地700万平方公里。横越了8个国家:巴西(占森林60%面积)、哥伦比亚、秘鲁、委内瑞拉、厄瓜多尔、玻利维亚、圭亚那及苏里南,占据了世界雨林面积的一半,占全球森林面积的20%,是全球最大及物种最多的热带雨林。即便是这样优越的自然资源条件,横跨这么多主权国家,它却没有吸引大量游客到访体验,年游客量微乎其微,主要原因就在于它的可进入性差,原始森林居多,不可开采,游客进入亚马孙几乎就等于是在进行一次冒险。

在我国,甘肃敦煌的旅游资源丰富多彩,文化底蕴深厚,但是在游客量方面却比不过宋城的一个景区,甚至比不过杭州的某个景点,也折射出可进入性的问题。因为我国经济发达地区主要集中在珠三角和长三角,可支撑旅游产业的目标人群也集中在这两个区域,敦煌的旅游资源虽好,但对主要人群来说要抵达的成本太高,表现在时间成本和经济成本,最终造成了敦煌的可进入性差。地理学家将距离对旅游的阻止作用称为"距离的摩擦",旅游必须付出必要的代价,比如经济、时间、机会、体力等,随着距离的增加,旅游的代价也会增强,因此人们不得不考虑旅游可行性的问题。

同理,在湖北西南地区建一个两万方的主题公园,如果要实现良好盈利也会很难,因为湖北本身的游客量相对而言较少,而且航空、高铁等交通因素也一定程度上制约了湖北西南区域的旅游发展。

所以,可进入性是决定了"行"的最重要的一个因素,延伸来说,公园也好,小镇也好,选址非常重要,在选址上要充分考虑游客的可抵达性与交通组合要素。

其次说"住",住本身反应的是城市的配套,也是旅游小镇运营的重要配套。

假如有人在湖南南部区域开发出一个巨大的公园，甚至成为一个公园群，交通配套各方面都很好，具备良好的可进入性，但是如果没有好的住宿配套，就无法支撑巨大的游客量。

美国拉斯维加斯在住上面就下了很大的功夫，能成为世界一流赌场的成功原因之一就在于其所有赌场都可以住，住下来就可以去赌，而且在住的方面为游客提供了非常完善的、豪华的配套，比如说各种形式多样的"SHOW"，时尚奢华的购物商场等，形成一个完整的自身产业链。

我们的旅游小镇基本会配套2000间以上的客栈，足够满足游客住的需求。升级当地的城市住宿配套，让游客进得来，住得下，而且住得舒服，在客栈里也能享受外面五星级酒店的待遇，价格也不高，性价比非常好，真正地解决游客住宿的需求。

满足游客的住宿需求将对景区的运营成功与否起着决定性的作用。杭州宋城曾经与政府合作举办杭州2006年世界休闲博览会，活动前调研显示，日本同级别的爱兹博览会曾经迎来了2000万游客，我国游客系数比日本要大而且都是A1级的特大型博览会，主办方估算游客量理应不会低于2000万。事实上，博览会的第一天确实迎来了近7万的游客，但是因为城市交通拥堵，首先在"行"方面出了问题，游客进不来；夜幕降临之后，游客没有地方住，住宿配套跟不上来访的游客的数量，连萧山的区域内的医院急诊室都住满了人，"住"方面出了严重的问题，以至于一个星期之后便没有游客到访了，因为没有住宿配套，口碑和体验感极差，导致这次活动最终的游客量及效益没有达到预期。

最后是"吃"，吃作为人们生存的基础需求，其重要性无需过多解释。

由此，吃、住、行这三要素，在旅游产业，代表的是选址和与旅游相匹配的城市配套，也是决定旅游小镇能否成功的关键。"吃、住、行、游、购、娱"加起来就是可进入性和丰富的城市配套，也是马斯洛生理需求的核心，游客选择一个目的地去旅行去生活，必要的前提是能解决生理需求，其次才谈度假体验。

旅游小镇的选址不应该选择没有旅游城市配套的地方，选址必须在拥有500万人次以上游客量的旅游大动线上，有足够优秀的交通配套和旅游配套。

二、安全需求

马斯洛认为，人整个有机体是一个追求安全的机制，人的感受器官、效应器官、智能和其他能量都是寻求安全的工具，甚至可以把科学和人生观都看成是满足安全需要的一部分。

当旅游小镇实现了可进入的要求，城市配套各方面都没问题，从理论上来说景区的运营是可行的。但是实际上，安全与否则直接关系到游客对于目的地的选择，马斯洛的第二层理论，明确表述了游客对于旅游目的地的安全需要。

根据世界相关旅游组织发布的旅游趋势情况显示，欧洲、美洲及亚洲是世界游客主流的旅游目的地，非洲则无法达到主流，只是部分游客的选择。原因并不是说非洲的旅游资源不够好，非洲旅游资源非常优质，有地球上最独特的自然景观，最丰富的动物世界，也有悠久的历史和人文，但是大部分游客不前往的原因，是非洲整体区域的安全性偏差，游客无法保证自身的绝对安全。

安全的需要对游客来说非常重要，影响到人身安全的区域不可能产生非常好的旅游效应。人身安全、食物安全等，直接关乎游客的根本利益。马斯洛需求理论的第二条——安全理论，对旅游来说就是满足游客的安全需求。

小镇旅游需要给游客营造安全的环境，它包括人文的和物质的，以及管理等多个方面。游客常常会说，这个地方民风很淳朴，民风淳朴则说明旅游很安全，没有强盗，没有小偷，没有威胁人身安全的事物，这是对人文环境的要求。对于物质来说，就是吃得安全，游客需要吃上既有营养也符合其生理需要的食品。其次是景区管理的安全，包括游乐设备是否每年检查，电梯是否定期检查，员工是否受到了很好的培训，游客经常接触的墙角、桌椅是否存在安全隐患，酒店的插座是否会触电，水边的围栏是否牢固等等，游玩过程中的一切安全问题都是游客关心的问题，也是小镇运营者必须要考虑的重要问题。

安全对于任何经营场所来说都是重中之重，旅游小镇的运营尤其离不开安全的守护。

三、社交需求

社交需求，也称之为情感和归属的需要，人人都希望得到相互的关心和照顾。感情上的需要比生理上的需要来得细致，它和一个人的生理特性、经历、教育、宗教信仰都有关系。

社交需求对旅游小镇来说，就是为游客营造一个情感和归属的空间。现代社会，我国的新兴人群日渐缺乏面对面的社交能力，极端案例越来越多。

未来的人将进入虚拟化经济时代，虚拟办公、虚拟交际、虚拟谈判等，人们将会日渐丧失社交时间和社交场所。某种含义上说，旅游小镇要做的就是要解决社交场所的问题，为人们提供一个非常好的社交场所，也是一个景区必须做好的服务。比如为游客提供一起去看演出、一起参加活动、一起品鉴食物的机会，这些都将成为人类社交的重要组成部分，我们的旅游小镇是符合游客社交的需求的，将在营造游客亲友聚会、家庭聚会、家庭社交等方面做出更多的努力。

社交的方式有很多种，或许不仅仅是我们罗列的这些内容，它还包括很多仪式感的内容、场合，以及我们工作人员与游客的交往过程，舞台演绎的互动等等，都产生社交，小镇运营者必须找到游客情感价值和归属，挖掘潜在的各种需求，并不断满足他们的社交需求，从而产生运营价值。

四、尊重的需求

马斯洛认为，尊重需要得到满足，能使人对自己充满信心，对社会满腔热情，体验到自己生存的价值。

尊重是人们的主观需求，人人都希望自己有稳定的社会地位，要求个人的能力和成就得到社会的承认。尊重的需要又可分为内部尊重和外部尊重。内部尊重就是人的自尊，外部尊重是指一个人希望有地位、有威信，受到别人的肯定、信赖和高度评价。任何一个游客来到景区，都带着受尊重需求，他是一个消费者，在消费中希望获得服务，服务本身是一个获取尊重的过程。旅游小镇的运营无法避开游客获取尊重需求而谈服务，自始至终运营者都需要不断去满足游客的受尊重需求。

根据相关旅游组织的调研显示，游客对于旅游目的地的口碑形成，有近一半的因素来自于服务。游客在接受服务的过程中，如果感觉受到不公待遇或没有受到充分的尊重，将会形成投诉的动机，并且留下不良的印象。

旅游小镇在运营过程中怎样满足游客尊重需求？主要是两个维度的内容，其一是有仪式感的、高规格的接待，比如宋城景区早晨开门的迎宾仪式，皇帝带领百官及六宫粉黛出门迎接游客，让游客感受最高规格的迎接，而且这样的仪式感非常具观赏性，它不仅仅是一个形象演绎，且融合了对游客的尊重需求。

仪式感是人们日常生活中离不开的一种行为模式，也是人类在发展过程中逐渐形成的一种给予对方受尊重需求的满足，比如奥斯卡的颁奖前的红地毯仪式，寻常百姓家的婚礼仪式，基督教家庭的饭前祷告，开工典礼等都属于仪式感，目的是给予一种尊重。

让游客感觉受尊重的另一方面就体现在无微不至的细节关怀。

很多景区的地面高低不平，女性游客喜好穿高跟鞋，行走在这样的路面即是一种危险，也非常困难，那么景区应该对路面加以改善，或为游客提供平底鞋。

此外，景区厕所的设置及功能，也能体现出对游客的细节关怀。按照旅游厕所等级划分标准的要求，我国大部分公共卫生间的厕位内安装了挂物钩，在厕位还有放置手提物品的搁物台，这是很大进步，使得厕所服务的人性化、便利化水平明显提升。但不足之处在于，挂物钩强度大多不足，挂件薄衬衣外套或一顶帽子多没问题，但如果挂背包、提包甚至厚外套就很危险。搁物台则很多宽度有限，有的只能放一本书、一本杂志，最多可以放比较小而薄的公文包，稍微大一点的背包和手提物品就很难放心搁置，让人在使用洗手间的过程中老是要提防东西掉到地上甚至是便池里。这方面，日本景区的卫生间的挂物钩则坚固多了，能挂背包、相机和外套，搁物台也比较宽，物品一般都能够水平放置因而比较放心。

尊重别人也是尊重自己，满足游客的受尊重需求无疑是旅游小镇运营者应该深入研究的课题之一。

五、自我实现的需求

自我实现的需要是最高层次的需要，是指实现个人理想、抱负，发挥个人的能力到最大程度，达到自我实现境界的人，自我实现的需要是在努力实现自己，使自己越来越成为自己所期望的人物。

人们去旅游本身也是一种对自我价值的认可，旅游是人类在满足了衣食住行基本需求之余，利用闲暇或假期去实现更高的价值体验的一种过程。

自我实现的需要看似和旅游小镇没有关系，但恰恰是旅游小镇最需要做的。怎样实现游客的自我价值需求呢？方法分很多种。第一，小镇应为游客创造自我实现价值平台，即让游客有机会在平台上表演，使之成为核心。小镇景区本身就是为游客提供欢乐的平台，能够为他人带来快乐，本身就是一种自我价值的实现。

比如宋城景区常做的彩楼抛绣球活动，他能帮一些游客实现自我展现的需要，绣球一抛，接到的游客穿上新郎衣服，成为"皇家女婿"并上台发表感言，这个过程中他可以畅谈他想要表达的价值观念、快乐理念，可以与成千上万的游客分享自己的快乐。这即实现了自身快乐和分享的价值。

此外，景区还可以在游玩景点设置中体现出实现游客自我价值的服务，如游客在景区穿上龙袍拍照，当一回皇帝，太监和宫女站一排，可在一群人里面成为受关注的焦点，满足了他的价值需求。

第二，听取游客意见，让游客参与景区的改良与升级，即做游客调研。做调研目的一是景区的持续改进，二就是实现游客的价值，如游客在对景区演出提出改进意见后，按照游客的主流意见修改并写信反馈，再邀请游客免费观看，这个过程就让游客有了自我价值实现的感觉。

在我国，很多企业在实现用户价值方面做得很好，非常具有典范价值。比如小米手机，小米手机被称之为互联网手机，它的本质是口碑效应，口碑效应的实现途径是通过不断根据用户的体验情况、体验报告来修正手机软件、升级手机硬件，并保持与用户的充分沟通与反馈，实现用户的自我价值。还有很多线上的企业及业态，比如红辣椒等直播平台，平台的用户主流都是草根，但是草根也能够通过简单的歌唱、互动以及手艺展现、价值分享等聚集数百万的粉丝观看，通过实现参与者的自我价值，最终获取企业的发展。

这些例子给予小镇运营者非常多的参考价值，旅游小镇很重要的一个内容就是要做好游客实现自我价值的探索，并通过体验与分享价值，实现游客的自我价值，从而赢得游客的口碑，使旅游小镇获得源源不断的发展动力。

旅游本身是复杂的，而且是具有高度象征性的社会行为，虽然人们选择旅游的动机将因个体因素的不同有着千千万万的差别，但其始终离不开马斯洛需求理论，游客要通过旅游来满足自己的各种需要。旅游小镇运营者要通过深入研究游客需求并在实践中不断改善措施满足其需求，不断实现游客价值，才会获得非凡的成功。

"感觉体验"——旅游目的地的美学营造

一个优秀的旅游目的地，除了满足人们的需求，还应当给人全方位的"感觉体验"享受，这样的感觉我们可以归为"五觉体验"或"五觉游"。所谓"五觉游"，就是要组织好视觉旅游、听觉旅游、味觉旅游、嗅觉旅游、触觉旅游，从游客的眼、耳、口、鼻、体五种感官出发，全方位营造旅游目的地的审美情趣。

一、视觉旅游

"你站在桥上看风景，看风景人在楼上看你。明月装饰了你的窗子，你装饰了别人的梦。"这是卞之琳先生的小诗《断章》，正可以表述视觉旅游的感官特征"看"。成功的旅游目的地，目之所至，一切都那么美丽。视觉旅游，是旅游审美意趣组构的最传统、最普遍、最基本的手段。

视觉旅游，主要是组织好游客视觉上的审美享受，多体现为观光，审美组构上讲

旅游小镇的选址不应该选择没有旅游城市配套的地方,选址应在拥有500万人次以上游客量的旅游大动线上,有足够优秀的交通配套和旅游配套。

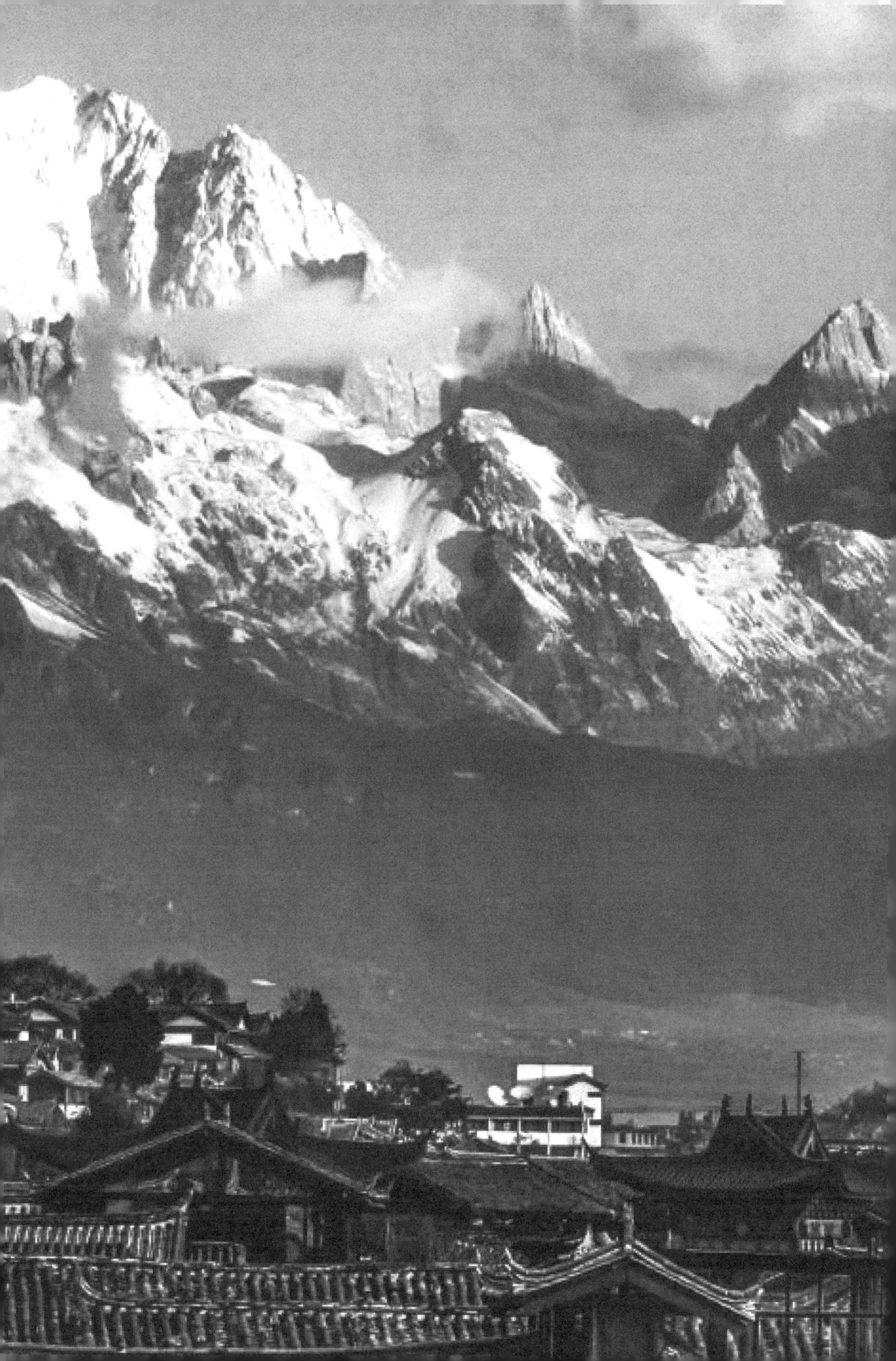

究趣味风格。比如，峨嵋天下秀，提供的是秀丽的柔美感受；华山天下险，提供的是险峻刺激的美感；黄山天下雄，提供的是壮丽的阳刚美感。要善于根据旅游资源的审美走向组织视觉特征。

旅游目的地视觉旅游的美学营造，注重"三个板块并举"。一是客源地的广告板块，户外广告、视频传媒、文字图片，利用各种载体使当地市民受到视觉冲击，其中应当注意的是，要突出目的地标志性的景观包装宣传，例如，一看到冰宫图案，就知道是哈尔滨；一看到自由女神像，就知道是纽约；一看到F1光岩，就知道是厦门；一看到鸡冠石图案，就知道是福建将乐的银华洞。二是旅游目的地的吸引物板块，包括景区和游客集散地。景区的设计和管理应当突出特色景观。

许多目的地常犯的毛病是注重了景区却忽略了游客集散地。集散地的景观同样重要，要提供便捷、舒适的视觉审美。三是VI导视系统，也就是行话所说的"景线"，使人一看就知道怎么奔向目的地。

二、听觉旅游

一首歌唱红一个景区。这句话说的正是听觉旅游的审美效果。成熟的旅游目的地有自己标志性的歌曲，云南的《五朵金花》，丽江的《一瞬间》，广西的《刘三姐》，厦门的《鼓浪屿之波》，旋律可以把优美的景观直接烙入人心。

听觉旅游的审美讲究"悦耳"，以达到"动情"之美感。对声音的审美组构是听觉旅游的一门学问。其主体是音乐手段，音乐不仅用于传播，而且用在目的地的氛围构造。景区、娱乐区、休闲区、购物点，都应当有音乐氛围构造。使用音乐，必须讲究调子的轻重、旋律的紧舒、音量的大小，根据不同的审美需要掌握不同的分寸。

目的地的声音手段不仅仅是音乐，还包括服务语调、导游解说。"串音"是导游活动中最常见的现场问题，许多目的地的导游培训很容易忽略它。也就是几支团队同时到达一个景点，不同团队的导游同时拿着话筒讲解，结果互相干扰，听觉审美变成了噪音污染。发达的景区十分讲究听觉的审美组构，采用景点的电子耳机解说是一种手段科技化的追求。

三、味觉旅游

"吃住行游购娱"这旅游业六大要素，"吃"摆第一位。民以食为天的俗语在旅游业中也能得到体现。味觉旅游，主要是指饮食审美组构。

旅游美食，主要分三类美学营造。第一类是小吃，主要呈现地方风味，如北京烤鸭、荷兰奶酪、天津狗不理，都是风味的小吃，许多旅游目的地都喜欢对自己的小吃特色做一些"三绝""五奇"之类的描述，就是为了构造旅游饮食的审美乐趣。

第二类是酒宴，俗称大餐，也要与自己当地的习俗结合才有审美情趣。比如，南宁的广西风情宴，单一道献酒就组织得情趣盎然。那个有趣的吃法哪是献酒，先唱山歌给你听，然后揪耳朵、踩脚，把你定位住，然后朝你口中倒酒，这差不多可以叫"灌酒"了。

第三类是零食，特别是景区中的休息点，特色零食的供应不能少。"酒肉穿肠过，佛祖心中留。"单纯的酒肉穿肠，是一般饮食，不属旅游范畴；而加了一个"佛祖心中留"，意趣就出来了，这样的酒肉就进入旅游范畴了。"吃"之于味觉旅游，不是一个简单的填肚子问题，而是一种特殊的美学营造。在吃的背后，要有一定的故事和传说作映衬。

四、嗅觉旅游

"闻香识女人"，说的就是嗅觉的妙用。嗅觉旅游的美感，是游客用鼻子"嗅"出来的，讲究的是气味的审美组构。

嗅觉美感可以走清香的路子，切忌异味。自然保护区的景区，常见"天然氧吧"之美誉，走的就是清新的嗅觉旅游之路。而"暗香浮动"的描绘，更是成功旅游目的地的生动写照。

香，是游览氛围的构造，也是美妙的旅游吸引物。嗅觉审美的组构，除了可在景观现场营造意趣，还可与娱乐、购物等结合。比如桂林有一种抛香绣球的活动，那绣球是什么模样人们都淡忘了，可是那香味很多人却至今记得；后来，笔者在张家界买过一个土家族小女孩兜售的香囊，一路上尽闻着那香，仿佛整个张家界全在一个香囊之中。这其实就是嗅觉旅游营造的审美情趣。

五、触觉旅游

"体验"一辞，可谓常用，但很少人琢磨过这两个字组合在一块的意趣。体验，是指切身感受，意指真实和深刻，以体为验，可见"体"之重要。触觉旅游，就是游客以体与肤感受到的审美情趣。

触觉旅游，在国际游中最常见的是"性旅游"，新马泰的线路产品，即以此为主要内容。这在中国国情中，属不能经营之道。但是，健康的触觉旅游却是不能少的。适合国情的触觉游最突出的有三类：一是浴游，二是推拿按摩游，三是美容美体。三者时常结合运作。在浴游中，都市桑拿已显平常，温泉浴成为一个经久不衰的审美情趣。在日本富士山，一边看山尖积雪，一边泡露天温泉，是国际游客团队的常规项目，正是一种触觉旅游。厦门旅游目的地本来是以观光项目为主的，近年开发了一个日月谷露天温泉浴，移植的是日本的模式，成为一个热门的旅游产品，说明了触觉旅游的审美魅力。

"五觉"的全方位开发，可使一个旅游目的地情趣盎然。笔者参与过很多次荷兰目的地旅游，荷兰之所以能成为世界一流的旅游国度，正是暗合了"五觉"的审美营造规律。其美妙的风光和梵高油画是视觉旅游，处处流淌的音乐和电子解说是听觉旅游，奶酪制品是味觉旅游，浓郁的郁金花香是嗅觉旅游，红灯区是触觉旅游。当然，思想解放要在法律许可范围内，就中国国情而言，荷兰只是个案例，其经验可酌情吸收。

"五觉游"，作为旅游目的地的美学营造，要注重游客感官开放规律，从中出精品。在五觉中，视觉最基本，旅游首先是视觉审美；触觉最深刻，所谓切肤之感；听觉最强烈，《论语》记载，孔子闻韶乐，三月不知肉味；嗅觉最难忘，直诉记忆；味觉最满足，可津津乐道。美学上有通感之说，旅游目的地的美学营造，应当善于将五觉综合运用。

当今，旅游目的地建设延伸到旅游小镇的建设，从观光型向休闲度假型转换已成潮流，"五觉游"规律的发现和运用，必可加速这一潮流。

旅游小镇的五个"感觉"

人对客观事物的认识是从感觉开始的，它既是一种最简单的认识形式，也是人们对旅游小镇产生客观评价的初始过程。人们在感觉的五个维度中，形成了对旅游小镇、公园的好评和口碑。不考虑价格层面，从感性上来说，五个维度决定了游客对旅游小镇的感受，这是小镇能否成功至关重要的因素。

一、视觉

人体大约70%的感觉接收器在眼睛里，这使得视觉成为场景布局最重要的传达器，游客对一个旅游小镇的认识，往往从视觉开始。

首先是轮廓。游客对小镇的第一印象便是远距离的轮廓观感，即指游客看到小镇轮廓以后所产生的印象和感想。比如对一座城市的认知，当你走在上海黄埔江第一眼的认知是什么？是电视塔？是金茂大厦？还是环球金融中心？

这种呈现给人的第一视觉感即为轮廓。比如对人的认知，远远地看去，一个人的高矮、胖瘦等，都构成一个初步的印象。清真寺的轮廓是圆顶，美国纽约的轮廓是高楼，到了瑞士，轮廓就是阿尔卑斯山，人们对于城市、景点、旅游小镇的第一视觉都可以说从轮廓开始，轮廓是传递得最远的第一视觉。

旅游小镇轮廓呈现的整体视觉应该是相对低矮的，比较温暖的，给人儿时的记忆，从大轮廓到小轮廓线均有独特的视觉观感和记忆点。

世界游乐场王国迪士尼在视觉营造方面则值得所有主题旅游创造者学习，迪士尼乐园的设计中，视觉路线是主要考虑的因素，它要使得游客不论在哪里，都能看到开心愉悦的景致。因此，当人们从迪士尼酒店的窗户或者从乐园的任何一个地方眺望，能看见什么和不能看见什么都同样重要，都是被精心设计过的。

二是色彩。我们从很远的地方看向一个小镇或是一个城市，首先看到轮廓，其次看到的便是色彩。比如我们去到英国，看到的主流色是红色，红色代表着英国人的生活调性和情节，英国是十足的"红色控"，他们对红色到底有多情有独钟？巴士、邮筒、电话亭、伦敦眼（London Eye）、地铁站牌、女王卫队……甚至 Costa 咖啡杯，从静止的红到流动的红，都可见一斑。

而当我们去到美国，看见的将会是非常酷的一种冷色调，比如由蓝色、白色、绿色组成的色彩。根据权威组织的调研，百分之八十的美国人都喜欢蓝色，因为在美国蓝色代表警惕、坚韧和正义，所以大多数人都喜欢它，还定蓝色为国旗的颜色。

旅游小镇从色彩来看，应该是暖色调的小镇，所有小镇的色彩呈现的普遍是暖色调。一般来说，最主要的颜色选择是褐色，给人一种返璞归真的感觉。

为什么选择褐色作为主色彩呢？因为，对地球来说，蓝色代表海洋，绿色代表森林，褐色代表人文，不管是古玛雅文化、埃及金字塔，甚至包括中国两千年前楚国时期的城墙、城台等建筑，以及中国唐宋时期的建筑都是以褐色、红色等为主色调，比如说紫禁城，呈现的是独具色彩识别的红、褐色系。

乃至孕期中的婴儿，当妈妈走在室外的时候，婴儿透过子宫壁看向外面的世界，他所看到的颜色也是褐红色的，这是人类最早看见的颜色，也是最初的记忆色彩，所以当人们看见褐色调的时候，就会产生亲切、温暖和安全的感觉。旅游小镇呈现给游客的感觉，就是亲切与温暖，用褐色带给人们想要的舒适感和安全感，从而让游客产生对小镇的第一美好印象。

同样，迪士尼整个乐园的色彩也是精心设计过的。曾经很多游客对于迪士尼世界里面和周边马路上出现的不常见的紫红色组合方向牌议论纷纷。但是实验表明，把不同的颜色的旗帜安置在乐园的各处，再问游客可以记住哪种色彩时候，紫色和红色的被游客提及最多，也是最容易想起的颜色。色彩是一种指引性的线索，充当着迪士尼乐园的景观方向指示作用，事实上，迪士尼运营色彩营造的场景和氛围恰如其分，打造一种交融渐进的感觉。

迪士尼有一个工种，被称之为"幻想工程师"，这些工程师都是使用色彩的专家，他们甚至创造了自己的"色彩语言"，定义出每种色彩或图案是怎样对宾客产生影响的。"不同的项目要求使用不同的色彩，"华特迪士尼幻想工程概念设计前总监尼娜·瑞·沃恩解释说，"如果一个项目想要传达'有趣'这个概念，就像在迪士尼乐园的米老鼠通城，我们会尝试用明快的颜色，用最亮的亮色抵抗最黑的黑暗。如果想要表达'冒险'这个概念，就像印第安纳琼斯探险世界，我们则会使用能激发行为、引起兴奋的颜色，比如火红和橘色的组合，加上一些补充的蓝色在阴影处，能让热烈的颜色更突出。"颜色差异使人感受不同的环境和心理暗示，迪士尼乐园中的冰激凌车就常常是蓝色的，标识一种凉爽的感觉；而爆米花车就是红色的，给人一种温暖的感觉。

　　第三是质感，从视觉角度将看到的第三类物质。

　　在现代城市生活中的人们看到的质感如城市建筑所代表的玻璃、钢材等物质，质感本身决定的是人们对于事物的实际感知。比如人们处在广州珠江新城区域，所能看到的便是到处高耸林立的摩天大楼，摩天大楼带给人们的感知是冷酷的，亦或是时尚的；当人们来到广州红砖厂（注解：广州第一家非企业非房地产包装的真正意义创意区，是一个以国际标准定义的艺术、生活中心），人们将看到的质感是一种来自于天然的材料所呈现的古朴的感觉，有一种年代的记忆感，影响着人们对于建筑、事物的认识。

　　当人们去到具有不同文化特色的民族聚居地，或者地方城镇，也将看到由不同质感形态组成的建筑、用材。每个地方的民居均有自己独特的文化历史质感，质感决定了一个地域建筑形态及用材，它是地方劳动人民的智慧结晶，也是地域自然资源价值的呈现。

　　比如说徽商建筑，它呈现出的主要质感是白墙、黛瓦和马头墙，川西建筑虽然也有白墙、黛瓦，但是形感与美感不一样，它有翘檐；还有西藏民居的建筑，它有天然石头建构的墙面和雕花的窗户，还有色彩鲜艳的窗框和墙面彩绘，呈现一方民居的独特质感。

　　如果把质感展开来说，它还是地理因素及经济发展的直观呈现。我们知道，地理因素很大程度上决定了经济的发展，比如澳洲和欧洲大陆的经济差距，就在于地理环境的不同，从种植方面说，欧美的土壤适合种植雌雄同株的作物，如玉米、小麦、大豆等，无需人工授粉，人工培育成本低，养殖业发达，而澳洲没有这样的先天条件；从动物养殖方面说，澳洲缺少攻击力弱、又不怕人群的群居畜牧物种，澳洲特有的袋鼠却难以驯化，欧美却拥有很多可驯化、喜群居的可养殖动物，因此澳洲在畜牧业生态上也没有发展竞争力，养殖业和畜牧业不发达，自然经济发展难以超前，城市发展慢。虽然这两个地方都有相同的信仰、政体甚至人种，但是呈现出的城市建筑质感及国家形象质感却有很大的差距。

质感很大程度上将影响游客对旅游小镇的认识，小镇从质感层面，呈现给游客的，是独具民族特点、地域风格的一种体验。我们小镇的建筑及材质，全部取自于几十年前，甚至几百年前当地人所用的天然建筑素材，比如说天然的石头、天然泥土烧制的土坯砖，石木的结构，甚至是木板墙、稻草顶、木片瓦、石片瓦等，这种质感呈现的是空间的历史感，岁月感和地域的独特文化。营造古朴质感将唤醒人们对于这个地域的年代记忆感，也能表现出不同的地域文化特色。

总结以上三点，轮廓、色彩、质感及与质感有关的材料运用，都能让游客从视觉上就感觉到一个旅游小镇的不同之处，这是符合当前旅游小镇产业发展和旅游市场需要的旅游产品。

二、嗅觉

嗅觉也是一种感觉。人的鼻子中大约有500万个接受气味的细胞，而且从鼻子到大脑的距离很短，气味也储存在我们的长时记忆中。科学实验表明，如果把一串词语与气味联系起来，则会使得记得更为牢固。

当游客从远距离的地方走进旅游小镇之后，他接下来将感受到的就是嗅觉。不管公园产品还是游乐场产品都要求在嗅觉方面呈现给游客不一样的体验。

常规来说，可以将嗅觉系统分为三类，第一类是闻香感。即通俗所说的香水味，在这方面，诸多五星级酒店具有典范效应，比如香格里拉酒店的香味，丽兹卡尔顿的香味，以及人们在不同的星级酒店所能闻到的那些特别的味道。

香味已成为国内外大型酒店管理集团或个性化酒店为自己的酒店品牌塑造独特性的普遍适用手段，而这种方式也正在各种大型主题公园、度假村、温泉酒店及旅游小镇中得到越来越广泛的应用。闻香体验是游客嗅觉感知小镇的第一体验。

第二类是本土气息。本土气息作为本土文化的一个重要组成部分，是本民族生活习惯、饮食习惯、生活方式的一种折射。比如去到印度将闻到满街的咖喱味，去到马来西亚，无处闻不在的榴莲味，这些都是本土气息的代表。每一个地方都应有它强烈、浓厚的本土气息，给人以强烈的嗅觉冲击，令人仅凭嗅觉便知晓身处何地，也能加强游客对于旅游目的地的嗅觉感知和强烈的记忆。

我们的旅游小镇通过深入探究本土文化与民族生活习惯，营造本土气息，让游客在进入到小镇的一刹那便闻到属于当地独有的气味。这种气息可以是一种芳香，可以是一种美食香味，又或许只是当地人日常生活工序中散发出的某种味道。

比如我们在桂林的旅游小镇，从游客抵达小镇停车场开始，便能闻到桂林市花——桂花的味道，金桂、银桂、丹桂和四季桂将分布在整个小镇周围，芳香扑鼻，当风吹起，那满城的桂花飘香，你能想象一下吗？我们相信这个时候到访的游客是幸福的，因为晚上入住小镇客栈的时候，他也是伴着芬芳的桂花香入睡。此外，本土气息不止一种，当游客走在小镇的街上，还能闻到桂林本地独有的螺蛳粉气息，多元气息的构建共同组成了游客对于本地独特文化的一种体验。

第三类是人为制造的味道。这种味道的出现是为了让游客体验某种真实的生活场景，闻到某种传统工艺或者传统美食散发的独特味道，从而令景点、街道具有浓烈的生活气息，足以形成辨识度，增强游客感知、好感与记忆。

作者曾经工作过的著名景区——杭州宋城，在策划"宋城市井街"的时候，就特别着重人为制造的气味，尝试过营造多种味道，并通过游客的实际反馈来不断调整。比如试过臭豆腐的味道，结果调研发现游客受不了，味道太浓烈，臭味扑鼻；试过炸春卷的味道，结果并没有代表性，游客体验感不佳，最后在街区开张了一家榨油铺，到处弥漫油菜籽的清香，略带焦味的感觉，让游客找到一千年前宋代的感觉，获得了广大游客的好评。

在迪士尼乐园里，气味被用来提供魔法般的感觉，比如他们的爆米花车会被安置在魔法王国的入口处，在早上八点半时商铺一般都还没开门，但是爆米花已经爆嘣开了，爆米花的香味传达了在乐园如同看电影一样的信息。同样，迪士尼乐园的美国小镇大街上的面包店也能让整条大街上散发新鲜面包的气味，这种气味增强了美国小镇的故事主题，而从美国小镇大街到探险世界之间的距离比较短，迪士尼却可以用气味及综合其他的感觉，给游客制造出两个不同场景和故事中巨大的差距和体验感。为了让这两个主题区域的变化转变得更为自然，主题相关的植物、色彩、声音、气味及音乐和建筑都是逐渐融合的。在这里面，气味尤其是制造交融渐进感觉的重要因素。在进入探险世界的时候，在温暖的夏日清风中，游客可以捕捉到一股甜蜜的热带植物香味，以及一些异域的香料气息。

旅游小镇的嗅觉营造包含三种类别，闻香感、本土气息和人为制造的味道，如果一个景区、一个小镇缺少具有明显的，标志性的，代表性的气味，便缺乏了一个与游客深度沟通，为游客带来深层次文化体验的一个方式，将影响小镇的体验感。

三、听觉

声音由无数不同的音调、音质和音量产生的共鸣。听觉也是仅次于视觉的重要感觉通道之一。从生物进化上看，随着专司听觉器官的产生，声音不仅成为动物攫取食物或逃避灾难的一种信号，也成为它们彼此相互联络的一种工具。它在人们的生活中起着重大的作用，在人们的旅途中，听觉给予人美妙的音乐，熙攘的喧哗，自然的鸣叫，是人们在旅游的过程中不可或缺的一种感觉。

人耳能感受的声波频率范围是 20-20000 赫兹，并以 1000-3000 赫兹最为敏感。对于小镇运营来说，关注游客的听觉体验意义非凡。游客是怎样从听觉来体验一个旅游小镇呢？可从三个维度来分析。

人为的嘈杂声。成语"人声鼎沸"指的便是有众多人聚集的地方，必然会有人为的嘈杂声，尤其在中国，人与人之间频繁交流，嘈杂喧闹必不可少。很多景区运营者没有考虑过这个因素，没有区分人与人群之间的场合，有些体验是需要安静的，比如客栈，比如用餐。有些体验则需要一定分贝的嘈杂渲染，比如演出，比如景点互动。

做旅游小镇，必须要有喧哗和相对安静的区域分隔，小镇需要创造人群的喧哗声，也需要适合片刻宁静的地方，尤其是酒店、客栈，客栈必须做到"离尘不离城"，关上客栈门，外面街道就算再嘈杂，里面的一方天地还是安静的。旅游小镇既要创造出人类需要的繁华和嘈杂，也需要创造出适合人们片刻宁静，休养生息的地方。

与当地文化相吻合的声音。旅游小镇重在让游客全方位的感受当地浓厚、传统的文化氛围，那么游客漫步在小镇街道的时候，就需要听到和当地文化相吻合的声音。

比如当人们在小镇里听到秦腔的时候，脑海里自然出现的第一印象便是来到了一个真正的陕西、陕北小镇，历史感和地域感油然而生。而当人们听到越剧，那么他会意识到已经来到了绍兴，还有诸如安徽的黄梅戏、河南的豫剧、敦煌的陇剧、江苏的昆曲等等，这些可以从听觉上就能让游客知道身处何地。从而也能更加丰富游客的旅游体验，是一种文化的享受。

景区的引导声。这是景区必然需要面向游客发送的一系列声音。它包括景区广播，演出现场音乐，导游的讲解，节目演出的通知、散场，游客的疏导等。这是一个非常细节的问题，国内很多主题公园尚未引起足够重视。

要注意的是，声量大小与受影响人数量的关系，当500人入园和10000人入园的时候，游客听到的各种声音的声量应该是要有差别的，据相关统计，当500人听到50分贝的音量的时候，人的耳膜感觉是50分贝，当10000人听50分贝的音量的时候，或许就只有30分贝甚至20分贝。景区在室外演出的时候特别需要考量声音的因素，对于导流性的声音，如果控制不好就容易令人感觉置身于菜市场。如何分区域设置音量很有讲究。

要理解迪士尼乐园中的声音系统是多么的精致复杂，你可以从聆听迪士尼小镇大街上的花车巡游开始。在迪士尼公园，只有 个演职人员在合成控制台上工作，控制着花车巡游的全部音乐部分。巡游线路上有超过 175 个喇叭与花车上的喇叭同步发声，所以无论从哪里观赏巡游队伍，人们都被一条恰到好处的音轨环绕。他们是怎样做到让这音轨与巡游进程协调一致的呢？原来在巡游线路中共有 33 个声音感应区，传感器就安置在大街上，随着花车每触发到一个传感器，这台花车的音轨就随之"移动"起来了。

乐园不只是为游客设计声音，演职人员同样要重视。香港迪士尼乐园安装了"表演服魔法系统"，这是一种以无线射频辨识技术为基础的自助式系统，能够让演职人员找到自己的表演服，声音在这里起到了重要作用。当演职人员归还衣服过程中用查询器扫描时，如发出像泡沫的声音，则表明扫描成功，当奇妙仙子中《魔法叮当》音乐响起时，代表了归还衣服完毕。如果归还衣服时碰到障碍，比如衣服的尺寸不对，警报器会同时通知演职人员以及部门的服装助理过来处理，这种小小的细节即可以让演职人员感受到一种神奇的魔法，更重要的是，它可以规避很多服装归还与搁置中出现的问题。

四、触觉

皮肤是人的最大器官，触觉就是皮肤的感觉，是指人们通过接触、滑动、按压等机械运动获得刺激的总称。无论这种感觉来源于手、脚或者脸，人们都能从环境以及环境中物件的可触碰部分得到很多信息。即游客在碰触旅游设备、动植物、建筑材质、客栈软装及其他一切景点配套时所反馈的质感，它将直接影响游客对小镇整体品质的认识。

人们在游览主题公园的时候有千种、万种机会触碰到景区内的物质、物体，当人触摸到玻璃的时候，会感觉到玻璃的冰冷和平滑，当人触摸到植物的时候，可以感觉植物的生命力和特征，当人触摸到木材的时候，可以感觉到它的质地。现代社会，人们对生活的要求越来越高，表现在人们自己装修房子、购买家居的时候日渐重视材质的触感并以此积累了丰富的经验，如果景区内的设施、设备触感不好，将直接影响游客对于景区品质的印象。

很多公园为了节约成本，做仿木的材质，它的质感不好，一摸都是水，令人感觉品质极差。品质的要求是什么？从两方面来说，第一，某种意义上，就是让游客视觉看到的与触觉感受到的效果相一致，即看与触的一致性；第二，触觉需引发超预期的感受，这是更进一步的触觉需要达到的要求。在客栈经营领域尤为重要，比如客人需要用到的椅子、床等设备，这些设备看上去不错，摸起来触感也不差，但是实际使用情况呢？坐下去舒服吗？晚上睡着舒适吗？这些都属于触觉领域的内容，当客人进一步体验的时候，能不能带来所需要的享受，甚至超出他预期的享受，这些是小镇运营者、酒店运营者都需要仔细思考的问题。

在迪士尼乐园，触觉的设计应用在了人行道、游乐设施、酒店和饭店以及其他各个地方中。其中对水的接触是很多游乐设施不可或缺的部分，在迪士尼乐园，水花飞溅到宾客身上的体验，出现在一种冲击水面的游乐场景中，比如灾难峡谷（位于迪士尼美高影城幕后之旅的一个景点）中，也出现在一些木偶秀中。水上世界和度假区中的游泳池都有关于触觉的体验，年轻的游客喜欢乐园里到处是带来惊喜的喷泉，他们喜欢这种清凉感或神奇的触感，往往会花上几个小时猜测水从哪里来，下一次水流会何时、何地喷出。

游乐园有一种设备叫跳楼机或者叫快速升降机，它让游客体验的是触觉丧失的感觉，也叫失重，这也是一种触觉，这类触觉还非常受游客的欢迎，为了强化这种体验效果，迪士尼乐园幻想工程师们甚至创造了一系列的游乐设施，并让其下降的速度甚至快过自由落体。

五、味觉

味觉本义是指食物在人的口腔内对味感器官进行化学感知系统刺激并产生的一种感觉。

人的嘴里有大约一万个味蕾，每一个味蕾包括大约 50 个味觉细胞，这些细胞将信息传达给大脑，从味觉的生理角度分类，传统上只有四种基本味觉：酸、甜、苦、咸。但从游客体验景区的角度看，味觉有两个维度。

第一是食物的安全性。能吃的东西才能让人感受味觉，品味味觉，如果不能吃的食物或者变质、腐败、用不健康材料制成的食物，给人体验的味觉将是危险的，而且是一种对景区品质伤害极深的味觉体验。

作为旅游小镇运营者，我们首先要做的，就是为游客提供安全的食品，让游客放心地体验味觉带来的体验。

景区食品安全是一个重大的课题，食品安全的管控是一系列复杂的，详细的管理流程。它包括三个层面的含义，一是食品数量安全，即一个景区能够提供给游客足够的，满足旅行生活所需的膳食需要。要求提供给游客既能买得到又能买得起的生存、生活所需的基本食品，需要考量游客的购买时间、数量、喜好等多方面因素。二是食品质量安全，是指景区提供的食品在营养、卫生方面满足和保障游客的健康需要，食品质量安全涉及食物的污染、是否有毒、添加剂是否违规超标、标签是否规范等等问题，需要在食品受到污染界限之前采取措施，预防食品的污染和遭遇主要危害因素侵袭。三是指食品的可持续安全，从发展角度要求景区食品的获取需要注重生态环境的良好保护和资源利用的可持续性。

第二是食物的独特性。这与人的味蕾息息相关，人们渴望品尝好吃的，也渴望品尝从未吃过的食物。味觉体验也是目前游客深度体验的一个独立的层次需要。每到一个新的地方，人们总是想要品尝一下当地的特产美食，或者尝一尝传闻已久却一直没有吃到过的各种美食。美食之旅已成为当下人们出游的一个重要选择。

如陕西的袁家村，它主要针对城市里面的高消费人群，为人们提供舒适，以及怀旧农村风情的各种美食。家家主营的都是家常便饭，野菜，粗粮，能做出各种人们没有尝试过的，又有营养的饭菜，有好多原始的味道，给人们带来无穷的欢乐，能够使人消除疲惫，体验淳朴民风。

旅游小镇尤其需要重视当地传统美食文化的挖掘，一定要有游客没吃过但吃完会觉得意犹未尽的美食，从味觉的角度出发，开发出更多符合游客期望的产品，也将为旅游小镇带来丰厚的盈利和良好的口碑。

迪士尼乐园有很多大大小小的餐厅，这些餐厅为众多游客的味觉细胞设计了尽可能广的餐饮体验，各个乐园和度假区除了包括超过百家餐馆提供广泛的食物选择之外，餐馆的菜单还会根据不同的场景设计而有所变化，如从边疆世界的火鸡腿，到迪士尼海滨大道酒店的盐水太妃糖，味觉随场景的设计而变化，也随着游客的爱好有所不同。

　　综合以上视觉、嗅觉、听觉、触觉、味觉五个维度的累积，最终呈现给游客一种独特的、可辨识性的感觉，构成游客对旅游小镇的评论和口碑。不考虑口碑的其他因素，比如价格、产品等，从感性上来说，这五个维度决定了游客对小镇的感受，也是旅游小镇能否成功至关重要的五个因素。

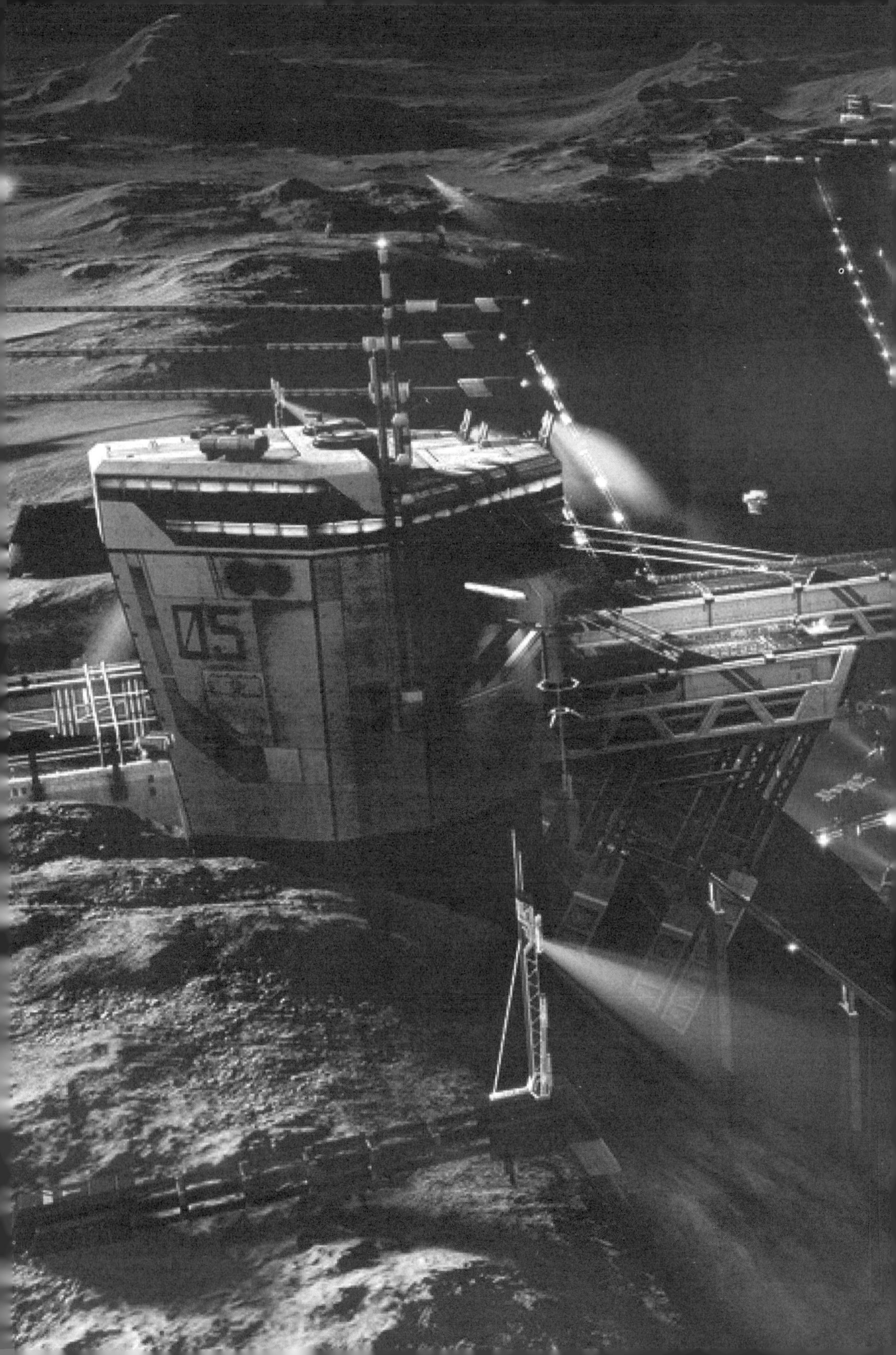
05

第七章 小镇未来

　　人类的未来居住在哪？科学界众说纷纭，随着人类对地球的不断索取，不可避免的问题越来越多，如资源的枯竭，环境的不断污染，超级大城市不断出现，人类的纷争越来越频繁，地外行星的撞击可能，地球自身的超级板块运动，极端气候，超级火山的爆发等等，以及人类自身的不断繁衍都将严重影响地球的存在，如果地球本身会受到影响，那么人类文明的摇篮——城镇也将不复存在，人类未来还能在哪居住？

人类的未来居住在哪？科学界众说纷纭，随着人类对地球的不断索取，不可避免的问题越来越多，如资源的枯竭，环境的不断污染，超级大城市不断出现，人类的纷争越来越频繁，地外行星的撞击可能，地球自身的超级板块运动，极端气候，超级火山的爆发等等，以及人类自身的不断繁衍都将严重影响地球的存在，如果地球本身会受到影响，那么人类文明的摇篮——城镇也将不复存在，人类未来还能在哪居住？

从远古时期开始，人类就创造着一个个惊人的奇迹，从最初的穴居到今日的高楼林立，人类探索自然征服自然的脚步飞速前进。人类探索的欲望，憧憬着很多新的居住方式。比如海底世界，人类对海洋的认识还不足海洋实际情况的10%，海洋才是占地球最大面积的板块，海底世界还有无限的空间，并且有无限的资源。或许入住太空，太空广袤无垠，真正是一个没有地域限制的区域，太空城镇将不再惧怕恶劣极端的地球气候，甚至连整个城市都可以是悬浮着存在。或许月球小镇，那个巨大的地球卫星有着全新的生态结构，虽然它现在不具备生物存在的条件，但是人类终有一日可以征服。再往外，人类或许还能殖民火星，电影《火星救援》已经通过美国式的教育方式告知人们，火星可以培育植物，可以发展人类基地，更何况，高冷的美国国家航空航天局（NASA）还为这部影片做了背书，并证明许多电影中提到的科技是人类真实掌握的。

人类创造的未来居住场所将会以超级大城市的方式存在或是以小城镇的方式存在？难以断言，超级城市有利于人类的聚集生存，但是也会一如既往地将曾经的城市问题带给未来；小城镇的模式则更有生活的气息，而且以未来人类科技及智能，将由区块链构成虚拟的巨大城市，人们的实体居所将会更加小型化，智能化。

以拥有900多万人口的瑞典为例，除了几大都市，如第一大城市斯德哥尔摩拥有180万人口，第二大的哥德堡拥有80万人口，其他绝大多数人都居住在只有10万或者20万人口的小镇里，这样的城市模式将更加符合未来人类的需求，未来人类将不断突破材料、智能、生物和科技的限制，更多令现代人难以想象的小镇空间将会出现。如果未来的人类把一个一个目前不存在的小镇形态都建立起来，将获得前所未有的突破,人类城镇的边界被打破,并会深度影响人类对宇宙的认知,这种对于新生事物、知识的好奇无疑会促使人们以旅行的姿态蜂拥而至,未来人们的旅行方式会如此的不同,从地面到地底,从陆地到海洋,从地球到太空,从太空到其他星球都将变为可能。

但从某种意义上来说,人类未来的城镇也将延续人类现有的文化、意识形态和审美,因为无论人类怎样变化,文化的传承、民族的传承及生命的传承是永恒的。我们或许会看到非常多其他的建筑造型,多样的城市形态,完全不同的街道模式,但是其内在的,促进人类文化生存、交往,为人类提供更美好的体验及生活的本质不会变。

城镇的美好

美国著名的规划师和城市设计大师雅各布斯认为,城镇是一个给人提供生活空间的美丽而又充满魅力的地方,是社会集体成就的最终体现。在这里,人们可以随意发挥,最大限度地实现自我价值。自由、爱、创意、激情、平静和欢乐等不同元素在这里交织。

我们已经通过三千年的维度认识了人类通过城镇的发展而建立起辉煌的成就,并将文化与人类紧紧联系,相伴而行,城镇成为了人类文明的温床,它的美好人类深有体会,不会因为人类新科技的发明或新材料的使用而消失,相反,人类会将城镇的美好延续下去,并使之更加完善。

电影《星际穿越》最后的一幕,男主人公库珀来到女儿创建的太空环形城镇中,当时的地球因为枯萎病已然不再适合人类居住,而在人类还未找到新的移民星球之前,人类建立了太空城镇,在太空城镇里,有与现代城镇一样的建筑模式,有绿树,有青草,有橄榄球场,有棒球场,有体育看台,有医院……人们在棒球场上正在打一场酣畅淋漓的比赛,电影中呈现出了一个城镇最美好的一面,温馨的人文和令人心醉的美好环境,我们可以看到,哪怕离开了地球,人类未来的科技发达到足以去寻找新的星球家园，但是人类所建造出来的城镇形态跟我们现代社会所看到的城镇形态是一样的，而且它的生活模式也几乎相同，人类对于城镇的美好有着根植于深处的向往，城镇是人类未来无论去到任何地方，都不能离开的载体。

我们在城镇中有太多太多美好的事情发生，且不同城镇有不同的奥妙。人们乐此不疲地穿梭在不同城市，走过大街小巷，带着探索和发现的眼光观察城市，包括城市的肌理和城市中的居民不停地探索城市的奥妙，不停地感悟人生的乐趣，城镇的美好将与人类长久相伴，人们构思未来无论生活在什么地方，最终的形态依然还是城镇。

那么，不管遥远或者不久的将来，人类科技文明将发展到前所未有的程度，但建设一个美好的城镇，依然应该具备一些必不可少的元素。

美好未来城镇首先应当具备完善的公共基础设施。因为，这些设施关系到城镇里的每个人的工作生活的方方面面，既要有美丽的中央公园，又有林立的商业或其他楼群；有令人向往的教育机构，如大学，又有繁华的闹市或体验商业区。城镇能给人一种积极向上的精神鼓舞，城镇中的每个人的工作和生活都处于很好的节奏中，也都很努力。

其次，美好未来城镇应该拥有良好的自然环境，这也是美好生活的第一要素，宜居是必不可少的，城镇不能给人类的生活带来太大的压力。城镇还应该有很好的人文底蕴，迷人的景色再加上丰富的文娱活动和艺术气息，那将使人类的生活非常完美。美好的城镇一定还是环保的，它和这里的居民一定是有文化内涵的，它一定是充满人文关怀的。

美好未来城镇还应该具备什么？我想结论还有很多，人类会慢慢地更了解自己，未来的人类可能需要与更多的半有机和无机生物共生，人类出行离不开智能交通系统，如智能汽车、飞行器或智能火车等；人类还要与机器人为伴，机器人的存在将需要网络互联、智能充电乃至智能存储系统；人类还需要更多交流度假空间，尤其当人类离开地球的时候，身处太空中、月球上或是火星上，关于地球的记忆将是一种怀念，体验地球曾经的美好风光、度假生活也会是一种奢侈的构想，比如，无论太空还是月球、火星，绝对不会再有美丽的海滩或者海上度假生活，如果人们想要潜水、体验海上度假，那只能在人工制造的设备上体验，人类务必将渴望真实的感觉变作现实。

构建未来城镇的基础

未来城镇不再是科学幻想，早在20世纪七十年代人类科学家已经就这方面进行了大量的研究和设计，彼时的互联网、航天科技、深海探索、人工智能等已萌芽，未来城镇的建设需借助大量的未来科技，人们的畅想无边际，但是在实际可执行的方案中却有非常多的困难，比如建筑材料的变化，人类如果要在海底或者太空中建设城镇，所使用的建筑材料将与我们现在的传统城镇存在非常大的区别，而新的材料还未发明。比如建筑模式，传统的工程模式能否用在地底、火星、或者太空之中？显然，由于人类本身的有机系统限制，我们无法完成更多的基础建设，未来替代人类完成城镇建设的将会是全新的智能机器人，一种完全无机的生命系统，甚至我们不能称之为生命，他们或许仅仅是一些系统。

构建未来城镇，人类需要无机生命体系的支持

我们知道，人类是有机生命系统按照优胜劣汰的原则演变而来的智能生物，过去的40亿年当中所有的生命完全按照有机化学的规则进行着演化，不管你是巨大的恐龙还是一个阿米巴虫，还是一个土豆，还是一个人，都是按照物竞天择的规则，都是有机化合物组成的，我们完全遵循过去40亿年有机化学规律的演变。

只不过，有机生命体系一直局限在地球这样一个行星上，没有一个生命或者任何一种生命形式有能力突破我们的地球，去到其他的星系进行殖民。因为自然选择规律让所有有机物、有机体局限在地球中，限制于非常独特的环境当中，包括温度、气候、

阳光、重力。而仅就人类来说，相对其他有机生命，对环境的要求则更加严苛，人类无法忍受高温，科学家曾对人体在干燥的空气环境中所能忍受的最高温度做过实验：人体在71℃环境中，能坚持1个小时；在82℃时，能坚持49分钟；在93℃时，能坚持33分钟；在104℃时，则仅仅能坚持26分钟。据有关研究记载，人体能忍受的极限温度不超过116℃。人类同样无法忍受低温，在1994年，一个名叫卡里·科索洛夫斯基的2岁的加拿大女孩被锁在门外6小时之久，据说，当时户外气温是-22℃，最后小女孩的一条左腿因冻伤不得不截去，幸运地保全了生命。这就意味着人类在无科技保护的条件下，几乎无法在月球、火星上生存。而同时人类也无法忍受高压，无法忍受辐射，无法忍受飓风、闪电、真空……

但是在未来城镇的概念中，当地球表面不再适合人类居住时，才会诞生新的城镇模式，未来的城镇将会建在地底，那里有熔浆，缺乏氧气也没有阳光；未来城镇将建在海底，那里有高水压，缺乏氧气；未来城镇也将建在太空，那里有致命的辐射，真空，没有重力，而且几乎缺乏一切有机生命生存的基础；未来城镇也将建设在月球或火星，地面生态完全不同，温差巨大，有致命的辐射、灰尘等等，这些困难是未来城镇建设必须要考虑的问题。建设未来城镇我们需要能支持有机生命系统存在的科学与技术，需要生物科技，需要新材料，最重要的，我们需要人工智能及以人工智能构建的新的无机生命系统，有机生命需要与无机生命融合，并能创造出全新的生命形态。

好消息是，科学不断印证，人类的生命将根据计算机智能设计，脱离原先有机化合物的限制，脱离原先有机化学的限制，进入一个无机的世界。我们甚至可能在有生之年看到有机生命逐步被无机生命所替代，甚至看到有机化学规律和无机智慧性的生命形式并存。原先我们是碳基的，未来生命形式当中，硅基会成为主要的生命形式。一旦我们从原先有机的生命形态转变成为无机的生命形态，比如机器人、人工智能计算机等，那么环境就没有限制了。机器人在火星上面也可以生存，而人类不可以。我们在科幻小说或者电影当中看到的一些场景都将可以实现，对计算机机器人、人工智能而言，他们可以轻易在地球以外的其他星球和星系中生存。

在地球出现生命以来的40亿年，我们终于可以突破地球的限制而进入到其它星系，不是人类，而是人工智能可以做到这一点。这是一个重大的突破性演变，在我们有生之年就可以看到的，事实上大家已经从某种程度上经历了这样一种变革。

什么样的变革呢？我们人类上万年以来在演变过程当中获得了越来越多的力量，在21世纪的时候人类将会失去这些力量，这些力量将逐步从我们这个物种让渡给人工智能。比如世界上在发生什么，甚至我们自己生命在发生什么，这些权力或者我们掌控的力量，不管重要的还是不重要的，将会逐步过渡给计算机或者人工智能机器人。

智能机器人这种无机生命系统将成为未来城镇的建设大军，他们（或者应该用它们）将成为新一代"规划师""建筑工人""物业管理人""城镇维护者"，由于机器人技术的快速发展和不断迭代，未来的机器人一般都具备高超的人工智能，他们会有感觉、有思想，能与人对话和交流，除了没有感情，没有自我意识，不能创新，不能主动处理意外事件之外，他们将会跟真人没有两样，特别是其中的人形机器人，他们的外形将完全与人一样，几乎可以以假乱真。

这些机器人将能完成各种各样在人类看来不可能的任务，比如在太空小镇的建造阶段，他们能在真空的太空中完成各种建筑材料的生产，而建筑材料可能还需要在月球或火星上采矿，他们能制造出各种预制件，进行太空城镇设备的安装和测试，并可以按照人类的喜好和审美来进行城镇建筑的内部装修，包括各种管道线路的连接和检查，家居的摆放，灯光的设计，色彩的搭配等。在太空城镇建设完成之后，机器人还将负责城镇的运营，接待工作。在太空运营工作中，机器人将有不同的分工，有的是导游，有的将成为酒店服务员，有的是餐厅服务员，有的负责保洁，有的将成为体育教练，有的是太空小镇中的医生。

这些机器人任劳任怨，比真实人类的服务态度更好，不仅彬彬有礼，而且温文尔雅，和蔼可亲，随叫随到，他们是未来小镇中的服务主力。

在从有机到无机的生命形态演变中，还将出现一个过渡阶段，即"人机共存"，"人机共存"的社会形态催生出一个新的种群——人机一体的"共生"生物，人类和机器人共生在同一个身体中，化身生物机械，我们也可以称之为——半有机生命形态。半有机的生命形态将为人类带来无限可能，人类本身在制造种类繁多的工具上的能力独一无二，延伸自己身体的方式也是无限的，发展改变生命本身的技术将成为必然，未来将是有机世界、无机世界、半有机世界的合成联姻，未来将是人类和机器人共生的世界，未来的小镇居民不仅仅是人类，更多的半有机人和无机机器将成为小镇的市民、观光者或服务者。

也许未来的一天，人类停止思考，正如科学家对未来人类的预言一样，人类的大脑将萎缩成一颗核桃，身体也将退化而延伸出更好的适应未来科技的触觉，更多的思考和系统将由无机生命系统处理，无机生命系统开始接管探索宇宙，开发更多栖息地的任务，未来的小镇建设者和栖息者或都将不再是人类，机器人的系统将无限延续，太空、月球、火星甚至金星都将覆盖以人类城镇为雏形的未来机器人小镇，机器人忙碌的身影甚至会延伸至宇宙，穿越星系、虫洞，到达其他适宜人类居住的星球，然后根据人类的DNA制造出与人类类似的有机生命系统，整个世界如此玄妙。

神奇的未来小镇

鉴于未来存在的危险，人类不得不考虑未来生活的新区域，有人认为，人类可以重返地下，再度"穴居"，因为地下建筑不需要侵占动植物的"领地"有利于保持生态环境，还可以增加农作物的种植面积，使未来人类因人口膨胀粮食短缺的问题得以解决。还有人认为，人类会离开地球，去到新的目的地，这些新的目的地可能在月球或者火星上，然而月球的面积只有地球的十分之一，火星是一个平均地表温度低于50℃，每天刮着龙卷风和沙尘暴的一个荒凉世界。于是大家觉得或许在离月球不远处的太空临界点是个不错的选择，那里处于稳定状态。人们或许可以将人造城镇置于太空平衡点上，制造两个巨大的球体，以地球同样的速度，不停地围绕太阳旋转，而且和地球相对的位置也会始终保持不变。有人认为未来地球或许将被滔天洪水或海洋覆盖，那么人类的未来城镇又将建设在海面上或许海底，因为海洋才是目前地球的主要区域，覆盖着近71%的地面。人类的每一种设想都需要经过无数人的研究和科学验证。事实上，到目前为止，人类还未能造就其中的任何一种形态的城镇，但我们不可否认，不久的将来，他们或许会全部变为现实，等待着更多未来的人类旅客去探索，去生活，去体验。

一、人类火星小镇

"人类对太空的探索是未来经济增长和繁荣的催化剂，"曾经乘坐俄罗斯"联盟"号飞船前往国际空间站并停留8天，成为全球第一位飞入太空的非宇航或航天人员——蒂托说到，这位72岁高龄，掌管着美国非营利机构"灵感火星基金"的老人对于火星之旅充满期望，他说，火星之旅能够"为下一代太空探索带来知识、经验和动力"。

人类对于火星的探索由来已久，火星在太阳系中是人类最为熟悉的星球，它的昼夜更替周期基本与地球相同，地形形态甚至物理结构也与地球类似，拥有山脉、山谷，甚至还有液态水。很多人认为火星能成为第二个地球。然而，火星却是个荒凉恶劣的不毛之地，各种自然条件极为恶劣，如果没有科技技术的支持，将不适合人类生存。

然而科学家始终在研究居住火星的可能性，因为火星是离地球最近，也是最具有殖民可能的星球。（从目前的科技而言）有一点非常确定的，火星很干燥，尽管火星上也有水和冰，甚至可能存在流动的水。它干燥，且异常高温及寒冷，在火星上最热的地方，温度可高达华氏70°C，而火星上的平均气温，却是华氏零下52°C，冬天两极的温度，更是低到华氏零下225°C，所以火星大部分地区都是四季严寒的状态。

不过根据人类探索地球南北极的事实证明，人类完全可以在寒冷的气候条件下生存，其中南极的平均温度为华氏零下57°C，这比火星的平均温度还要低，而我们在南极洲有可持续的营地。人类穿着羽绒服都能在南极洲行走，所以尽管人类要在火星上保暖不容易，但随着技术的进步，造一座火星小镇，并在火星小镇上生存是可以实现的。

　　当然，这里面还会有很多其他的困难，比如火星的大气层就极薄。这意味着火星上缺乏供人类呼吸的氧气，火星大气中约只包含 0.14% 的氧气，仅为地球大气中氧气含量的 1/100 不到。但是人类在火星上生存还是可以实现的。科学家在火星表面发现了一种名叫高氯酸盐的化学物质，这种物质的分子包含着一个氯原子核四个氧原子，一些氧原子可以分离出来并聚集在一起，为在火星居住的航天员们提供可供呼吸的空气。至于它的剧毒，人类有其他办法进行处理。

　　在火星上开发小镇，对于居住在火星上的人来说，还有个威胁——辐射。我们知道地球有强大的磁场，磁场保护地球不受来自太阳，及银河系伽马射线的有害辐射，但是这个功能火星没有，火星表面几乎不存在磁场，完全暴露在太空之下。完成一次常规的 180 天火星旅程，一个普通人受到的辐射就相当于一名在核电站工作 15 年的员工。而在火星着陆后，仍然会持续受到微量辐射的影响，这些会增加人们患癌症的风险。辐射防护虽然可以用独特的材料，但是真正抵挡来自太阳和宇宙深处的辐射还需要更多科技研究，完全消除辐射几乎是不可能的。

　　因为有这些生存的困难，在火星上造一个人类的小镇，首先要考虑的便是安全，其次才有我们前面说到的城镇美好的形态和社会生活。人类能够在火星上生存，需要建造一座又一座堡垒式的建筑，避开寒冷的气候，还能防止高度的辐射，并且堡垒里有完整的生态系统，可以产生氧气，可以有自给自足的食物系统。世界各地的科学家或城镇研究者已经设计出了很多不同小镇模型。

　　（一）火星仓库

　　这是一种采用人类历史上最经典的穹顶式设计建筑，建筑模式形如一个又一个的仓库或者蒙古包，如放牧民族在火星地表上的城镇。事实上，蒙古包这样的游牧民族建筑自千年前就已经存在了，代表的最初的一种阶级形态的建筑，这一居屋的早期形式曾被更早的亚细亚游牧民族所使用，许多游牧民族或长或短地使用过它或类似于它的住屋。这种建筑最能够经受住时间的考验，形状和结构不完全是技术的选择，也是

独特有形的火星"蒙古包"小镇。

一种对地形、文化的选择，好比游牧民族生活在茫茫草原上，一望无际，"四周是天地相连的地平线，天地既有距离又相交"，圆形的穹顶和结构是最原始的对天的模仿。而事实证明类似的设计可以屹立上千年不倒，当人类到达火星后就可以放出机器人，通过3D打印技术不断制造出更多这种火星蒙古包，用蜂巢形的隔热层起到保暖和防止陨石撞击的作用，一座又一座连成一片的火星"蒙古包"就形成了一个独特的火星小镇，到火星旅游的人们就好比如住进了"蒙古包"民宿，穿戴好特别的设备就能在建筑外参观火星地表，感受火星的独特地址风貌。

（二）**火星地下城**

火星地下城的建造理念几乎与地球的地下城镇建造模式相近，只是在部分技术处理上会有差别，比如地球的地下城需要的是更多通风口设备，引入地球表面的氧气，

火星地下城镇的出入口或许就是一些形状各异的机械结构。

而火星的地下城镇则需要考虑生产氧气。人们探索发现，在火星的赤道附近有被冰冻的海洋，人类可以在这里打造出螺旋式的地下城镇，既可以保暖，又可以有效避免地面的风暴和外星陨石的撞击，还能使建筑结构更加稳定，包括避免被其他外星人发现，这里也有足够的冰可以转化为水资源，利于人类的发展和繁衍。火星地下城镇的模式也将可以被应用到月球上，与火星相似，月球也是一个缺乏磁场、缺乏氧气，有着极度恶劣温度的地方。

（三）火星冰房子

火星的地表温度与地球的南极洲很相似，而且火星上有丰富的冰资源。这样的环境很能令人联想到地球上生活在极地世界的种族，比如爱斯基摩人，在过去几千年里，爱斯基摩人在极地的环境中生活得自由自在，他们创造的冰房子非常特别，看似很冷，实际上在冰屋内却非常的暖和。这将启发人类在火星上开发小镇时对建筑形态的运用，人类可以直接利用火星上丰富的冰资源和低温气候设计住所，造出形如圆顶、

金字塔或类似鲨鱼鳍的冰房子，而且保温和建筑材料都可以就地取材。

想象一个由成片的晶莹剔透的冰房子构成的小镇，冰房子一栋连着一栋，在房子之间有柏油路连接，唯独缺乏户外花草，不然人类真的无法分辨自己到底是住在地球还是火星了。

（四）火星地堡迷宫

如同人类在千年以前打造的玛雅古城、埃及金字塔或巴比伦建筑，火星地堡迷宫是考虑到人类到达火星生存的数量会非常巨大，合理利用面积的情况下的最好的方式。也许一个地堡迷宫可以入住的人数超过5万人，形如一个小型的城镇，随着入驻人类数量的增多，它还可以无限延长，保证每个人都有自己的住所。

不论是哪一种建筑形态，都代表了人类对火星的向往。人类在火星上建筑一个城镇可能是最快能实现的外太空人类殖民地，好比如十七、十八世纪葡萄牙人、西班牙人、英国人殖民美洲、澳洲一样，最初人们也只是在探索一个新的目的地，只是当人

类真正抵达目的地的时候，会发现那里有能促进人类社会进步发展的新材料、新物种，并从此驻扎下来，创造出人类繁衍生息的基地——一个又一个新的城镇，火星的未来将遍布人类的脚印，当然就包括了人类的城镇。有朝一日，到访火星人类小镇的人将在这里延续后代，那个时候，来自火星的居民就真的可以非常光荣地说"我来自火星，我是火星人"。那时候将不会有人敢嘲笑和戏谑，而是称赞火星人令人称奇的胆量和财富。

二、月球地堡小镇

与火星类似，月球上的物理条件也不适应人类在没有技术支持下，没有新材料建筑及新生态系统的模式下生存。月球上的自然环境也很恶劣，没有空气，没有水，有的是荒凉的岩石和沙砾，月球上昼夜温差巨大，白天温度高达 127°C，到了夜晚，温度又会降至零下 183°C，人类离开保护装置都将无法生存。同样，月球也没有磁场，会受到来自太阳和宇宙的辐射。人类如果想要征服月球，在月球上建立自己的小镇，需要全新的技术条件支持。

"移民去月球"可以说是地球人自古便有的梦想,中国古代的神话中,月宫是供嫦娥与仙兔居住的美妙地方,那里仿佛有宫殿、花园甚至河流。虽然与事实相反,但是人类的畅想是无限的,欧洲航天局(ESA)就曾表示,月球上建造城镇这事是可以实现的,而且他们也开展了一系列的实际研究,并且设计出适合人类居住的月球城镇。

根据欧洲航天局的规划,人类在月球建造小镇的技术已经具备,只是受限于成本的因素,也许人类在月球建造出小镇的梦想将在未来40年内实现。欧洲航天局设计的月球小镇也是地堡形式,可以称之为"地堡小镇"。

为什么是地堡?因为从表面看,因为温差、辐射、真空等原因,月球表面陆地极其不适合人类居住。但是,月球表面经过亿万年却没有太大的变化,这可以说明月球表面其实是稳定地,没有地震、火山喷发等地壳运动带来的地理变化,月球上的确有很多陨坑,但那只说明月球受到外界的影响远远大过内部结构的变化。月球相对于地球的自转同步,一面一直朝向地球,固体潮汐现象极小,月球表面比地球表面要稳定得多。

如同地球北方地区地下长年不化的冻土层一般,地球的冻土层是极为稳定的。如果在月球地表面以下数米至数十米区域,进行人造生态小城镇的开发将变得极为可行。由于地面下方昼夜温差变小,基本等同于地球表面的温差,月球与原始地球的地质成分又很像,地下数米深的地方甚至可能可以提取出水分并分离出来大气成分。拥有稳定的生态环境,甚至可以不需要从地球携带水和土壤,只要带上一些建造生态小城镇的植物种子、动物胚胎、卵等就可以,这样就可以就地取材建造月球上的生态小城镇了。

"地堡小镇"半埋于月球地下,外层盖着厚厚的岩石墙壁,可保护居住其间的人免遭放射线伤害和陨石碰撞,而且能抵御月球上白昼间巨大的温差。"地堡小镇"还与外部通过气密仓联通,人们可以在气密仓脱掉厚厚的太空服,在小镇内部完全轻装活动,跟地球没有太多区别。

而且一旦建成了稳定的月球地堡小镇,由于月球上可能上万年都不会发生一次地

月球地堡小镇将会建立在月球上稳定的地表深处。

震，所以在月球上生活危险极小，可以说非常稳定。地堡小镇俨然比地球上的小镇都要更加安全，地球上的小镇不仅可能遭遇地震，还可能轻易地毁于火山爆发、海啸甚至飓风。在这样一个安全的地堡小镇中，人们只需要一个人造小太阳或者更多的小型核电站来完成生态循环所需的能量循环。科学家已经证明，在月球上制造核电站甚至比在地球上制造的成本要更低，因为月球表面就能轻松找到制造核反应堆所需要的核心燃料，而且更加稳定。

"地堡小镇"的世界里将有与地球一样的温差，地势差别，也可以形成风雨雷电等能量循环，而且地表层隔绝了宇宙射线的伤害，再加上人类可以在地堡小镇培育自己的粮食和动植物，这里生命或许会比地球上更加长寿，而且由于重力系数比地球更低，很可能人类及动植物的发育会变得巨大起来，甚至可以将恐龙类巨大型动物孵化繁衍。届时，到访月球地堡小镇就不仅仅是参观旅游这样一个简单的形成，未来人类可以到月球小镇上来度假，疗养甚至观察在地球上已经灭绝的动物，美妙的月球小镇可以提供一切美妙的想象空间。

三、奇妙的太空小镇

什么是太空小镇？简而言之，人类建设在太空之中的居住区，形如人类的城镇，即称之为太空小镇。太空本身就是广袤无垠的一个空间，空空如也，什么都没有，连火星和月球上的陆地都没有，没有物理结构，没有空气，没有水源。人们要居住在太空中，就必须自己搭建这一切，搭建一个在太空中的巨大基地。

太空小镇应该建设在哪里呢？显然，太空小镇不能离人类可以取得资源的地方太远，事实上，科学家测算得出人类可以建设太空小镇的地方就在距离地球、月球不远的地方，它需要被建在一个被称之 L5 的太空平衡点上，这个地方可以得到地球的物质供应，也能从月球上获得建筑用材，而且这里有充足的阳光照射，甚至 24 小时都有阳光照射，没有地球上的白黑之分。太空平衡点上的失重环境几乎可以说是没有任何重量，任何物体的搬运都将非常方便。

那么这样的太空小镇应该建多大呢？方圆至少应该有 1.5 千米，而且有些科学家设计的比这还要巨大。小镇里有围墙吗？其实不是围墙，是用钢筋混凝土、钢架和玻璃建成的密封的外壳结构，目的是保证太空小镇中的空气不泄漏。当然，在这样的太空小镇中不仅有空气，还有水、动物、树木、花草、花园和农作物。人们在太空小镇中会形如在太空宇宙飞船基地一样处于失重的状态吗？答案也是否定的，科学家将通过将整个太空小镇结构旋转的办法来产生人工重力，沿着人工重力的方向，人类就能够站立和行走，形同在地球上一样。

太空小镇上有非常类似于人类小镇的形态，这里有很多有趣的描述。

从太空小镇的社区环境来说，太空小镇的建设目标是建设一个安全、舒适、地球化和人性化的社区环境。将太空小镇社区建设成像地球社区一样，使太空居民或太空旅客没有远离家乡的感觉，而且注意人的生理和心理的感受需求，满足人们的这两种心理需要。比如，因为太空小镇是建立在一个形同洗衣机滚筒般的圆形结构里，其空间狭小，而且视野不开阔，容易使人产生压抑感，那么在设计小镇社区的时候就要注意到太空居民的视觉感受，即天际线的设置，应该给人一种新鲜感和神秘感。那就是说不能一眼望去所有的景物都尽收眼底,而应该总是有新的东西。以环形结构来设置天际线,使人无论身处社区的任何地方,一眼看去只能看到六分之一的景物,另外六分之五总是看不到,如果再种植一些高矮错落的树木,则神秘感更加强烈。

此外,一个城镇不能全部都是居民住房,还必须有公园和绿地,太空小镇虽然土地资源紧缺,但是公园和绿地却一点也不能少。太空小镇的环形结构甚至可以建设三个公园,这三个公园即可以将居民区分为三个部分,使每个居民区的两边都是公园。在这些公园内,绿树成荫,鸟语花香,是太空居民休闲、散步或运动的好地方。

太空小镇里还将尽可能地模仿地球的生态系统,比如模拟地球上的气候变化。在太空小镇中实施人工降雨完全不成问题,可以是倾盆大雨也可以是毛毛雨,可以利用大气的凝结方式模拟出云朵,小镇里的人们外出工作或者游玩时候,还需要听听小区的天气预报,需要知道今天下不下雨,带不带伞,否则被大雨淋个落汤鸡也是极有可能。

太空小镇中的人造仙境。未来太空小镇中的生活与现在宇航员在航天飞机或者国际空间站中的生活是完全不一样的,宇航员在航天飞机或国际空间站上的逗留时间一般是几个月或者一年,但是太空居民在太空小镇中的生活时长却可能是几年到几十年,乃至未来养育后代都在太空小镇中完成。长期累月地在太空中生存必须有良好的生活条件,这样的小镇生活就要求太空小镇建造的时候就必须考虑建设成一个"人间仙境",能确实让太空居民和到访的游客过上舒适、安逸的太空生活。

具体怎么做呢,那就需要从太空小镇上的大气环境、食物和营养、照明、环境卫生、与地球的联系、心理需求等多方面来考虑。

首先,太空小镇要营造出适宜人类生存的大气环境条件,比如一个标准的大气压环境,大气成分的构造,大气温度,二氧化碳的浓度及空气质量和流动速度等多维考量。而为了确保太空小镇居民的健康和安全,人造大气环境还不能跟地球自然产生的大气环境一样,因为要规避火灾的风险。太空小镇的大气环境会比地球上的标准更低一些,但是它会更加安全,故舒适性并不差。

从食物和营养上来说,太空小镇需要为太空居民提供安全、有营养而且味道可口的食物，保障人们长期在太空中的工作和生活。需要指出的是，太空小镇中的食物大部分都将来自于太空农场和太空食品加工厂，且只有很少一部分来自地球。科技人员将确保太空农场的作物生长环境，并对太空作物进行重点研究，将对农作物的营养成分进行改良，也许转基因的食物会在太空中大量广泛地运用。

太空小镇的照明几乎都来自于太阳光，太阳几乎可以24小时照射进太空小镇，但是可以通过屏蔽光线制造出白天和黑夜的差别。而且人们可以通过使用定日镜和光纤系统来对太阳光进行充分的利用，搜集太阳光生成太阳能，并用于太空农场农作物的光合作用，确保太空小镇的可持续发展。

此外，从心理及与地球的联系上考虑，太空小镇将会特意营造各种有益于居民和游客生活的氛围，比方讲让太空居民能清晰地看到月球、地球和宇宙星空，宇宙的浩瀚之美曾一度是宇航员的享受和乐趣，这样的乐趣也将让太空小镇中的居民或游客享受到；太空小镇的住房形式也绝对不会千篇一律，将会满足人们多样性、不断更新和不断发展的需要，未来太空的居民、游客将来自不同的国家和民族，住房建筑的风格将繁复多样，尊重不同地域人的生活习惯和需求，增加生活的情趣；太空小镇的气候也不应该是"四季如春"，会像地球上的气候一样冷热不同，有阴有晴，有风有雨，温度和湿度也将随着季节的变化而不同，夏天人们将渴望跳入泳池，冬天人们可以在房子的周边堆上雪人；太空小镇的生活也将会是丰富多彩的，人们在地球上小镇能体验到的娱乐、游玩也将在太空小镇中体验到，而且更多独特的偶遇事件也将在此发生；太空小镇也不是太空孤岛，它将与地球建立起紧密的联系，太空居民和游客可以随时随地收看到地球的电视节目，收听到地球的广播，能方便地使用地球的互联网，可以进行即时的视频或电话沟通；最重要的一点是，太空居民可以方便地前往地球旅游，地球人也能方便地来到太空小镇度假，或是探亲访友，或是学习观光。除此之外，还能以太空小镇为中转集散地，去往月球或其他小行星上旅游，未来的太空旅游将包括太空小镇、月球小镇和小行星之城。太空小镇居民甚至可以去到临近的小行星之城或月球小镇上去参加体育比赛和观看运动会，多么奇妙的未来。

小故事

太空小镇是全密封的，除了中轴顶部的观光大厅之外，太空小镇的居民平常是看不到外面景色的。虽然太空小镇的顶部白天能看到蔚蓝色的天空，时不时还有白云飘过，夜晚漆黑的天空闪烁着星星，有时候还挂着一轮明月，太阳总是按时升起和落下，但是所有这一切都是虚拟的，是通过投影仪和天象仪产生的，中轴结构的顶部的这个观光大厅就是为了满足太空居民和旅客观光真实宇宙空间的要求而设立的。观光大厅可以是呈圆形的，直径约有80米，顶部有一个穹窿形的玻璃大屋顶，四周是巨大的玻璃窗，大厅内没有座椅，沿着穹窿顶和玻璃窗却有安装扶手和固定器，固定人们观看的位置。

在太空小镇中的生活，最大的享受将会是坐在观光大厅里观看地球，同时还可以看到月亮。这里讲安放一些大口径的高倍望远镜，人们通过望远镜将可以清晰地看到地球上的城市夜景，夜晚的地球是如此璀璨夺目，从遥远的太空上望去，它上面似乎像是用钻石镶嵌的星座，而不像一个城市。在黑暗的背景下，灯火通明的地方就是工业发达的地区，比如人们可以清晰地看到美国东部的灯火通明，这里集中了纽约、芝加哥等国际大都市，还能看到西海岸的加利福利亚的灯火，而当人们看到非洲区域的时候，那里将会只有一点点星光，因为那不是一个工业发达区域。

除此之外，太空小镇中也将会有景点，比如太空农场、太空工业园、太空城的机器人总部和太空小镇的市中心观光。太空小镇中将配备造型独特的"太空巴士"，太空巴士是专门为太空游客在太空小镇观光游览而设计的，座舱内宽敞又舒适，周围有巨大的舷窗。而人们主要通过太空巴士抵达四大景点，每个景点又将有一系列的可体验项目，比如太空农场上将设置有农作物区、畜牧区、水产养殖区和食品加工区等，太空游客可以亲眼看到太空农作物的生长环境，也能看到太空动物的生活模式，甚至太空游客可以像在地球上一样，亲自体验采摘水果、蔬菜的乐趣。

太空小镇将会是一座神奇而拥有高度科技文明的城镇。

太空小镇的生态系统建设及维护很多时候不仅仅反映在太空这一个层面，它可以广泛应用于月球小镇、火星小镇和小行星小镇。人类探索太空将面临的问题与地球上的是如此相近，而人类的心理需求与社区需求几乎等同于地球上的状态，如何将小镇打造得更像地球小镇将是一切外太空小镇需要考虑的终极目标。

未来海洋小镇

人类的想象力无极限，事实上，人类已经为地球的失去做好了充分的准备，就算失去了地球的大陆，人类可以利用广阔的海洋，而如果连海洋都失去了，人们还能利用太空和其他星球，人类的科技不断发展，突破着各种限制，人类将会拥有更多的栖

人类设计的各种海上城镇模型。

息地，人类的小镇也将建在各种现在还无法想象的地方。

前面我们说到了很多太空小镇，而事实上人类向外太空发展的成本要远高于向海洋发展。海洋占领了地球70%的面积，如果把现在人类有史以来创作的所有建筑都投入海底，那么海洋依旧如此，连海平线升高的机会都不大。海洋潜力如此巨大，世界各国都已把目光对准了深海，人类的海洋工程的发展已经越来越迅猛。

海洋小镇将分为海上和海底两种，海上小镇将与漂浮城市的概念极为相近，"海上城镇"的建设是令各国海洋工程学家都非常向往的科目。美国有一位富翁，正在计划通过海洋建造产生新的独立国家。这位美国富翁想在美国的公海建造"海上小镇"，任何人以以后来到这座小镇生活，那就代表他就离开了美国，所有生产和活动都不需在美国交税了。比利时有一个建筑师，设计出了海上人工小镇，其水下部分以全透明材料制成，小镇居民和游客在餐厅里可以边进餐边欣赏海中游鱼。韩国国家科学院设计出了"漂浮的海上城镇"，它可以通过太阳能、热能、潮汐能、风能等提供能源，"海上城镇"完全实现自给自足。这座"海上城镇"甚至可同时容纳100万人口生活、工作其中。

关于海上小镇的形态，人类还有非常多的奇思妙想，例如比利时著名建筑设计师文森特·嘉勒博设计过一个叫"百合花瓣"的水上移动城镇模型，这是一个漂浮的两栖城镇，可以根据不同的风向和气候在地球上到处漂流。他希望，如有一天，真的世界末日来临了，在这座漂移城镇居住的人们可到合适居住的环境中以逃避劫难。这座海上城镇的直径长达1000米，四面的建筑屋顶都覆盖着草坪，中间部分则有微型绿

洲和湖泊，旁边甚至围绕着三座人造山脉，城市里有花、草、河流、湖泊，集合了赏心悦目的自然美景。城镇还能够完全自给自足，所有物质都是可循环利用的，所有能源都采用太阳能、风能、潮汐能等清洁能源。这座海上城镇的设计能容纳超过5万人，它的建造时间或许需要将近一百年。

相对而言，海底小镇实施的难度将远远大于海上小镇，海底小镇是现代人为了追求冒险或真实需求，在海底建立的人类社会小镇。海底建设城镇的困难包括空气、水压、不稳定的地质运动及潮汐、洋流和海啸等等。就空气来说，如果要建海底小镇，就必须有一个和海面交换空气的系统；海底没有阳光，海上小镇可以利用阳光，海底小镇就只有人造光，这需要额外能量生产的机制。水压是一大问题，人类需要足够强大的结构来承受水压。食物制造，海底是有充分的食物系统的，比如鱼类和藻类，除了捕鱼和藻类之外，人类还需要其他食物来维持营养均衡的，于是就需要种植，种植需要光合作用，需要消耗大量能量。

但相较于在太空造小镇的困难，海底离人类就更近，问题简单多了。海洋里蕴含着人类迫切需要的各种资源，一旦海底城镇建成，无疑将极大缓解地球的人口、资源的压力。科学家可以方便地进行海底资源研究、开发；探险者们将自如地进行海底探险、旅游；海底城镇的居民也可与可爱的海底生物为邻。城镇深入海底，还能躲避飓风等恶劣灾害。

有关海底城镇的设计，日本一家叫清水建设的公司有特别好的设想，他们发表了一项新计划——海洋螺旋（Ocean Spiral），并对建造海底城镇提出了很多建设性概念，不论是结构、发电、空气循环、食物来源、淡化海水等技术，都已经成熟到可以运用的地步。比如，他们设计的海底城镇的主城区是一个直径约 500 米的球体，它可容纳约 5000 人，还能有饭店、住宅、商用空间、购物中心、运动步道等建设。这个巨大的球体是一个漂浮和下沉自如的大型建筑，平时是漂浮在海面上的，若遇到恶劣天气，就会潜入水中。球体内部空间巨大，科技感也特别强，具有适合人类散步的街道也有巨大的空中花园。整个球体由一个螺旋状的建筑链接至海底，这个螺旋形通道长度达到 15 千米，其中间将会配置发电站和深海探查艇的补给基地。而海底沼气制造厂将位于海底 3000 到 4000 米，可通过海底微生物将二氧化碳转换成沼气燃料，为城市运转提供能源。

未来的小镇模式也不仅仅局限于以上四种，人类的城镇甚至有千种变幻，绝非千篇一律，随着人类科技的不断进步，人类有可能在小行星上建立小镇，小行星甚至会被整体挖空，从而一个小行星本身就是一个城镇。人类有可能在黑洞边缘建设城镇，利用黑洞给城镇提供源源不断的能源，从此彻底解决了能源保障的问题。黑洞还会释放出强大的引力，并导致周边时间膨胀，黑洞城镇里时间相对变慢，城镇里的居民会显得更长寿。人类还会建造地心城镇，在地球的心脏处打开一片奇境，好比电影《地心历险记》一般，人类开启一个神奇的世界。

无论未来的城镇怎样，它的居民都可能是你，是我，是任何一个喜欢体验小镇生活的人，不论男女、老少、贫富、国籍、文化程度和宗教信仰，任何人都可以作为一名游客到访参观，也能移民其中，未来小镇将要承担未来的城市运转功能，这些未来小镇设想的奇异、美好早已让人迫不及待地盼望将蓝图变成现实，好早日得以体验。

后 记

　　这不是一本生涩难懂的教科书，我所阐述的很多内容均来自经验和想法。我们聊过小镇缘起文化、小镇正在归来，也探讨过小镇的内容营造、小镇的设计规划、小镇演艺，并畅谈了我个人多年从业旅游所认知的打造小镇的五个感觉和马斯洛理论，我还大胆地，带有一点科幻性地畅想了未来人类的小镇形式，深入浅出，也许很多内容并没有说透，希望大家见谅。

　　时至今日，在中国的大地上已经兴起了近千座小镇，越来越多的企业、设计机构、投资人都在为中国小镇的发展而努力，我很幸运成为了他们中的一员。我始终认为，在中国造一个好的小镇要不忘初心，虚怀若谷，将小镇与产业相联系，与传承地域文化相融合，任何小镇的诞生都必须有其真实的经济效益和文化诉求。挖掘当地文化与产业的融合发展，改变中国千城一面的城镇化发展现状，这需要我们达成一致的观点，需要一代人甚至几代人的共同努力。

　　在此，仅以本书呼吁大家潜心研究小镇发展出路，从产业及地域文化传承两个角度深入思考。

　　一、深挖产业和小镇的结合方式。做产业的目的是发展当地有特色的产业经济，因地制宜、突出特色、创新机制，通过"一镇一特色"的发展，将小镇集散、展示、体验的功能与当地产业相融合，发展具有特色优势的休闲旅游、商贸物流、信息产业等魅力小镇，做好产业集聚、产业发展的原点，就像义乌一样，把产业做到精通，迈向全世界。

　　二、小镇要传承地域文化，焕发小镇独有的风采。既传承当地的建筑之美、民俗风情之美、独特的文化之美，也要展现当地的自然文化遗产，还要挖掘当地的手工工艺、工匠精神，不光有原汁原味的文化，更要让游客体验到与文化相融合的乐趣。传承文化绝不是简单的修复就行了，规划建设者和运营者要对其历史文化有全新理解，并能运用新的方式，将文化与体验相结合，使文化旅游更具体验性，能够满足现代人对于旅游的升级需求。这样的小镇既能解决当地文化保护与发扬的问题，也能解决当地的人员就业、旅游社群发展、区域经济发展的问题。

造小镇不仅仅是造建筑，造一个空间，更多是对产业、文化的诉求，祝愿中国小镇建设之路越走越好。